U0717795

Elisabeth Roudinesco

SPRING 野

更具体地生长

All This Wild Hope

哲学的诞生是为了切断自己的根。

我相信中断，
相信在历史进程中的彻底断裂。

Jacques Derrida
1930—2004

雅克·德里达
访谈录

De quoi demain...
Dialogue

［法］

雅克·德里达

伊丽莎白·卢迪内斯库

著

沈祯颖

译

GUANGXI NORMAL UNIVERSITY PRESS

广西师范大学出版社

·桂林·

图书在版编目（CIP）数据

雅克·德里达访谈录 /（法）雅克·德里达，（法）
伊丽莎白·卢迪内斯库著；沈祯颖译. -- 桂林：广西
师范大学出版社，2025.5. -- ISBN 978-7-5598-7913-4

I. B565.59

中国国家版本馆CIP数据核字第2025MH9235号

DE QUOI DEMAIN...

by Jacques Derrida and Élisabeth Roudinesco

© Librairie Artheme Fayard, 2001

著作权合同登记号桂图登字：20-2025-009 号

YAKE DELIDA FANGTAN LU

雅克·德里达访谈录

作　　者：（法国）雅克·德里达　伊丽莎白·卢迪内斯库
责任编辑：彭 琳
特约编辑：苏 骏　任建辉
装帧设计：郑在睡　汐 和 at compus studio
内文制作：陆 靓

广西师范大学出版社出版发行

广西桂林市五里店路 9 号　邮政编码：541004

网址：www.bbtpress.com

出版人：黄轩庄

全国新华书店经销

发行热线：010-64284815

北京启航东方印刷有限公司印刷

开本：787mm × 1092mm　1/32

印张：15.5　　　字数：214千

2025年5月第1版　　2025年5月第1次印刷

定价：79.80元

如发现印装质量问题，影响阅读，请与出版社发行部门联系调换。

目 录

前

言

维克多·雨果在《暮歌集》的一首诗中问道:"明天会怎样?"他在诗集序言里指出:"今天的一切,无论是精神还是物质,社会还是个人,都已被黄昏笼罩。这种黄昏有何特征,接下来又会发生什么?"[1]这就是我们这本书的出发点。

我们的对话经历了漫长的过程,最早始于三十年前,它符合哲学和一般人文科学对"交流"一词的经典定义:其逻辑逐渐在两种时常交会但从不相互融合的话语中建立起来,相互回应但从不对立。通过这样的方式,各种差异、交会点、对彼此的发现、惊喜、疑问得以不断地表达;总之,我们之间有一种不带任何讨好的默契。

我们先请人用录音机把我们的对话录下来[2],再初步整理成书面材料。然后我们每人再对文字进行加工润色,使其成为合格的文章。这本书由两只手写成,融合了两种"表达风格",即用相同语言表达自己的两种独特的方式。

当我向雅克·德里达提出进行这次对话的想法时，我担心我对他的崇拜会影响这项工作的完成效果。他的语言天赋、推理能力和抨击时弊的胆量，以及他在世界各地开办讲座过程中积累的智慧，这一切都有可能让我哑口无言。但很快我就意识到，用"成长"文学中的一句英语名言来说，"练习总是有益的"[3]。

我选择了九个主题。在我看来，每个主题都包含了贯穿我们这个时代的一个或多个重大问题。我们综合运用哲学、历史、文学、政治和精神分析等多种方法，针对这些问题提出我们的见解。

在第一章中，我们谈到了20世纪70年代思想遗产的问题，这些遗产在今天广受诟病。在第二章中，我们探讨了大西洋两岸对（性别、"种族"、文化等）差异概念的各种不同观点。在第三章中，我们关注的是西方家庭的变化。

随后，我们在第四章中思考人类的自由，在第五章中探讨动物权利和人类对动物的责任。第六章专门讨论共产主义受挫后的大革命精神。在随后两章中，一章关注的是死刑的现状及其废除的必要性，另一章则关注反犹主义的当代表现及其未来。

在本书的最后，我们赞扬了精神分析，这也是横跨我们整个对话过程的共同话题。

伊丽莎白·卢迪内斯库

注释

[1] "永远戴着面具的幽灵与我们并肩而行 / 我们把它
称作明天! / 哦! 明天, 这是件大事! / 明天会
怎样?" 维克多·雨果, 《拿破仑二世》, 《暮
歌集》(Victor Hugo, « Napoléon II », *Les Chants
du crépuscule* [1835], Paris, Gallimard, Bibliothèque
de la Pléiade, t. 1, 1964, p. 838 et 811)。

[2] 我要感谢科莱特·勒达诺瓦(Colette Ledannois)
高效且高质量的工作。由德里达撰写的注释标有
"德里达注"。

[3] 引自罗伯特·路易斯·史蒂文森(Robert Louis
Stevenson), 弗里茨·朗(Fritz Lang)导演的电
影《慕理小镇》(*Moonfleet*, 1954)中的一个人
物也说过这句话。

选
择
你
的
遗
产

I

卢迪内斯库：首先，我想谈一谈过去，也就是我们共同的历史。现在有一种时兴的做法是谴责20世纪70年代的思想家，并要求那些自称属于其中一员的人承担"清算义务"，甚至还要进行"忏悔"。这个时期的作品往往带有"结构主义"这一特殊背景的印记，人们七嘴八舌地指责它们过度强调反叛精神，崇拜唯美主义，执着于语言上的某种形式化，且拒绝民主上的自由，对人道主义保持深刻怀疑。在我看来，一味地排斥是徒劳无益的，我们应以一种完全不同的方式对待我们的时代，必须"选择你的遗产"。用您的话来说，既不能盲目信从，也不能全盘否定。

您继承了20世纪下半叶的重要作品，其中很大一部分所属的思想体系在今天饱受质疑。您对这些作品进行"解构"[1]，尤其是克洛德·列维－斯特劳斯、米歇尔·福柯、路易·阿尔都塞和雅克·拉康的作品[2]。在他们生前，与他们一起（以他们的书为起点，您做出了"解释"——您喜欢这个词），您从事了一项文本评论的工作，同时也强调了埃德蒙德·胡塞尔、马丁·海德格尔和伊曼纽尔·列维纳斯对您研究的重要启发意义。

正是在那个时候，大约是在 1967 年，我开始阅读您的作品，主要是《论文字学》和《书写与差异》[3]，就像我们这一代所有沉迷于先锋文学和以索绪尔、罗曼·雅各布森为代表的结构语言学的文科生一样。其中的颠覆性在于，人类主体是由语言、符号功能、某个"字母"或能指的命运、先于言语的书写以及弗洛伊德所说的无意识决定的。我们这一代人充分尊重让 - 保罗·萨特的政治实践，然而他拒绝正面探讨主体形成中的无意识问题，我们对这种态度以及他关于"完全"主体的人道主义表示批判[4]。

后来，在 1970 年春天由法国共产党杂志《新批评》举办的第二次克吕尼座谈会上[5]，我批评了您，因为我认为您对您所解构的遗产是"不忠"的。就我而言，我想做一个忠实的人，但不是一个教条主义者。再后来，我又觉得自己和您靠得更近了，我认为您捕捉这些作品的缺陷、空白、边缘和矛盾，让它们从自身内部发声，而非想要置它们于死地，这是对的。因此，忠于遗产的最佳方式就是对其不忠，换句话说，并非要将其视为一个整体全盘接受，而是要抓住它的缺陷，捕捉那些"教条时刻"，正如您在1983年的一次访谈中所说的，"我就是继承者，我尽可能地忠实"[6]。同样，您在谈到列维纳斯时说，他"与本体论保持着一种不忠和忠实的关系"[7]。

后来，20世纪70年代的思想终于遇到了真正的对手——1986年，吕克·费里和阿兰·雷诺出版了一部备受关注的著作：《68年思想录》[8]。

今天，您在某种程度上是这种丰裕思想的最后继承者。我甚至可以说，您是一个幸存者，因为除克洛德·列维-斯特劳斯之外，这一思想舞台上的其他主角都已去世了。就这样，通过解构，您成功地赋予了他们生命，让他们能够说话。他们不再是偶像，而是活生生的发言人。

另外，也许正因为您是一个既忠实又不忠的继承者，您在当今世界扮演着一个普世知识分子的角色，正如曾经的左拉和后来的萨特一样。您代表着一种全新的分裂，您的话语和作品（已被翻译成四十多种语言）将这种分裂带向世界各地。总之，我想说，您已经胜利了[9]。

因此，有时我觉得，今天的世界就像您和您的思想一样。我们的世界被解构了，它变成了德里达式的，仿佛镜子反射图像，它映照出思想、心理和历史的去中心化过程，而您便是这个过程的主导者。

德里达： 忠实和不忠，您说得对！我经常觉得自己在生活的镜子前一闪而过，就像一个疯子的影子（既滑稽又悲惨），他忠实的灵魂因自己的不忠而饱受煎熬。因此，我决定认同您，除了您所说的胜利。我的看法与您完全不同，我这么说并不是出于礼貌或谦虚。也许，形势已经变了；也许，我们可以看到（不过还不能夸大其词），那些不惜一切代价诋毁我的工作——当然还包括我的工作所属的整个框架——的种种强迫性的，常是可悲的、惊慌的或绝望的努力已渐渐丧失势头（尽管我不得不在此请求一项可悲的特权：吸引一种更顽强、更激烈的攻击）；也许，可以实现某种正名的迹象已经出现了，虽然这有时同样令人不安。但我们怎么能说这就是"胜利"呢？不，况且这也许并非理想的结果。为了回到起点，也为了回应您的问题，我斗胆对遗产的概念进行一些概括式描述。

的确，不管在生活还是在思想研究中，我总是越来越倾向于把自己看作一个继承者，我越来越坚定，且常为此感到快乐。在不断用这个概念或这个受遗赠人的身份解释自我之后，我开始发现，与人们想当然地把这个词同舒适安逸联系在一起相反，继承者必须始终服从于一种双重的指令、一种矛盾的任务：我们必须首先了解并能够发扬"在我们之前"发生的事，因此我们还没来得及选择就必须接受，我们无法作为自由的主体行事。是的，必须这样做（而且这种必须是我们要接受的遗产所固有的），必须尽一切可能去占有那种过去，而我们又知道它从根本上来说是无法被占有的，无论是哲学遗产、某种占优势的语言或文化，还是广义上的传承。什么叫发扬？不仅是接受这份遗产，而且要推动它在新的方向上发展，让它保持生命力。不是要选择它（因为遗产的一大特征就是我们无法选择，是它粗暴地选择了我们），而是要保持它的生命力。从本质上来说，生命，活着的存在，或许就是由遗产的这种内在张力，由这种对天赋甚至传承的重新诠释定义的。这种既延续又间断的发扬，至少类似于一种选举、一种选拔、一种决定。一个人的发扬和其他所有人的一样：签名与签名的对立。不过，我在使用这些词语时一定会加上双引号，且必须谨慎有加。先从"生命"这个词开始。我们必须从遗产的角度来思考生命，而不是相反。因此，必须从这对确切的、显而易见的矛盾出发，即被动地接受和决定说"是"，然后进行选择、过滤、解释、改造，而不是原封不动、完好无损地保留，正是要让那些我们坚决遵守的东西不再完好如初。不让它完好如初：也许，是暂时解救它，但并不对最终的救赎抱有幻想。

但是您很清楚为什么我对您所说的放弃或杜绝任何杀生很是敏感。一直以来我都避免——当然，是尽可能避免，无论解构有多么"激进"或坚定——伤害或杀生。只有发扬遗产，我们才能避免这种杀生。即便是在这样的时刻——这是双重指令的另一面——依旧如此：为了（在其有限的时间内）解救生命，这份遗产要求我们重新解释、批评、移位，也就是为了产生一种名副其实的转变而积极干预：为了让事件发生，让历史发生，让不可预见的东西到来。

　　我的愿望同一个想要摆脱保守主义的传统爱好者类似。想象一下，有一个疯子痴迷于过去，痴迷于绝对的过去——一种不再是过去的现时的过去、一种超越无尽记忆的过去，而这个疯子同时又畏惧厚古薄今、怀旧和记忆崇拜。因此，对这个并非所谓的"继承者"的继承者来说，这是一个矛盾而令人不安的双重指令。但如果没有这个指令，一切都不再可能，一切都没有意义，一切在我看来都不再值得期待。这要求我们同时做两件事：放手让生命存活，使其重获生机，致敬生命，用最富诗意却不幸变成口号的话来说，"放任它活着吧"。懂得"放手"，"放手"蕴含的意义是我所知的最美丽、最冒险、最必要的事物之一。它非常接近于放弃、赠予和宽恕。"解构"的体验永远都离不开这一点，离不开爱，如果您更喜欢这个词的话。解构首先就是要向那些它"指责"的人或事致敬。"指责"（s'en prendre）是法语中一种极富魅力而又难以翻译的表达方式，您不觉得吗？

这种做事"方式"非常适合解构主义，这一解构主义自投罗网，使自己被其理解和考虑的事物捕获、蒙骗，同时也对其深深迷恋。概念的分界线因此受到威胁。在拉丁语和法语中，跟在德语中一样，概念（Begriff）指的是一种夺取行为，是一种捕获。有人说解构是超概念的，事实的确如此；它大量消费它所产生的概念，正如它继承这些概念一样——不过也只是让某种思想性写作超越概念上的夺取或统治。它试图思考概念的极限，甚至忍受着这种超越的体验，饱含爱意地放任自身被超越。这就像是一种概念的迷醉：享用它，直至被吞噬。

在我所写的有关您提到的那些作家看似尖锐的"解构"文本中，总有那么一刻，我以世界上最真挚的方式，表达了对忠实于遗产的钦佩、亏欠和感激，以及这种忠实的必要性，这正是为了重新诠释并不断发扬遗产。也就是说，有选择性地去做，并且自担一切风险。对于我不欣赏的东西，我从不多费口舌，除非某些论战（我从不主动发起）迫使我不得不这样做，我会尝试反击，但仅限于那些非私人的或只涉及公共利益的问题。如果说遗产赋予我们的任务是矛盾的（既要接受，又要选择；既要接纳摆在我们面前的东西，又要对它进行重新解释，等等），那是因为遗产证明了我们的有限性。只有有限的个体才能继承，而这种有限性迫使他不得不继承。这迫使他接受比他更伟大、更古老、更强大、更持久的东西。然而，这种有限性也同样迫使他去选择、去偏爱、去牺牲、去排斥、去放弃。这正是为了回应在他之前发出的呼唤，为了回应并为之负责——以他自己的名义，也以他人的名义。在遗产之外，责任的概念不再具有任何意义。在说我们要对某份遗产负责之前，我们就必须认识到，广义上的责任（"为之负责"［répondre de］、"回应"［répondre à］、"以自己的名义负责"［répondre en son nom］）已经被赋予在我们身上，且自始至终都是作为一份遗产被赋予的。我们对发生在我们之前的事负责；同时，面对将要发生的事（因此也是要面对的事），我们也负有责任。两种面对，面对这种永恒的亏欠，继承人背负着双重债务。这始终像一个时间悖论：以先于我们存在的事物的名义前进，同时又超越这个名义本身！创造自己的名字，写下不一样的签名，每一次都以不同的方式，同时又尽可能为那个继承下来的名字代言！

您提到的20世纪70年代就证实了这条双重法则。当然，我们还可以在更早的哲学思想中找到其他例证，无论是柏拉图、笛卡尔，还是康德、黑格尔或海德格尔。但既然您选择优先考虑我们之间的共同点，我很高兴这次对话以这样的方式开始。我们将追踪我们各自路线中的一些断断续续的时刻，也就是它们在时间上相交的地方。

确实，在20世纪60年代末，我面临的是继承的问题，我的意思是，在那个历史时期，哲学领域已经出现了一些伟大的作品，我要为遗产负责。我说的不仅是胡塞尔或海德格尔，还有距离我们更近的法国的列维纳斯、拉康、列维－斯特劳斯，以及更近些的福柯、阿尔都塞，当然还有德勒兹、利奥塔。虽然这听起来像是一种折中主义（不过这一切并没有任何折中主义的影子，确切地说，这是另一种形式的契合，一种有待定义的共同"归属"，这种感觉在国外要比在法国更加强烈——甚至有些过分强烈了），我还是感觉我深切地认同他们每个人所做的事，无论他们本身有多么千差万别。正因如此，如果您愿意从头开始阅读我的文章，您就能发现我总会在某时某刻表现出这种联盟关系。我们刚才提到的所有人都被我包含在内。

　　但同时这一时期也是您所说的"系统"的时代。我是在 1962 年至 1966 年间开始写作的，当时的结构主义不仅是一种系统的思想，而且是一种关于系统、关于系统形式的新思想；同时，列维－斯特劳斯和拉康的语言学模型广泛传播，虽然他们以各自不同的方式使这个模型变得异常复杂。诚然，我认为这一行为具有强大的生命力且合情合理，这是为了应对当时的经验主义、实证主义或其他人常说的认识论"障碍"。但是我同样没有低估需要付出的代价，也就是某种天真、对旧哲学姿态的喜气洋洋的重复、对形而上学史的近似梦游般的顺从，而我曾经解读过形而上学的纲领和各种组合，所有的可能性在我看来都已经枯竭和疲惫。我以为我可以发现这份纲领中的贫瘠之处，甚至是一些匆匆带过的和教条的东西，不顾或者说借助您刚才所说的"颠覆"。我特别关注的是对某些概念的忽视和否认，例如历史的断裂、中止，从一种系统力量到另一种的过渡，等等。那个时候，我小心翼翼地坚持着这种有可能被结构主义消灭的力量的概念。这种力量和历史之间的联系在我看来是必须考虑在内的。

解构对福柯、列维－斯特劳斯或拉康作品的每一次回应都是不同的，且对每一个文本来说也是不同的。我几乎从来没有写过关于某个作家的概括性的文章，也没有把某个作品集当作一个统一的整体来对待。对我来说，重要的是各种力量和概念在某部作品中的分布，以及识别出哪些是占统治地位的，哪些被降为次要的，甚至是被否定的。我也试着——我每次都努力做到——尊重每个署名的特殊表达方式[10]或独特性。这些作家所共有的结构主义公理以各自不同的风格、在不同的地点应用于不同的作品。对于其中的每一例，我都希望发掘出您所说的"教条时刻"——轻信的残余，以便在尊重结构主义需要的同时对其进行"解构"。我从未说过任何反对结构主义的话。

卢迪内斯库：相反，1963年您在《力量与意义》（« Force et signification »）一文中写下了这样一段话："如果有一天结构主义的浪潮退去，其作品和符号抛弃在我们的文明沙滩上，那么它将会成为思想史家们研究的一个问题。"[11] 这是一种致敬：结构主义作为一种创造性力量消失的那一天，我们只能接受，但我们也需要评估它在文明史中的地位……

德里达：我坚持这种观点。正因如此，我想回到杀生的问题上：无论如何，我都不希望解构主义被用来诋毁、伤害和削弱某种运动的力量或必要性——如果在这样那样的论战中有这个必要的话，我想先表示我的遗憾。因此，就出现了您刚才描述的情形：在一个进程中的某个时刻，联盟发生转移，我成了拉康和福柯的盟友，我在一些场合明确表示过这一点。当时那本怪诞的书，即《68年思想录》（我们真的还有必要谈论它吗？您确定？）中阴险的鬼脸很好地区分了阵营。有时我可能会对拉康和福柯的某些思想产生疑问，但我知道，不管怎样，比如就算是面对如此愚昧的攻击，在所谓的思想体验或思想需求的一般运动中，我仍然站在他们那一边。

正因如此，遗产的概念不仅意味着发扬和双重指令，而且在每时每刻，在不同的背景下，它也意味着一种过滤、一种选择、一种策略。继承者不仅是接收者，也是选择并试图做出决定的人。这一点在《马克思的幽灵》[12] 中非常清晰。所有文本都是异质的。遗产也是如此，从我赋予这个词的广泛但精确的意义上来说，遗产是一个"文本"。继承者对其的发扬自然就在于他的解释和选择。他批判性地做出辨别和区分，正因如此，联盟才具有流动性。在某些情况下，我是拉康的盟友，我反对其他人；而在另一些情况下，我又反对拉康。这和投机主义、相对主义没有任何关系。

卢迪内斯库：您在解构卡尔·施米特作品的研讨班上特别提到了敌人、朋友和对手这一话题[13]。您指出，施米特认为，政治差异源于敌友之分，没有这种区分就没有政治。对此，您以一种更加弗洛伊德式的政治概念表示反对，即"将仇恨注入我们对朋友的哀悼中"[14]。您还引用了弗洛伊德借自叔本华的著名的刺猬寓言。由于会被彼此身上的刺刺伤，刺猬们无法互相紧靠在一起抵御寒冷。在冰天雪地里它们不得不再次靠近，最终在吸引和排斥、友谊和敌意之间找到了一个合适的距离。

我认为，我们必须以某种方式加以区分。与您契合的是那些您通过解构向他们"解释自己"的人，而"其他人"则相反。他们寻求的是毁灭遗产，而非选择遗产。

我既欣赏那些伟大的思想体系，也欣赏它们具有的颠覆——也即解构——价值。因此，1986年以前我在索邦大学学习文学时，不仅读您的文章，也读这些"其他人"的文章。我完全认同拉康在1969年回应吕西安·戈德曼时说过的一句话。戈德曼强调，创造历史的是人而不是结构，他这样评论五月风暴期间写在索邦大学黑板上的那句标语："结构不上街。"拉康回应道："如果说五月风暴证明了什么，那恰恰就是结构正在走上街头！"[15]

您和"结构主义者"（拉康、福柯、巴特、阿尔都塞、列维－斯特劳斯）的文章被用来批判"政敌"，也就是那些旧索邦的拥护者，他们从不愿谈论现代文学和语言学，更不用说精神分析学。比如我记得，我在《谱系》（Généalogies）中也说过，语言学研究所主任安德烈·马丁内拒绝提及他的"敌人"罗曼·雅各布森的名字，而他的助手们，也就是我们的"大师们"，则对他言听计从。您和其他人，你们就是革命的化身，这场革命主张结构（及其解构），却拥有一个完整的政治诉求：面对官员和他们的仆从能够自由地说出被禁止的名字。那些梦想着在今天恢复旧共和的保守派把这些东西忘记了。也许共和学派精神中的进步元素应该保留？但我们绝不能忘记，有些时候它是完完全全的反动势力。

正是从那时起，我才领悟到您是如何在一个批判的空间内解构思想体系的，这种解构不是要摧毁它们，而是让它们以另一种方式焕发生机。我想到的主要是您的两篇重要文章。

其中一篇聚焦《忧郁的热带》第七部分中题为

《书写课》的一章。列维－斯特劳斯描述了他借住在巴西西部半游牧民族南比夸拉印第安人中间观察到的生活和习俗[16]，展示了文字是如何入侵一群对书写规则一无所知的印第安人——酋长用画在纸上的线条来让族人相信他掌握着与白人交流的权力。列维－斯特劳斯得出的结论是：书写是殖民、暴力和剥削的工具，它终结了那种以完整的、无不真实之嫌的话语为主导的自然状态。在我看来，《忧郁的热带》是20世纪下半叶最优秀的著作之一，因为它的风格、它的忧郁气质，以及那种集自传、理论思考和冒险故事为一体的方式。我在很小的时候就发现并喜欢上了这本书，它唤醒了我在殖民问题上的政治意识。

显然，这本书触动了您，让您着迷，因为您用大量篇幅来论述它。然而，关于这堂"书写课"，您将列维－斯特劳斯的反殖民主义立场——把文字的出现看作对主体施加的暴力——与卢梭的看法联系了起来。在《论语言的起源》中，卢梭谴责文字是对"完整存在"的破坏，是真正的话语疾病：一种"危险的替补"。与追随卢梭的列维－斯特劳斯相反，您认为这种对文字的抗议不过是出于反向民族中心主义的错觉，这种错觉认为"充实话语"[*]可能是自然主义或自由主义伦理的源头。因此，民族学误认为书写文明可能造成了所谓"无文字"民族的灭绝。在您看来，这种态度标志着对线条和文字的压抑——一种弗洛伊德意义上的压抑，必须解构其机制才能理解其意义。

您的另一篇文章[17]关注福柯对《沉思录》中笛卡尔关于疯癫起源的重要论述[18]的评论。福柯在其《疯癫史》中将笛卡尔的疯癫和梦境区分开来。在第一种情况下，疯癫是被排斥在外的，并且这种哲学上的驱逐令成为1656年颁布的"大禁闭"敕令的预言。而在第二种情况下，疯癫是主体的潜在性的一部分，那些可感知的图像在"邪恶精灵"的袭击下变得具有欺骗性。

福柯从笛卡尔的观点中得出，"如果我思不存在，人就会变成疯子"。您的观点则相反，您认为

---

* 充实话语（parole pleine）与空洞话语（parole vide）相对，是拉康做出的区分，前者是指向真理并构成真理的言语，而后者是主体在徒劳地谈论与之相似的某人，这个人即使跟他一模一样，也不会承担起他的欲望。——编者注

只要我思存在，思想就不必惧怕疯癫，因为"哪怕我疯了，我思的价值仍然没有降低"。因此，您指责福柯创造了一个结构性事件，因为在您看来，疯癫和理性之间的分野，即对疯癫的排斥，并非始于笛卡尔，而是始于苏格拉底战胜其之前的哲学流派之时。

在今天看来，所有这些争论似乎都显得深奥微妙，但它们对整整一代学生的社会和政治参与都产生了重大影响。就像20世纪30年代海德格尔的思想，以及后来萨特对存在、他者和虚无的思考一样，这些争论开启了一种现代性，这种现代性试图调和美学与政治、无意识与自由、人道主义与反人道主义、进步主义与对进步主义幻想的批判。简而言之，这些争论使我们得以理解社会排斥、主体和身份建构、疯癫的地位、种族主义问题以及殖民时期的战争。

德里达：实际上，没有这种表面上的"微妙性"，就没有严肃的政治，这种"微妙性"没有被心浮气躁的媒体吓倒，而是使分析更加敏锐。在这个复杂且难以划定分界线的领域里，那些看似微不足道的差异占有一席之地。所有这些思想家似乎都在讲同一种语言。在国外，人们往往把他们归于同一流派。这其实有些欠妥，因为只要我们仔细研究他们的文章，就会发现那些最根本的分界线往往就在毫厘之间。显然，所有对微小的差异、对细致深入的文本分析感兴趣的人在这个幸福的时代相遇，这既是幸运也是必然。真让人怀念啊。您知道，我仍然无法释怀……

那时人们可以采用在今天看来过于复杂或微妙的论据，就对思想上具有重大意义的问题进行争论并得出结论。我和每个思想家的关系是不一样的。比如回到"解构"这个词，我认为福柯比列维－斯特劳斯更像个"解构者"，因为他更急切、更叛逆，在政治上更激进，更热衷于"颠覆"行动和"意识形态"斗争。而列维－斯特劳斯和拉康不是这样的。但从另一个角度来说，我认为拉康在"解构"方面比福柯更大胆。因此，我觉得自己更亲近拉康而不是福柯——在今天仍然如此。至于列维－斯特劳斯，又是另外一回事。我对他的评论最初是从一个非常具体的点开始的，是《忧郁的热带》中的一段话（在《书写课》一章里），我认为，这段话揭示了一种哲学和一种"意识形态"，我曾尝试指出其局限性，而且还可以在其他地方找到这种意识形态的迹象。

然而，在写完《论文字学》之后不久，我写了第二篇关于列维－斯特劳斯的文章（《人文科学话语中的结构、符号与游戏》[19]），通过分析他为马塞尔·莫斯的著作所写的导言[20]，我试图用我的方式支持——在一定程度上认同——列维－斯特劳斯的观点以及他关注的问题。因此，我和他之间是一种双重关系，也是一种分裂关系。

除了关于我思的辩论之外，福柯身上还有一点让我困惑的是，虽然我非常理解有必要关注不同认识（épistémé）体系之间的分歧、断裂和演变过程，但我一直觉得这种研究方式可能会使他忽略那些更长的整体，那些我们甚至可以从中发现除笛卡尔时刻之外的差异的整体。我们还可以找到其他的例子，甚至是在《规训与惩罚》[21]这样的作品或最近的其他文本中。福柯的特点是将一种更复杂、持续时间更长的差异游戏强化对立起来。简单地说，福柯在决裂和二元对立中建立了一个更为复杂的差异序列。比如《规训与惩罚》中的可见性和不可见性。与福柯所说的相反，我并不认为自 18 世纪以来惩罚的实施已从可见的转为不可见的。我承认根据一些有限的标准，他的分析相对来说是合理的，但我仍然想说，惩罚制度的演变过程并不是从可见变成不可见，而是从一种可见性变成另一种更加抽象的可见性。我试图（在一次关于死刑的研讨课上）证明，同样的过程正在走向另一种模式，走向另一种可见性（因此也是不可见性）的分配方式，甚至可能反过来扩大戏剧性的潜在领域，并产生决定性的后果。

对于我思也是如此。我理解福柯对笛卡尔的评价是准确的，只是在某些时候，我们可以把笛卡尔论述的我思的事件解读为对疯癫的包容（而非排斥）。这样一来，笛卡尔的理论可以有不同的理解。当然，这样做会产生无限的后果，不仅是对笛卡尔的解读（当然这很重要），也涉及《疯癫史》的阅读策略和方法论或认识论体系……

我关心的不是某种简单的政治对立（保守派/非保守派），而是为取得进步需要付出的代价。

每一个理论的成果和知识的进步都是从一个假设开始的。我在寻找这样一个可以起到制约作用的假设——如果可以这样说的话，把它作为加速过程中必不可少的缓冲器……

卢迪内斯库：我们回头再谈这个问题。所有这些20世纪70年代的思想家也是作家。他们的力量就在于此。和您一样，我也怀念那个时代，但必须向前看。这些作家有一些重叠之处，但和我们这代人不一样。列维－斯特劳斯的写作是古典风格的，作为自然主义思想家，他希望证明生物学和文化之间存在某种连续性。福柯在我看来更像德国浪漫主义的继承人。至于拉康，虽然他和列维－斯特劳斯同属一代，但他在写作风格上与您更接近。

在《68年思想录》中，费里和雷诺主张通过康德回归法国哲学，也就是一种以教授为主导的"新康德"哲学，同时批判这个时代——他们搞错了，即过于受尼采和海德格尔影响。为什么尼采－海德格尔化是可耻的呢？这些所谓的理论有很强的政治性。如果法国不从德国哲学中汲取养分，反之如果德国不从启蒙哲学中汲取灵感，那么对两国和整个欧洲来说都将是灾难。我们提到的思想家们的共同点是把德国哲学再次介绍到了法国，甚至列维－斯特劳斯也曾受到弗洛伊德和马克思的启发。

拉康受亚历山大·科耶夫的影响，把黑格尔哲学重新引入了弗洛伊德思想中，而当时法国的精神分析学家们正希望将弗洛伊德理论中的德国传统全部剔除出去。在您的研究中，您主要继承了胡塞尔、海德格尔、尼采和列维纳斯的遗产。您在《暴力与形而上学》[22] 中提到了这一点。

德里达：写作和法国！为了回答您的问题，我想把"写作"（写作中的特殊表达方式和写作的方法）和"民族性"联系起来。我首先要说的是，即便是您刚才提到的那些人——海德格尔、列维纳斯、胡塞尔，我显然继承了他们的思想，但我从未停止对这些思想家的理论提出许多问题，而且都是一些重要的、核心的问题。我总是饱含忧虑，没有停歇也永无止境，尤其是关于海德格尔和胡塞尔。我之后再详细讨论这一点。

让我们回到写作和民族性的问题。不管是福柯、列维－斯特劳斯、德勒兹、阿尔都塞还是利奥塔，我始终认为他们都和法语保持着一种共同的联系，虽然他们的写作风格不尽相同。而且是一种非常平和、非常沉静的联系。他们都用"某种法语"写作；他们尊重的不是学术态度或风俗习惯，而是某种形式的古典主义。他们的写作不会动摇语言，也不会改变最传统的法语修辞。对此，我感到我想做的一切都必须经过与法语面对面的肉搏，这场肉搏激烈但至关重要，我的意思是，所有的关键都在于此，它关系到一切的本质。

您知道，我对这门语言怀有一种不安、贪婪和痛苦的爱。在这一点上我和拉康很相似，虽然我们的写作方式截然不同。和我一样，他也以自己独有的方式触碰法语，或者让法语触碰自己，如果我没搞错的话，我认为我从来没有在其他人身上看到过这样的方式。和他一样，我始终关注句子的起伏，关注文字、修辞、结构、灵活、目的、设计的加工与运用，而不是能指的组合。因此，在这方面，我觉得我比其他人更接近拉康，当然，从另一个角度来说，拉康更有法式风格，天哪，比我要法式得多！总的来说，"他们"都比我更"法式"，每一个人都比其他人更法式，但我仍然敢说，在法语和我之间将会存在更多的爱。可以这么说，这是一种近乎疯狂的爱。还有嫉妒——相互的嫉妒，但愿这听起来不算太疯狂！

这意味着忠实于语言、文字、修辞、结构和写作场景的法兰西特质。话说到这里，您刚才提到的《68年思想录》的作者从来没有读过这些思想家的作品，便写了这样一本充满愚蠢和粗俗语言的书，一本毫无用处但很能说明问题的书。有意思的地方就在于能说明问题！他们把一切都混在一起，以至于忽略了"尼采-海德格尔谱系"中对尼采的，尤其是对海德格尔的批评。他们不分青红皂白地盲目行事，就像人们把选择遗产和盲目吸收混为一谈。他们不愿意看到每个人与尼采或海德格尔之间的差异。就我而言，如果说我与海德格尔之间的关系很明确的话，那么我对他思想的解释是相当激烈的，关于这一点在《论精神》[23]一书中就可以看到，我对他的思想做了透彻的解释，而且从我最初研究和引用海德格尔的文章时就是如此。虽然我和其他人一样从海德格尔那里得到了许多启发，但他激发了我对政治的深切关注。列维纳斯也一样，只是方式完全不同。

卢迪内斯库：《68年思想录》的作者想要证明这一代哲学家都敌视民主。他们的推理极其简单，即说明皮埃尔·布尔迪厄是"法国的马克思"，拉康是"法国的弗洛伊德"，福柯是"法国的尼采"，您是"法国的海德格尔"。这样的遗产是不光彩的，因为在他们眼里，尼采是一个无法理解西方理性进步的可怜的虚无主义唯美主义者，而海德格尔就是个纳粹分子。至于弗洛伊德，他不过是从德国浪漫主义的深处走出来的蒙昧主义者，他坚信无意识是非理性的。

因此，这种"德国"思想的继承者们必然是反对人道主义的反民主人士，因为他们批判进步人道主义的理想，并以各自的方式支持20世纪的各大极权政体。但费里和雷诺认为，最糟糕的是，福柯、拉康和德里达都有一部分海德格尔的影子：福柯是

"尼采＋海德格尔"，拉康是"弗洛伊德＋海德格尔"，德里达是"海德格尔＋海德格尔"。[24]
换句话说，这三个人不仅是反民主的，还涉嫌效忠于这位被看作纳粹党走狗的哲学家。费里和雷诺还认为，正是由于这个原因，五月风暴的年轻人才追随他们：出于对人类的仇恨，出于对"罪恶的"共产主义、有犯罪嫌疑的反人道主义或可疑的唯美主义的认同。

顺便说一句，费里和雷诺忘了阿尔都塞，把布尔迪厄说成马克思主义者，而实际上他从来都不是。他们还对拉康和福柯的作品进行特别荒谬的阐释。另外，他们还忽略了一个事实，那就是20世纪的整个法国思想界——所有对20世纪产生重大影响的思想，无论是哲学还是文学，从乔治·巴塔耶到安德烈·布勒东和亚历山大·柯瓦雷，再到伊曼纽尔·列维纳斯，都渗透着尼采和海德格尔的双重遗产，充斥着对这两位哲学家作品的丰富而充满矛盾的解读。至于弗洛伊德的思想，宣称它是蒙昧主义的，或者说它与纳粹主义有关，都是非常危险的[25]。

但这本书让我印象深刻的是，它带有沙文主义的色彩。我认为，这种对德国和德国哲学的仇恨是值得警惕的，尤其是，它是在欧洲一体化建设过程中出现的，在这个背景下，德国和法国之间的和解对于抵御过去的恶魔——特别是民族主义——非常有必要。

德里达：确实是这样，但我不知道这种观点是亲法还是反德的。他们仍然以康德和康德哲学的名义说话。他们抨击的是他们所谓的风格，是他们在谈论"我"时意图以"词汇"的"独创性"或"丰富性"来概括的东西。至于我（"法国的海德格尔主义"——这是他们专门为我撰写的章节的标题！），我还记得他们的公式是"德里达＝海德格尔＋德里达的风格"。简而言之，只是一种写作方式[26]。许多冲突和对立的缘由与其说是哲学观点或理论，不如说是写作本身。很多时候，一些作家声称看不惯某种写作方式、某种处理语言的方法或某种写作场景——而且这种反感会表现出来并"传播出去"[27]，就像他们不耐烦地指出的那样。他们攻击我的写作，说"他没什么可说的""他的写作方式和别人不一样"

或"人们对他感兴趣"，这绝非偶然。他们把写作与风格、风格与美学混为一谈，宣称"德里达"就是另一种审美的海德格尔。然而，只要他们花点功夫读一读我写的东西，就会发现其中的关键核心是截然不同的。不过，我认同您的观点，我认为法国和德国的问题不仅在当时具有决定性意义，在今天依然如此。在我写的一本关于让-吕克·南希的书[28]中，我谈到了法德边境的历史。不要忘了，启蒙运动（Lumières）也是德国的，同时又不是德国的。德国启蒙运动（Aufklärung）不完全等同于法国的启蒙运动，还有意大利的启蒙运动（Illuminismo），等等。其中的关系非常复杂。但我认同的是，在这件事情上存在着或公开或隐藏的政治利益，涉及哲学、理论上的民族和民族传统问题。这关乎学术制度的民族特性，以及制度领域的所有专业问题[29]。

卢迪内斯库：我认为，我刚才也说过，每一次法国与德国因激化的民族主义情绪而交恶，对整个欧洲来说都是灾难。相反，德国和法国因启蒙运动——

包括对启蒙运动的批评，比如进步哲学的解构——联合起来，这种和解实际上就是促进欧洲一体化建设的强劲动力。而且您也说过，欧洲强大的真正原因在于"不封闭自我，而是以先锋的姿态向着'非我'的方向前进，向另一个海角或他者的海角前进"[30]。

在写《法国精神分析史》的时候，我意识到没有什么比法国沙文主义更糟糕的了，因为在这种主义的影响下，人们贬斥精神分析为"德国鬼子的科学"，指责弗洛伊德——也就是德国文化——要把人类矮化为受性欲驱使的野蛮动物。在法国，有人说弗洛伊德的泛性论就是"德国佬"精神的体现，却忘记了 19 世纪末维也纳人的精神特质[31]。

德里达：法德两国的互相抵触并不是完全对等的。在第二次世界大战后，德国对法国思想的抵触相比法国对德国更为强烈和尖锐，直到今天依然如此。

卢迪内斯库：您有没有想过让·博弗雷[32]是如何将海德格尔的作品重新引入法国的？毕竟在此之前，海德格尔的作品被德国禁止出版，因为他曾与纳粹有过联系。

德里达：我想到的是尤尔根·哈贝马斯 [33] 的反应。出于无知和粗暴，他首先抨击了他所称的法国新保守主义者（福柯、利奥塔和我）。他在《现代性的哲学话语》[34] 中对我的作品发表了大量的批评，特别是基于美国人的解读。我发现这些批评有失公允，所以我断断续续地进行了一些回应，主要是在《有限公司》[35] 里。不过这一切都过去了，甚至有些过时了，现在我们已经达成了某种程度的和解，幸运的是，这个过程非常和谐。去年 6 月，我们一起参加了一场在法兰克福举办的研讨会，后来又在巴黎见了面。我们的政治倾向——尤其是在欧洲问题上——虽然不完全一致，但也往往是相似的、共通的，而且在许多公共场合都是这样表现的。

卢迪内斯库：您说在哲学界不存在相对主义和民族主义。最初，哲学是从希腊起源的。因此，它既不是西方的，也不是欧洲的，而是普世的，因为它先占据了希腊世界，然后创造出一系列不属于任何特定国家或特定民族的基本概念。换句话说，每个人都可以将哲学概念作为不受国界限制的普世价值化为己用。

您多次强调，必须从哲学提供的概念出发来思考当代世界，而哲学就像其他文化一样，从不等同于其自身，您也说过，文化的特点就是没有身份，但又蕴含着差异[36]。因此，遗产已经是现代性的一部分，而这种现代性的价值恰恰在于不封闭在"等同于自身"中。我认为，这一点在当今世界是至关重要的。

德里达：哲学这个词的意义就在此。它的"理念"，它的制度首先根植于一门语言和一种文化中，即希腊语言和希腊文化。因此，除了希腊以外，没有任何地方存在一种可以被严格称为"哲学"的东西。虽然在其他地方必定也存在除哲学以外的非常强大的思想，但哲学作为一种有关存在的特定思想体系，是在希腊诞生的。

然而，哲学的诞生却是为了切断自己的根，胡塞尔和海德格尔都谈过这样的看法。如果说哲学根植于具体的国土（希腊），那么它同时又在努力脱离这个根，让那些用希腊语——后来是海德格尔所说的德语——思考的东西通过"更多的语言"表达出来。因此，哲学是自由的，至少它从一开始就在努力挣脱语言、国土、民族和文化的限制。

如此生成的普世性并不以本质的形式表现出来，而是开启了一个永无止境的普世化过程。二十五个世纪以来，这个哲学的普世化运动从未停止过蜕变、前进、自我突破和开辟新的天地。今天，它仍需不断地拓展，以进一步冲破种族、地理和政治上的束缚。矛盾的是，人们正以哲学及其欧洲根源的名义，摆脱民族中心主义以及可能的欧洲中心主义。这里存在一个明显的矛盾，即昨日的欧洲和明日的欧洲：它不仅用自己制造的武器来攻击自身及其局限性，还给所有被欧洲殖民者奴役过的人民和文化提供政治武器。这听起来就像是一个自我免疫的过程。

那些在争取独立的斗争中献出过生命的人，往往是通过吸收欧洲启蒙时期的哲学思想来获得独立意识的。最生动的例子就是纳尔逊·曼德拉，他不仅受到欧陆哲学的影响，还受到英国哲学的影响。他经常从这些哲学的逻辑和论证中汲取灵感[37]。

再以国际法为例。就它涉及的那些概念而言，它本质上是欧洲的，但它体现了一种法律的变革，这种变革始终是不完善的，因此永远不会结束。我们必须努力让国际法突破欧洲法律的限制，以从它自身的欧洲中心主义牢笼中解放出来，同时又不应破坏这一法律的历史，因为是历史使其能够变革并推动其不断完善。

因此，这里还存在一项永无止境的解构任务：我们需要从遗产的历史中获取概念工具，并借助这个工具去挑战这份遗产一直以来施加的限制。在国际法的核心，必须跨越和转移某些分界线。关于人权的法律是不完善的、不断变化的。因此，我们有必要把这些权利从它们的界限中解救出来：承认妇女的权利、劳动的权利、儿童的权利，等等。但这一行动必须遵从《世界人权宣言》草案中已经存在的法律思想，该宣言本身是以 1789 年《人权宣言》为基础的。

同样，如果说希腊哲学最初是欧洲的，但它的使命是普世的，这就意味着它必须不断摆脱相对主义的束缚。哲学的任务在于永无止境的超越：尽一切努力去发现并跨越——并不一定背叛——其自身的种族中心主义或地理限制。

注释

[1]   德里达于 1967 年在《论文字学》（*De la gram-matologie*, Paris, Minuit）中首次使用了"解构"
       一词。该词来源于建筑学，指结构的破坏或分解。
       在德里达的定义中，它代表的是一种思想的无意
       识行为（"它自我解构"），目的是要打破而非
       摧毁那些霸权的或主导的思想体系。在某种程度
       上，解构意味着我们不断移动、置换材料以实现
       永恒的重构，并借助这些材料去对抗"一"、逻
       各斯中心和（西方）形而上学在语言中的暴政。
       解构就是"来临的东西"，是我们不确定是否会
       到达目的地的东西，如此等等。德里达还赋予其
       语法上的用途：解构也指对句子中的词语结构进
       行干扰。参见《给日本朋友的一封信》（1985 年），
       收录于《心灵：他者的发明》（*Psyché. Inventions
       de l'autre*, Paris, Galilée, 1987, p. 387-395）。在埃
       米尔·利特雷（Émile Littré）编著的大辞典中有
       这样一句话："现代学术研究证明了这样一个
       事实：在静止的东方，一种语言能够臻于完美，
       必然要根据人类精神自然演变的规律经历解构和
       改造。"

[2] 克洛德·列维-斯特劳斯,《忧郁的热带》(Claude Lévi-Strauss, *Tristes Tropiques*, Paris, Plon, 1955)。米歇尔·福柯,《理性时代的疯癫史》;《词与物》(Michel Foucault, *Histoire de la folie à l'âge classique* (1961), Paris, Gallimard, 1972 ; *Les mots et les choses*, Paris, Gallimard, 1966)。路易·阿尔都塞,《保卫马克思》(Louis Althusser, *Pour Marx*, Paris, Maspero, 1965)。雅克·拉康,《文选》(Jacques Lacan, *Écrits*, Paris, Seuil, 1966)。

[3] Jacques Derrida, *De la grammatologie*, *op. cit*; *L'écriture et la différence*, Paris, Seuil, 1967.

[4] 参见伊丽莎白·卢迪内斯库《谱系》(Élisabeth Roudinesco, *Généalogies*, Paris, Fayard, 1994) 以及弗朗索瓦·多斯《结构主义史》第二卷(François Dosse, *Histoire du structuralisme*, 2 vol., Paris, La Découverte, 1992)。

[5] 这次座谈会集结了来自各个流派的知识分子,大部分是与《原样》(*Tel Quel*)、《改变》(*Change*)和《诗歌行动》(*Action Poétique*)三家杂志有关的作家。在那次会议上,我做了一个报告,我认为德里达的论文受到了海德格尔式仿古主义的影响,这种仿古主义和卡尔·荣格的观点相近。

我在《法国精神分析史》第二卷（*Histoire de la psychanalyse en France*, t. 2 [1986], Paris, Fayard, 1994, p. 544-545）中讲述了这件事。另见《无意识及其信件》（*L'inconscient et ses lettres*, Paris, Mame, 1975）。德里达在《立场》（*Positions*, Paris, Minuit, 1972）中回复了我。

[6] 雅克·德里达，《支点》（Jacques Derrida, *Points de suspension*, Paris, Galilée, 1998, p. 139）。另见《在拉巴特与雅克·德里达会面：民族语、民族和解构》（« Rencontres de Rabat avec Jacques Derrida. Idiomes, nationalités, déconstructions », *Cahiers Intersignes*, 13, 1998）。

[7] 雅克·德里达，《暴力与形而上学》，《书写与差异》（Jacques Derrida, « Violence et métaphysique » [1964], in *L'écriture et la différence, op. cit.*）。

[8] 吕克·费里、阿兰·雷诺，《68年思想录》（Luc Ferry et Alain Renaut, *La pensée 68*, Paris, Gallimard, 1986）。

[9] 德里达发表了五十多部作品，此外还在许多合作本中写过序言和文章。他参加过上百次访谈。

[10] 特殊表达方式（idiome）指一种特殊的语言，引申为某个时期、某个社会群体或某个个体所特有

的表达方式。德里达认为，特殊表达方式是"一种你无法占有的财产。它标记着你，却不属于你。它只出现在他人身上，只有当疯癫闪现、生死交织时才会回到你身上"，参见《支点》（p. 127）。

[11] 雅克·德里达，《书写与差异》。

[12] 雅克·德里达，《马克思的幽灵》（Jacques Derrida, *Spectres de Marx*, Paris, Galilée, 1993）。参见本书第七章《大革命的精神》。

[13] 雅克·德里达，《友爱的政治学》（Jacques Derrida, *Politiques de l'amitié*, Paris, Galilée, 1994, p. 93-129）。卡尔·施米特，《政治的概念》（Carl Schmitt, *La notion du politique, théorie du partisan* [1932], Paris, Flammarion, 1992）。

卡尔·施米特（1888—1985）是德国法学家。作为马克斯·韦伯的学生，他在魏玛共和国末期及希特勒建立政权初期参与政治生活。受到党卫队威胁后，他于1936年放弃了政治活动。1945年，他被盟军逮捕，因与纳粹勾结而受到审判，最后免于起诉。

[14] 雅克·德里达，《友爱的政治学》（p. 145）。参见西格蒙德·弗洛伊德《战争和死亡的现实》

（Sigmund Freud, « Actuelles sur la guerre et la mort » [1915], in *Œuvres complètes* (OC), XIII, Paris, PUF, 1988, p. 125-137）；《大众心理学和自我的分析》（*Psychologie des masses et analyse du moi* [1921], *OC*, XVI, Paris, PUF, 1991, p. 1-83）。

[15]　雅克·拉康，《针对米歇尔·福柯讲话的发言》（« Intervention sur l'exposé de Michel Foucault » [1969]），收录于 1983 年 6 月 9 日的《潮汐带》（*Littoral*）。福柯在法国哲学协会发表的演讲题为《什么是作者》"，收录于《言与文》（*Dits et écrits*, 1, 1954-1969, Paris, Gallimard, 1994, p. 789-821）。

[16]　雅克·德里达，《文字的暴力：从列维－斯特劳斯到卢梭》，《论文字学》（« La violence de la lettre. De Lévi-Strauss à Rousseau »）。另见克洛德·列维－斯特劳斯《南比夸拉印第安人的家庭和社会生活》《亲属关系的基本结构》（Claude Lévi-Strauss, *La vie familiale et sociale des Indiens Nambikwara*, Paris, Société des Américanistes, 1949 ; *Les structures élémentaires de la parenté* [1949], La Haye, Mouton, 1967）。

[17]　雅克·德里达，《我思与疯癫史》，《书写与差

异》（« Cogito et histoire de la folie » [1963]）。

[18] 笛卡尔写道："我怎么能否认这双手和这个身体是我的呢？除非我把自己比作那些疯子，他们的大脑被黑色的忧郁气息迷惑和侵扰，宣称自己是国王而实际上却一贫如洗，假装自己穿着金缕衣和大红袍而实际上却一丝不挂，又或者把自己想象成傻瓜或蠕虫。什么！他们是疯子，如果我真以他们为榜样，那么我就和他们一样不正常。"在《文选》中的《论精神因果》（« Propos sur la causalité psychique »）一文中，拉康已经提出，正如德里达后来做的那样，笛卡尔奠定的现代思想基础并不排斥疯癫现象。参见伊丽莎白·卢迪内斯库《阅读〈疯癫史（1961—1986）〉》，《疯癫之思：关于米歇尔·福柯的论文集》（Élisabeth Roudinesco, « Lectures de *Histoire de la folie [1961-1986]* », in *Penser la folie. Essais sur Michel Foucault* [en collab.], Paris, Galilée, 1992）。

[19] 雅克·德里达，《书写与差异》。

[20] 克洛德·列维-斯特劳斯，《马塞尔·莫斯著作导言》，见马塞尔·莫斯《社会学与人类学》（Claude Lévi-Strauss, « Introduction à l'œuvre de Marcel Mauss », in Marcel Mauss, *Sociologie et*

44

anthropologie, Paris, PUF, 1950）。

[21]　米歇尔·福柯，《规训与惩罚：监狱的诞生》（ Michel Foucault, *Surveiller et punir. Naissance de la prison*, Paris, Gallimard, 1975）。

[22]　参见《书写与差异》。

[23]　雅克·德里达，《论精神：海德格尔与问题》（ Jacques Derrida, *De l'esprit. Heidegger et la question*, Paris, Galilée, 1987）。这本书与维克多·法里亚斯的《海德格尔与纳粹》（ Victor Farias, *Heidegger et le nazisme*, Paris, Verdier, 1987）同时在法国出版，后者引发了关于这位德国哲学家与纳粹主义合作的辩论。德里达在接受《新观察家》（ *Le Nouvel Observateur* ）记者迪迪埃·埃里蓬（ Didier Eribon ）的访谈时解释了他对这本书的看法："为什么这份可怕的档案令人难以忍受而又引人入胜？正因为从来没有人能够把海德格尔的全部思想简化为某种纳粹理论。这样的'文件'不会有太多别的价值。半个多世纪以来，任何一个严谨的哲学家都无法忽略对海德格尔的'解释'。"参见《海德格尔：哲学家的地狱》（ « Heidegger, l'enfer des philosophes » ），《支点》（ p. 194 ）。在法国，德里达被质疑没

有与海德格尔的纳粹主义保持足够的距离，之后在美国又被质疑对他的朋友保罗·德曼（Paul de Man, 1919—1983）不够审慎。保罗·德曼是美国多所大学的教授和文学理论家，因为在 1940 年至 1942 年间在一家支持德国占领的比利时报纸上开设过一个文学专栏，于 1987 年被判有罪。参见雅克·德里达，《忆保罗·德曼》（Jacques Derrida, *Mémoires pour Paul de Man*, Paris, Galilée, 1988）。

[24] 《68 年思想录》的作者还把让-弗朗索瓦·利奥塔也加入了这个行列，他因出版《异识》（*Le différend*, Paris, Minuit, 1983）一书被视为海德格尔主义者。

[25] 参见本书第九章《精神分析赞歌》。

[26] 费里和雷诺说："德里达的策略在于比海德格尔本人更海德格尔。"他们还说："当然，不应断言德里达就是一个海德格尔主义者（一个'法国的海德格尔主义者'），而应说海德格尔是德国的'前德里达主义者'。"参见《68 年思想录》。

[27] *Ibid.*, p. 166.

[28] 雅克·德里达，《触感：让-吕克·南希》（Jacques Derrida, *Le toucher. Jean-Luc Nancy*, Paris, Galilée,

1999）。

[29] 在 1984 年至 1988 年间，德里达在法国社会科学高等研究院（EHESS）开设的研讨班主要探讨的就是民族主义和与他者的关系问题：一、民族、民族性与民族主义；二、法律、言语与原则；三、神学政治；四、康德、犹太人与德国人；五、吃掉他者：吃人肉的修辞学。参见《心灵》和《友爱的政治学》（p. 11）。

[30] 雅克·德里达，《另一个海角》（Jacques Derrida, *L'autre cap*, Paris, Minuit, 1991, p. 33）。

[31] 关于这个问题，参见卡尔·休斯克的《世纪末的维也纳》（Carl Schorske, *Vienne, fin de siècle* [1961], Paris, Seuil, 1983）和雅克·勒里德的《维也纳现代性和身份危机》（Jacques Le Rider, *Modernité viennoise et crises de l'identité* [1990], Paris, PUF, 1994）。

[32] 让·博弗雷（Jean Beaufret, 1907—1982）曾积极参加抵抗运动，后来在法国担任海德格尔一个思想流派的代言人。他既促进了相关思想的研究，同时又掩盖了海德格尔曾参与纳粹党的事实。

[33] 尤尔根·哈贝马斯出生于 1929 年，是法兰克福学派的继承者，却与海德格尔主义决裂。参见

47

《哲学和政治概论》(*Profils philosophiques et politiques* [1971], Paris, Gallimard, 1974)。

［34］ 尤尔根·哈贝马斯,《现代性的哲学话语》(Jürgen Habermas, *Le discours philosophique de la modernité* [Francfort, 1985], Paris, Gallimard, 1988)。

［35］ 雅克·德里达,《有限公司》(Jacques Derrida, *Limited Inc.*, Paris, Galilée, 1990)。

［36］ 雅克·德里达,《另一个海角》和《哲学的权利》(*Du droit à la philosophie*, Paris, Galilée, 1990)。

［37］ 雅克·德里达,《种族主义的最后一句话》和《赞美纳尔逊·曼德拉或反思的规则》,《心灵》(《 Le dernier mot du racisme 》[1983], et 《 Admiration de Nelson Mandela ou les lois de la réflexion 》[1986])。参见本书第六章《大革命的精神》。

Politiques de la différence

✦

差
异
的
政
治

Ⅱ

卢迪内斯库：关于种族中心主义的讨论可以从差异（différence）问题开始谈起。1965 年，您在一篇关于安托南·阿尔托的文章（《被劫持的言语》[1]）中首次使用了有一个字母"a"的"延异"（différance）一词，后又于 1968 年 1 月 27 日在法国哲学协会发表了题为《延异》的长篇演讲[2]。我想要说的是，一开始，尽管您没有明确说明，这个词会让人想起尼采的《悲剧的诞生》和乔治·巴塔耶提出的异质性的概念。巴塔耶想要定义的是一种"被诅咒的部分"[3]，一种绝对或双重意义上的差异，某种无法被符号化且能够超越表象的东西。您在阿尔托的残酷戏剧中发现了这样的踪迹，在这种戏剧中，剧场的器官、剧作家、演员和导演之间不存在区别。总之，延异是"即兴的无政府状态"。它既是否定性的载体，又包含着一种不断超越同一性和一致性的相异性[4]。

通过这个复杂的概念，您再一次提出了一个对我们的现代性至关重要的问题。我们该如何把差

异看作一种普遍规律，同时又不屈服于社群主义
（communautarisme）或那种对细微差异的自恋崇
拜？如何摆脱民族心理研究——现已更名为民族心
理学（ethnopsychologie）——及其分支（民族精神
病学、民族教育学、民族儿科学、民族心理分析，
等等），以及如何摆脱那种否认在人类当中存在一
种超越所有文化和社会差异的普遍性的"原型"
理论？

德里达：所以，您是想问我属于共和派还是民主派？
首先请允许我对延异和差异做些抽象的解释。与差
异相比，延异的普遍性在于它让我们能够超越文化、
民族、语言甚至人类等任何限制来思考差异化的过
程。从生命的痕迹出现的那一刻起，延异就存在了，
是关于生或死、存在或缺席的关系。我认为，在很
早以前，这种关系就和动物性 [5] 的庞大问题联系在
了一起。从生命和细微的迹象存在的那一刻起，延
异就存在了，它超越了伟大的哲学或文化传统认为
的"人"和"动物"之间存在的分界线。

　　因此，这里确实存在一种普遍化的力量。延异

不是一种区别、本质或对立，而是一种间隔化运动，是时间的"成为空间"、空间的"成为时间"，是对相异性的指涉，对并非对立的异质性的指涉。因此，这里面存在某种同一性，这种同一性不等于一致性，就像延异一样。既经济又非经济。所有这一切也是对所指和能指关系问题的思考（因此也是对索绪尔语言学的思考，这种语言学以其概括式的、简易化的形式主导着当时的大部分话语）。

接下来，我对那些因为单纯的对立而被建立起来的差异提出了质疑。我坚持认为，延异不是对立，甚至不是辩证的对立：它是对同一性的宣言，是关于同一性与他者关系的经济论，并且没有必要为了它的存在而将其固定在某种区别或某个二元对立体系中。当然，我们可以从这个看似抽象的解释中汲取我们所需的一切动力，来挑战那些被您归为社群主义的伦理和政治。

总的来说，我一直对小团体崇拜和社群主义——这两者经常被联系在一起——持有疑义，其中的上千种理由我已经在其他地方解释过了，大部分都是在《他者的单语主义》[6]一书中。我一直认为，政治和地域之间的区分越来越有必要……因此，我和您一样对社群主义和小团体崇拜感到担忧，也和您一样反对目前在各地盛行的那种表现出少数群体自恋倾向的运动——包括女性主义运动。不过，在某些情况下，我们仍应该承担起政治责任，这就要求我们去声援那些与种种歧视做斗争的人，声援那些要求承认被威胁、边缘化、少数化或非法化的民族身份和语言的人，声援那些受到压迫的宗教团体。

但这并不妨碍我对小团体或社群主义的主张本身持谨慎态度。不过，当我发现存在某种歧视或威胁的时候，我同样也会采纳这种主张，或者说至少将其作为权宜之计。这样，不管是对于女性、同性恋者还是其他群体，我都可以理解其身份诉求的迫切性。我可以接受的是一种暂时的、审慎的联盟，同时我也会强调这种联盟存在一定的局限性，还要尽可能把这些局限性描述得简单明了、通俗易懂。因此，虽然只能尽绵薄之力，我还是会毫不犹豫地支持女性主义事业，支持同性恋者和殖民地人民的斗争，直到我产生怀疑，直到这种追求从逻辑上显示出其潜在的破坏性或危险性。社群主义和国家民族主义是这种危险的最典型的例子，因此也深刻体现了这种团结性的局限性。在新的交互层出不穷的动态环境中，必须随时对危险进行新的评估。这并不是相对主义，相反，这是使责任感行之有效的条件——如果这样的责任感确实存在的话。

如我们过去所说，面对错综复杂、充满矛盾和千变万化的形势，政治责任意味着要努力衡量联盟的空间、时间和边界。出于这个原因，我的主张介于共和派和民主派之间。这两个词很接近，但是在法国，它们却不断被某种人为力量割裂甚至对立起来，且这种两极对抗越来越激烈。然而，我既想成为共和派又想成为民主派。根据不同的形势、场合和对象，我向一个极点或另一个极点倾斜。如您所知，政治选择往往是由相对的倾斜而不是截然的对立决定的：我是这一派或那一派。不，我是这一派且是那一派；我倾向于这一派而不是那一派，这取决于形势的需要。

卢迪内斯库： 从这个角度来说，您对关于均等 [7] 的辩论有何看法？

德里达：这种叫法听起来很奇怪，我对它的话语、逻辑和辩词仍持有疑义。部分原因可能与您相同，在我看来，将性别差异纳入宪法的做法值得警惕。

卢迪内斯库：这可能会导致性别配额制的设立。

德里达：是的，这是一方面原因。但是，当有人对我说"你只能做出非此即彼的选择，必须对既定的均等投出赞成或反对票"时，我意识到，投反对票可能意味着接受一种灾难性的现实。在妇女参政方面，尤其是在妇女代表比例的问题上，法国是最为落后的国家。如果要求我必须"赞成"或"反对"，尽管我持有许多保留意见，在那种情形下我还是会投票支持均等，因为如果我"反对"，就意味着我认可了一种广泛存在而不可容忍的事实：法国妇女在政治中的代表性不足，其程度在欧洲是前所未有的，而且会带来最严重的后果和影响。比如，三十五年前出现了一场对菲勒斯－逻各斯中心主义[8]

的一切影响的解构，这种最坚决、最明确的解构不仅表现出"理论性"和"概念性"，而且自称是具体的、有效的和政治的。

卢迪内斯库： 我认为可以通过其他的方法解决代表性不足的问题。我不明白为什么在这方面法国的情况如此严重，因为在社会生活的其他领域，从事同一职业的女性数量和男性是一致的，有时甚至明显占多数，比如在心理学研究和从业领域。某些社会学家和统计学家认为，一种职业的女性化就是它开始堕落的标志。说实话，对于这种观点我不敢苟同。

　　总之，我反对均等，因为我认为性别配额制并不能推动女性主义运动的发展。这甚至让我觉得很丢脸。另外，一些均等的支持者——特别是某些女性——声称要把反对者们归入厌女者和反动派的阵营，指责他们试图"抹杀性别差异"，还把矛头指向西蒙娜·德·波伏瓦，认为她不是一个真正的女人，因为她没有做过母亲。也就是说，这些均等的追随者把"母性中心主义"的概念附加到女性特质上：不经历生育就不能成为完整的女人。我认为这种观点早已是明日黄花[9]。

在欧洲其他国家，尤其是在瑞典，即便没有类似的法律规定，妇女依然能参与政治生活。也许，我们应该思考的是消除不平等的斗争该以何种方式推进，以及某些领域内男女比例如此悬殊的原因在哪里。

德里达：我在《人道报》上发表的一篇文章里解释了我的观点[10]。我认为，在这件事情上诉诸法律和宪法改革，实际上印证了一个问题：与其他欧洲国家不同，法国的政党和政界人士通过诉诸形式上的法律或政治决议来解决他们本身并不想改变或没有能力改变的状况，其中的原因恰恰在于他们内部本身就存在阻力，这种阻力已陷入僵化却极具破坏力。为了反对无法被公众接受的菲勒斯中心主义，面对欧洲荒谬且严重的两性不对等问题，法国政党内部的一部分必须对另一部分采取暴力手段。

卢迪内斯库：如果我没理解错的话，您的意思是，必须始终站在斗争的前列，去对抗那些对自由造成严重威胁的障碍，哪怕事后要对斗争过程中引发的过激行为进行批判也在所不惜。

德里达：事实上，必须尽可能细致谨慎地考虑实际情况，不能屈服于相对主义。我不支持任何纯粹的"社群主义"本身，但在某些情况下，经过具体的分析后，我可能也会采取一些立场，而这些立场在某些急于下定论的人看来，可能跟我反对的相对主义和社群主义非常相似。另外，永远不要忘记那些用普遍主义反对社群主义或差异主义、用"共和"原则反对"民主"原则的人试图掩盖（或视而不见）的显而易见的事实。永远不要忘记，和人们所说的"社群主义"联系在一起的"社群"往往是那些代表性不足，甚至被剥夺话语权的少数（或被少数化的）群体。然而，人们在世俗和共和普遍性的旗帜下捍卫的同样是一个社群组合体：法国共和体制、法国公民身份、法国语言、统一不可分割的国家领土，总之，是与这个民族和国家的历史相关的所有文化特征，它们深深地镌刻在这个国家、它的传统和它的大部分历史当中。

我刚才强调了"民族性",即与这种"共和主义"相关联的国家民族主权主义（souverainisme）；但我本可以谈谈异性恋菲勒斯中心主义，它谴责"女性"和"同性恋"等群体所谓的社群主义。因为这个"社群"的势力是最强大的，因为它在这场战斗中占据着支配地位，所以人们更容易否认它的"社群"特征，以及它捍卫的所有社群利益。以"共和"普遍性的名义去抗议"民主"社群主义的，也往往是这个势力最强大的社群，或者是自认为最强大的社群，它想要通过抵制来自各种少数群体的威胁来维持自身的支配地位……

卢迪内斯库：说到这里，鉴于您长期在美国多所大学任教，我想向您请教一下关于"政治正确"（political correctness）这个概念的问题。这个术语是由保守派发明的，带有贬义的色彩，用来指称那种"左派和激进"（美国语境下）的教育政策，这种教育政策主张按照多元文化主义的标准来重读文学、哲学或艺术史领域的经典作品，然后通过删去这些作品中包含的有关受压迫少数群体（女性、黑人、拉丁裔、同性恋者、被殖民者等）的"不正确"内容来"修正"这些作品。因此，所有西方文化作品（从柏拉图到萨德再到弗洛伊德），凡是包含针对少数群体的所谓"不正确"的内容，都要受到"审查"。这种教学改革主要在英语系、法语系和比较文学系里进行[11]，它建立在被称作"积极平权"（affirmative action）的运动之上，该运动旨在通过立法为那些遭受不公正待遇的群体提供优惠政策，其中蕴含的理念是，为了纠正不平等现象，必须以一种新的差异来对抗另一种差异。

1995年，我和菲利普·加尼耶（Philippe Garnier）发起了一项请愿活动，谴责这种清教徒式的运动，因为该运动间接导致原准备在美国国会图书馆举办的关于弗洛伊德的大型展览被迫取消，原因是这个展览——过于正统而存在大量争议——把一些反对这种正统性的"修正主义"[12]历史学家的作品拒于门外。这些历史学家自认为受到了排挤，于是设法阻止了展览的举办。在我们的请愿书中，我们用"政治正确"来形容那些攻击正统派的人士。因为这个术语，您拒绝在请愿书上签名，虽然您完全认同这项倡议本身[13]。我很想知道您现在的看法。您不认为这种政治正确的思想在美国有蔓延的风险吗?

德里达: 这种被称作"政治正确"的论调是个舶来品,也是把双连发火枪,或者说是个双重陷阱。就算躲得了第一发子弹,也免不了被第二发子弹击中。所以这是一个充满危险的议题。我得小心谨慎地发表我的意见。我对人们使用甚至滥用这种伪论据感到恼火,首先是因为我是法国人。"政治正确"(politically correct)这个术语就应该停留在它的原文语境里。我感到痛心的是,人们把这个美国口号或者说标语引入法国,用来谴责一切违背自己意愿的东西(因为这就是正在发生的事情),或者用来批判可疑和僵化的正统派,乃至左派的新守旧主义(néo-conformisme),总之是所有与标准规范以及伦理或政治原则相关的批判性言论。以雷诺·加缪事件[14]为例,一旦有人对这样一本书(一本令人吃惊的书,每一页都充斥着幼稚、盲目和"社会学家"的愚蠢,以及"旧法国右翼"的文学冲动和怪癖）的内容表现出正当的愤慨，马上就会有自以为是的声音对其进行批判，指责他想要建立一种思想，实际上就是建立一种"政治正确"的审判。因此，我一直都坚决反对在法国机械地滥用这个说法，反对这种具有攻击性的措辞所引发的争辩和论战，因为这个看似官腔十足的表达方式（因为这确实是个官方用语）常被用于打压一切批评、对立和反抗。一旦有人站出来批判某种言论或某些做法，马上就会有人谴责他是想要恢复教条主义或"政治正确"。这种反守旧主义——这种新型的守旧主义——在我看来同样值得警惕，它很可能会成为一种快捷的手段，用来扼杀那些为正义事业发声的人。想象一下这个场景：一个人在抗议某种恶行（比如种族主义、反犹主义、政治腐败、家庭暴力、犯罪等），而其他人指着他的鼻子对他说："我们受够政治正确了！"我们知道，这样的场景会在任何一个地方上演，而且正如您提到的那样，那些对雷诺·加缪的某个句子提出疑问的人也被指控是在搞"政治正确"！

　　盲目地翻译或引进一个术语，或者在某些情况下将其作为一种工具，而忘记或没有真正理解它在当前美国社会的使用背景，这样的做法是很危险的。美国对"政治正确"的谴责，最初是由国会和参议院中的保守派政治团体组织（或者说操纵）的。

卢迪内斯库：我们来尝试理解一下，这样的指控究竟是出于什么样的目的？

德里达：有些作品——尤其是迪内希·德·索萨（Dinesh D'Souza）的书[15]——把所有美国大学描绘成一个完全由审查员支配的地方，这些审查员想要以"政治正确"的名义主宰一切，狂热地捍卫诸如社群主义、女性主义、反种族主义等教条，有时还包括后现代主义、后结构主义甚至邪恶的解构主义。这种描述往往非常浮夸、荒谬，就跟它想要谴责的东西一样。

卢迪内斯库：这是不是真的太夸张了？

德里达：是的，有些人就是热衷于散布虚假的数据。

美国大学里确实存在一些狂热分子，就像我们国家也有一些教条主义者一样，他们执意要审查或删去所有违背政治正确原则的东西。但这并不是普遍现象，可仍有人愿意去相信或说服别人相信这是广泛存在的。

卢迪内斯库：不过还是有可能会导致，比如说，过去的哲学著作中有些词被判定为对某个群体造成侵犯，然后被删去。

德里达：抛开这些恐怖分子般的审查员不谈，在更广泛的层面，对于教学和语言中所有可能指涉菲勒斯中心主义、种族主义或种族隔离的信号，确实存在一种警惕的态度，并且我认为这是必要的。我在这里讲的并不是那种浮夸式的审查行为。浮夸的做法确实存在，但毕竟只是少数。

卢迪内斯库：这些浮夸的做法还是为了对过去的著作进行删改。

德里达：有时确实会出现一些过激行为，在这种情况下，保守派人士完全有权利申诉。其他人也会站在他们这一边，所以他们有理由这样做。我自己也不例外。然而，浮夸的审查毕竟只是少数、局部的现象，除此之外，对于语言、广告、政治生活、教学、写作中那些可能会煽动菲勒斯中心主义、种族中心主义或种族主义等暴力的信号，我们有必要时时保持警惕。

不要忘了，虽然美国在保护民权方面取得了进步，但种族主义仍然盛行。我目前正在研究死刑问题[16]，毫无疑问的是，几乎所有被判处死刑的都是黑人。监狱里的犯人大部分也是黑人，尤其是贫穷的黑人（非裔美国人！）。我再三指出这种现象、向学生们讲授并开展研究，是不是就意味着我屈服于"政治正确"了？在这个国家，种族压迫的存在是一个毋庸置疑的事实，它显而易见却经常被否认。坚持不懈地反对这种现象，是不是就意味着屈服于"政治正确"了？至于女性的处境，虽然不平等的表现不同，美国女性主义运动一直在进行合法的斗争，而在法国，人们总是轻率地对这种运动进行错误的批判。积极平权行动的历史错综复杂，您知道，目前即便在黑人中间，这种运动的不利或负面影响也往往广受诟病。事实仍然是，从很多方面来看——无论是女性处境还是黑人处境，美国在某种程度上也是一个发展中国家，一个不平等现象仍然广泛存在的国家。

卢迪内斯库：比欧洲严重得多？

德里达：当然！而且美国的不平等现象分布方式与欧洲不一样。所以，我们一刻也不能放松警惕。

至于同性恋者，针对他们的歧视现象更是不容置疑。他们遭受的排斥（不管是被承认的还是被否认的）——在欧洲同样如此——遵循的是同一套逻辑。用"政治正确"作为口号来抨击一切需要谨慎对待的东西，在我看来是很危险的，而且非常可疑。当这个术语不再为战争中的保守派人士效劳时，它便被那些精致的左派人士肆无忌惮地占为己有，而这些左派人士本身就处在危险和严酷的"地带"（压迫、镇压、排斥、边缘化）之外。

总之，我反对法国人滥用这一新的"口号"，同时我也想指出，在美国，这一运动（政治正确）远不如人们所说的那样广泛和强势，至少不像人们传说的那么浮夸，呃，是的，必须保持警惕，但前提是，在警惕的借口下，我们不能对这些反过来导致"政治正确"滥用的"美国"问题麻木不仁或熟视无睹。这些问题至关重要且更为严重。

卢迪内斯库：您难道不认为，当一个人享有像您一样的权威，并且能够提出非常深奥的概念时，他有责任向前迈进，也去思考解放运动和所谓的后现代主义带来的倒退有何危险或不利的影响吗？

德里达：这不正是我努力避免或消除刚刚提到的双重陷阱时所做的吗？

卢迪内斯库：我对美国的了解不像您那样全面，也许是这个原因，我不太适应这些思维方式，但每次去美国，我都会感受到一种可怕的暴力。请允许我讲一件我见到的真事。在一次小型聚会上，我看到我们的朋友约瑟夫·哈伊姆·耶鲁沙利米[17]（Yosef Hayim Yerushalmi）不得不离开教授的办公室，仅仅是因为他想抽烟，而那个地方不允许。我觉得把吸烟行为排斥在外的做法非常可怕，这种在公共场合把人区分为吸烟者和不吸烟者的"差异"（而非延异）标识，是一种让我觉得无法接受的割裂。

德里达：不要忘了，我们在法国也通过了类似的法律。

卢迪内斯库：确实，但幸运的是，这项法律在我们这里的执行并没有那么严格，我认为这要归功于法国大革命以及我们的共和理想，它重视的是包容每一个人本来的样子，而不是让他按照别人期待中的样子发展。这一原则基于这样一个观点，即包容本身就能催生改变。那种用消极手段标记差异的方式，我在其他地方也见到过：在某种清教主义思想的影响下，教授们被迫在接待学生的时候保持大门敞开，以免被指控对学生进行精神控制或性骚扰。我同意您的观点，我们必须不断为解放而斗争，但以女性为例，我认为这场斗争已经走上了正轨，虽然许多不平等现象仍然存在，而男性将来也可能成为某种母性中心主义（maternalocentrisme）的受害者……

德里达： 在我刚才引述的那篇文章[18]里，我确实提到了关于母性（mater）的问题，这是一个新的论据，一个关于母性权威的既陈旧又崭新的论点。

至于某些美国大学里常见的"性骚扰"问题，我觉得同样令人担忧。而且一些相关的法律规定令人既啼笑皆非又毛骨悚然，比如男教师在办公室接待女学生的时候必须保持大门敞开。有时他可能会因为对女学生笑了笑、"夸奖"了一番或请她喝了一杯咖啡而遭到指控。他可能需要负法律责任，受到大学内部法规或公共法律的起诉。这就形成了一种人心惶惶的气氛，有时还会有人借此制造罪恶的阴谋（这简直和他们想要抨击的那种罪行同样令人发指），甚至把它当作一种无情的工具。不过，我们绝不能忘记，性骚扰确实存在，不仅在大学里，也不仅在美国！

卢迪内斯库：我比您想得更远。我认为禁止学生和老师之间的性行为是没有意义的，尽管一方明显比另一方更容易产生移情心理。

德里达：这始终是一个"权力"问题。从原则上讲，在关于性骚扰的法律中，如果是双方自愿的情形，案件的严重性会降低。论罪的依据主要是看是否存在超出正常行使范围的权力滥用。按照法律精神和用词严谨的法律条文，如果一个男老师（极少数情况下是女老师）滥用虚拟的权力关系，来引诱一个在学业上依附于他（或她）的人，那么他将被定罪……

卢迪内斯库：这真是荒唐。

德里达：是又不是。

卢迪内斯库：在爱情里，始终存在着一方对另一方或者双方之间的权力和支配。

德里达： 这是不可否认的。

卢迪内斯库： 那么如何解决问题呢？什么才叫自愿？恋人们不停地争吵，而我们永远无法在法庭上解决他们的性欲和感情问题。我认为想要用法律手段处理这样的问题很危险，因为这等于干涉他人的私生活，荒谬且于事无补。换句话说，我认为我们的民主社会在对待成年人之间的感情问题和性爱自由问题上应保持高度谨慎。

德里达： 困难在于如何区分以下两种暴力：一种是"结构性的"，因此在某种程度上"可容忍的"性暴力，它往往包含感情和恋爱关系——事实上，恋爱关系总是涉及某种不对称性，甚至是暴力的双重不对称，这种不对称关系有时是精致的、微妙的、崇高的、柏拉图式的或浪漫的，有时又是残酷的、沉重的；另一种则是难以划定分界线的侵犯行为。正因如此，法律禁止强奸，或者说至少是大家公认的"强奸"行为（尽管恋人之间的激情从来不排斥某种不对称性，而这种不对称性总是带有强奸行为的痕迹），甚至会干涉恋人的欲望。

卢迪内斯库：我同意所有肉体上的暴力都应受到处罚，但一旦涉及精神暴力，情况就会变得很复杂。

德里达：您所说的"精神暴力"有时会达到非常残忍的程度或形式，正如人们所说，绝不能轻视它的危害。至于所有这些类型的暴力，某种混乱而扭曲的游戏催生了"性骚扰"这一类别，就像美国的情况那样，人们对"性骚扰"的话题夸大渲染，不过所幸还有人没被冲昏头脑。我们刚才所说的那种合法的、不可化约的暴力和所谓不正常的、虐待性的暴力之间的分界线在哪里？

卢迪内斯库：这就涉及正常和病态的问题。我倾向于说，分界线的一边是对权力的过分滥用、对身体的剥削或对主体的商品化，而另一边是移情、激情、支配和自愿为奴。

德里达：以精神分析和同性恋为例。您在您的书里和您在精神分析大会上发表的讲话中都提到，必须停止对同性恋的排斥，因为这种排斥建立在一个可疑的反常概念之上 [19]。

卢迪内斯库：我当时确实比较激进。我认为我们应该摒弃 1921 年由国际精神分析协会 [20] 领导人（欧内斯特·琼斯和桑多尔·费伦齐）提出的那条广为人知的不成文规定，即禁止同性恋者成为精神分析学家，因为他们是反常的。就好像"反常"的概念只适用于同性恋者似的。另外，我和您一样支持民事互助契约 [21]。不仅如此，我也赞成废除所有将同性恋归为"缺陷""异常"或异端的分类方式，总之，我反对那些带有歧视性的字眼。另外，弗洛伊德在这个问题上也很谨慎 [22]，拉康则接受同性恋人士加入他创立的巴黎弗洛伊德学院（1964—1981）。

注释

[1] 先于 1965 年冬刊登在《原样》（20）杂志上，后被收录于《书写与差异》。

[2] 首先刊登在《整体理论》（*Théorie d'ensemble,* Paris, Seuil, 1968, collection « Tel Quel »），后被收录于《哲学的边缘》（*Marges de la philosophie,* Paris, Minuit, 1972）。

[3] 受马塞尔·莫斯思想的启发，乔治·巴塔耶在分析人类社会及其制度时区分了两个结构极端：一方面是同质的，即人类的生产性社会；另一方面是异质的（神圣、冲动、疯癫、罪恶、非生产性、排泄物、垃圾等），无法在理性秩序中被符号化或规范化，即一种"他者"的存在，被排除在所有规则之外。显然，拉康受这个概念启发提出了实在界（réel）的概念，福柯的"划分"（理性 / 非理性 / 疯癫等）概念也是如此。参见乔治·巴塔耶《被诅咒的部分》（Georges Bataille, *La part maudite, Œuvres complètes,* t. VII, Paris, Gallimard, 1976）。关于这个问题，参阅伊丽莎白·卢迪内斯库《拉康传》（Élisabeth Roudinesco, *Jacques Lacan. Esquisse d'une vie, histoire d'un système de*

pensée, Paris, Fayard, 1993）。

[4] 德里达在《柏拉图的药》一文中也阐释了这个概念，收录于《播撒》（« La pharmacie de Platon » [1968], in *La dissémination*, Paris, Seuil, 1972）。在这篇解读《斐德罗篇》的文章中，德里达分析了关于塞乌斯（Theuth）的神话。柏拉图认为，塞乌斯是书写之神，既是毒药（pharmakon）也是解药，他发明的书写是治疗遗忘的药方。但书写也让人昏昏欲睡，因此也是一个邪恶的形象，他想要消灭这个形象。为了摆脱柏拉图的"药"（pharmakon），必须反对柏拉图，把他当作一种延异，同时还要在柏拉图这个写作并关闭药房的人背后重新找到苏格拉底这个不写作的人。在这里，我们又得出了在第一章中已经提到过的观点，即一种占统治地位的话语可能会反戈一击。

[5] 参见本书第五章《针对动物的暴力》。

[6] 雅克·德里达，《他者的单语主义》（Jacques Derrida, *Le monolinguisme de l'autre*, Paris, Galilée, 1996）。

[7] 1999 年 2 月，法国议会通过了将性别差异纳入宪法第 3 条的决议："法律规定男性和女性平等享有选举权和平等担任民选职务的条款。"从此以

后，均等（parité）被写入法律，在代表制中考虑性别差异也成为法定义务。议会通过制定一系列法律将均等原则实实在在地延伸到社会生活的方方面面。这与规定共和国主权不可分割的宪法第2条相矛盾。

[8] 菲勒斯－逻各斯中心主义（phallogocentrisme）是德里达结合菲勒斯中心主义（phallocentrisme）和逻各斯中心主义（logocentrisme）创造的新词，包含两层意思。一方面指柏拉图式逻各斯在西方哲学中的核心地位，另一方面指菲勒斯的希腊－弗洛伊德式象征意义（即只存在一种力比多，或者说性动力，并且其本质上是雄性的）在精神分析中的核心地位。

[9] 我于1999年2月11日在《世界报》（Le Monde）上发表的那篇文章阐述的是同样的观点，为的是回应西尔维安·阿加辛斯基（Sylviane Agacinski）于1999年2月6日发表的文章。关于反对均等的论述，参见《均等的陷阱》（*Le piège de la parité*, Paris, Hachette Littératures, 1999, collection « Pluriel »）。

[10] 雅克·德里达，《星期天的我的"人道主义"》（« Mes "humanités" du dimanche »），发表于

1999 年 3 月 4 日的《人道报》（*L'Humanité*）："所以别再说什么均等了。这实际上就是个法国人（不说是巴黎人）自己想出来的权宜之计，没有什么普适性（大家总是随随便便地谈论普适性）。其他的许多欧洲民主国家并没有像这样修改宪法，但也能实现或接近法国人想要的这个结果……关于宪法的争论实际上是个骗局，这正说明没有人对自己的政治能力有信心……在一些讲话里，它表现为一种听来令人恍惚的母性主义幻想：女性的本质决定了她作为母亲的身份——她可以选择成为母亲，当然，她的选择是完全独立的。"

[11]　关于这个话题，参见约翰·塞尔的《大学的危机？》，收录于《争鸣》（John R. Searle, « Crise des universités ? », *Le Débat*, 81, septembre-octobre 1994, p. 177-191）。

[12]　美国的一些学者借用"修正主义"（révisionnisme）一词来呼吁对弗洛伊德的一些基本概念进行修正。这种思潮与否认毒气室存在的否定主义（négationnisme）并不是一回事。总的来说，历史修正主义旨在批判那些既定的教条，绝不等同于那种歪曲事实真相的否定主义。在法国，亨利·鲁索（Henry Rousso）在《维希政府症候群》

中首次使用了"否定主义"一词（*Le syndrome de Vichy*, Paris, Seuil, 1987）。参见本书第七章《反犹主义及未来》。

[13] 请愿书收录在《精神分析手记》（*Les carnets de psychanalyse*, 8, 1997）一书中。关于这场论战，参见 1995 年 6 月 14 日的《世界报》和《为什么需要精神分析？》（*Pourquoi la psychanalyse ?*, Paris, Fayard, 1999, p. 136-138）。

[14] 雷诺·加缪，《法国战役》（Renaud Camus, *La Campagne de France*, Paris, Fayard, 2000）。 雷诺·加缪的这本书于 2000 年 4 月发售，此前他已出版过约四十部作品，其中包括几部私人日记。这本书的某些段落带有反犹主义和种族主义的倾向。雷诺·加缪以夏尔·莫拉斯式的风格在书中宣扬"纯种法国人"，反对移民，并对在法国文化广播电台（France Culture）工作的"犹太"记者进行清算，同时强调他对纳粹和犹太人大屠杀厌恶至极。这些言论违反了 1881 年的法律，该法律又于 1972 年进行了修订，规定以任何形式公开煽动种族仇恨都是犯罪。因此该书被停止出售，随后便引起了激烈的论战。一派人支持雷诺·加缪，认为下架他的作品是在搞审查或

"政治正确"，并声称每个作家都享有言论自由权；另一派人则强调必须遵守法律，禁止出售包含此类言论的图书。克洛德·朗兹曼（Claude Lanzmann）发起请愿书，将该书中的种族主义和反犹主义言论定为"犯罪"（见 2000 年 5 月 25 日的《世界报》），雅克·德里达在该请愿书上签了字。后来，一些评论家研究了雷诺·加缪以前的作品，发现这些作品中充满了类似的言论，这些言论要么没有引起作者惯用出版商的注意，要么被删减并替换成空格（见 2000 年 8 月 3 日《世界报》）。于是《法国战役》这本书在被删减后于 7 月重新上市。这场论战最后演变成一场关于法律、审查和文学之间关系的公开大讨论。关于这个话题，参见本书第七章《反犹主义及未来》。

[15] 迪内希·德·索萨，《种族主义的终结》（Dinesh D'Souza, *The End of Racism*, New York, The Free Press, 1995）。德尼·拉科那在《放空炮？》和《美国大学里的西方文明》中批判了德·索萨的一系列观点（« Des coups de canon dans le vide ?» et « La civilisation occidentale dans les universités américaines », in *Vingtième Siècle*, 43, 1994, p.

4-17）。另见埃里克·法桑的《美国的知识分子、政治和大学》（Éric Fassin, « Les intellectuels, la politique et l'université aux États-Unis », *Annales E.S.C.*, 2, 1993, p. 265-301）。

［16］ 参见本书第八章《死刑》。

［17］ 参见本书第九章《精神分析赞歌》。

［18］ 雅克·德里达，《星期天的我的"人道主义"》。

［19］ 伊丽莎白·卢迪内斯库，《为什么需要精神分析？》和 2000 年 7 月 8 日发布的《世界精神分析报告》（« Rapport sur la psychanalyse dans le monde »）。

［20］ 国际精神分析协会（International Psychoanalytical Association, IPA）于 1910 年由弗洛伊德创立，如今有约一万名会员，分布在三十二个国家。

［21］ 根据 1999 年 11 月 15 日通过的一项法律，民事互助契约（Pacte civil de solidarité, PaCS）在法国正式生效。它允许（同性或异性）恋人通过签订一项专门的契约成为合法同居的伴侣。

［22］ 伊丽莎白·卢迪内斯库、米歇尔·普隆，《精神分析词典》（Élisabeth Roudinesco et Michel Plon, *Dictionnaire de la psychanalyse*, Paris, Fayard, 1997, nouvelle édition 2000）。

混乱的家庭

III

卢迪内斯库：我想继续谈谈关于同性恋的问题，并与您探讨一下同性恋在民主社会中的正常化进程。我个人认为应当允许同性恋伴侣通过领养、同性育儿、合作育儿[1]或人工授精等方式养育子女。在这样的家庭里，我们不必将"两性之间存在神圣不可侵犯的生理差异"[2]这样的观念传授给孩子，而这种观念是制造一切想象性差异和象征性差异的前提。我认为这种说法是不准确的。今天，没有任何迹象表明，那些"同性恋的孩子"——他们这样称呼自己——比其他孩子受到更多的干扰，或对这种显而易见的性别差异更迟钝[3]。性别差异仍然会自然而然地传递给孩子，因为人类繁殖的生物学规律是无法改变的。现在还未知的是，这种差异是不是其他差异的主要组成部分。不管怎样，任何科学（不管是精神分析学还是人类学）都无法否认这样一个社会现实，尽管我们都知道整个人类社会就是建立在禁忌、象征功能、法律和限度等之上的。

德里达：我想从抽象和反面的角度来谈这个问题，我认为不应该禁止这种现象。一旦合法化，该发生的事就会发生。哪怕是在最正常的情境下，该发生的还是会发生：在一些所谓的正常家庭里，也有一些合法出生的孩子过得非常不幸福。我们的社会正在适应这些全新的育儿模式，并且这个势头会继续保持下去。虽然我们可以预想到会出现反对和抵制的声音，并且各个地方的发展速度也不尽相同，但我相信这个趋势是不可逆转的。在"我们的"社会里，对那些被同性恋伴侣领养的孩子来说，这种转变会更加艰难。但只靠出台法律去禁止是解决不了问题的。必须尽一切努力为那些需求创造合法的条件，因为我们都承认，大多数同性恋家庭和异性婚姻一样存在这样的需求。当然，同性恋家庭也会遭遇失败（甚至还会有人发明精神分析疗法来对他们进行"治疗"！），就像那些正常、合法的家庭一样。接下来要面对的，是一个更为一般性的问题，即典型的西方家庭模型——一对异性伴侣养育两三个孩子——的问题。不要忘了，这个主流模型归根到底是一种"伴侣"模式，也就是说，它包含、囊括或吸引着其他的伴侣、各种形式的伴侣，这是该模型所要求的唯一条件——只要存在成双成对的伴侣。同性恋伴侣也是"伴侣"，他们也想拥有合法的孩子。为什么不呢？他们与主流的模式有很大的区别吗？在这种新的家庭模式下，就不能重建——我的意思是保留，这种说法有时太过保守——那些传统的功能（父亲、母亲等）吗？许许多多的变革正在发生，而同性恋家庭领养孩子只是其中的一个案例。我并不认为这有多么严重或多么离经叛道。

卢迪内斯库：比如说人工授精。绝大多数情况下，这是女同性恋者的选择，因为男同性恋者必须找到一个代孕母亲。对女同性恋而言，生殖规律和性取向之间存在一种连续性，而对于男同性恋，这种连续性被切断了，因为一个男人无法受精，但他可以提供自己的精液。我认为，这种不对称性同样存在于角色分配和无意识的心理架构中：同性恋家庭中的男人在孩子面前表现得更像一个教育者、叔叔或监护人，而女人则更倾向于模仿异性家庭的模式。

我在想，不管是对同性恋家庭还是对异性恋家庭来说，最普遍的危险也许来自对母性权威的过度依赖。我们知道，当一个女人成为母亲，面对嗷嗷待哺的婴儿，她不得不承担起全能的角色。虽然在孩子刚出生的几个月里，母亲和孩子之间的亲密接触对孩子未来的社会化至关重要，但随着孩子的成长，母亲必须主动切断这种亲密接触，以便孩子能够进入他者的世界，即所谓的"第三方"，也就是父亲，或者从原则上来说，是占据父亲位置的那个人，这个位置可以是他者，也可以是"差异"（不管其性别为何）。

另外，我还注意到，同性恋伴侣往往想表现得像传统夫妻那样"正常"，所以他们会模仿传统夫妻，但方式有时很滑稽。我在想，如果不存在社会歧视，这种对正常的渴望是否会消失？或者相反，它是否会越来越强烈？

德里达： 一对男同性恋伴侣是否以两个父亲的身份面对他们的孩子？我不太确定。一对女同性恋伴侣是否会充当两个母亲？在所有这些情况下，"我们家"是否不一定总有一个父亲和一个母亲、一个父亲的角色和一个母亲的角色？甚至也没有祖父母、叔叔阿姨，以及朋友中的各种接班人和替代品，等等？抛开一切法律解释不谈，我最关心的问题是，作为精神分析理论一个稳固且基础性的参照，家庭模型在其变革的过程中会如何（以及是否会）改变精神分析学。

弗洛伊德及其继承者们——包括拉康——都认为俄狄浦斯理论必须以一个固定的模型为前提，即父亲和母亲的稳定角色，尤其母亲的角色被设定为不可替代的。必须回到这一点，我认为这是决定性的。最终，关于这一文化的精神分析理论将会受到家庭模式转变的影响。此外，精神分析本身的这种变化也符合其首要任务的要求：关注那些直接或间接影响家庭模式及其规范的问题。所谓精神分析，一直以来都是关于家庭的精神分析。

卢迪内斯库：在我看来，现在已经分成了两个阵营：一派是教条主义者，他们维护一成不变的模式，而这种模式势必会被现实社会——不仅是重组家庭——淘汰，另一派是更具"解构性"的现代派人士，他们对主体自身所引发的变革更加敏感。我认同您的观点：一旦新的社会现实成形，一旦它开始存在，精神分析——像其他学科一样——就必须思考、阐释并重视这些现实，而不是横加指责，因为指责就意味着排斥或否认现实，就会让这门学科转变成一种行为守则，让其从业者变成审查员或检察官。

德里达：既然您提到了"解构"这个词，那么我们也可以明确地讲，解构一直都是"家庭的"，是"家庭的解构"（不过在社会和国家层面也会取得一些小小的"革命性"成果，您可以自己想象一下）。我有时也会说，解构就是"正在发生的事情"或正在发生的不可能的事情。好吧，现在它变成了"家庭中正在发生的事情"，不过是不可能的事情。我们可以沿着这些观点的轨迹找到我们刚刚提到的问题（民事互助契约、合作育儿、同性育儿、人工授精等）。您在您的新书 [4] 中提到的精神分析的转变——新一代精神分析学家和患者——与家庭结构的变化不无关系。

我们面对的是社会本身的转变，是家庭模式的转变：性、单亲家庭、非婚生子女或婚生子女。这种社会变革将对精神分析领域产生影响：既包括患者，也包括临床医师的培训。这是一个不可分割的整体：一方面是社会环境或象征领域的变化，另一方面是精神分析领域的变革。

卢迪内斯库： 难道您不认为，弗洛伊德通过菲勒斯中心主义来突显父性功能的理论，是唯一既考虑到家庭的解构，又考虑到家庭在不断变化的世界中所面临的未来的理论吗？也就是说，我认为家庭是永恒的，它并没有受到威胁，家庭的丰富性既体现在它具有一种象征功能，也体现在它的组成方式是多种多样的。

德里达： 什么叫"家庭"？我不想一口咬定家庭是永恒的。真正永恒不变的、在历史长河中持续存在的，是抽象的家庭，是那种围绕生育而组织起来的社会纽带。所谓的"动物"[5]家庭也有其复杂性，也需要进行分析，这是灵长类动物学家一直在做的事。不过需要把他们的研究与精神分析、哲学、人类学结合起来。在我看来，我们对"动物"世界特有的象征、社会和家庭结构的关注远远不够。

您知道，禁止乱伦是"人类本性"或人类"文化"的一个基本特征（这是一个复杂的问题，我们在这里暂不讨论），但在一些灵长类动物中也存在某种避免乱伦的方法，应重视这个现象，它可能会改变很多事情。

因此，我想谈论的不是某种家庭模式的"永恒性"，而是家庭关系的跨历史性。弗洛伊德和其他许多人关注的模式只是其中的一个片段，这个片段既长也短，取决于选择的尺度。说它长，是因为它已延续了数千年；说它短，是因为正如我们所见，它已被建立，而它被推翻——或者至少被复杂化——的时刻很快就会到来。很长一段时间以来，它都受到多重因素的影响。目前关于单亲家庭以及同性伴侣领养儿童的争论，我不知道还会持续多久，它的未来如何尚不能确定。当然，"家庭"永远存在，但在千百年以后，家庭的"组织"会是什么样的就很难说了。我这里说的"组织"指的是一个特定社会中标准的，甚至合法并占主导地位的模式的架构方式。但是，不管我们为之高兴还是遗憾，个体的实际体验——每一次都是独一无二的——并不受制于，也从未屈服于这个标准的"组织"。"无家庭"的无意识也是如此！

有了男人和女人，可以做很多事！有了性别差异（同性恋不等于无性别差异），我们可以想象出许多不同的"家庭"结构！即便在我们所认为的最稳定、最常见的"我们的"模式里，也存在各种各样的子类型！面对各种我不敢说是未知的（尤其是对无意识而言）但仍未被广义的民事登记系统"记录"的东西，遗传学的"进步"解放或加速了我们的想象力——无论是喜是忧还是喜忧参半……

卢迪内斯库：您指的是什么？

德里达：那些包含两个或三个母亲（不算父亲）的家庭，还有那些由 3+n 个父母亲组成的家庭。这种情况已经存在了[6]。在最"规矩"的家庭的无意识中。如果您认真研究西方社会中已然十分复杂的亲子关系，您就能预感到未来会有多么错综复杂。

因此，我们可以想象一种重组，一种极其复杂的组合，它不仅来自变革本身的内在逻辑，也是基因工程、克隆、器官移植和人工授精技术发展的结果。这些新的遗传技术会带来前所未有的、看似难以接受和骇人听闻的影响，但人们总能找到使这些影响"正常化"——我不想说"自然化"——的方法。幸运的是，在克隆技术的发展前景问题上，我们已经开始将人们最初的反应和抵触情绪相对化、差异化和复杂化，长期以来，这些反应所代表的意识形态模式和形而上学经验，都是批判性研究甚至解构的对象。就好像克隆[7]始于克隆似的！好像不存在克隆似的！好像不存在一种可以再现反对克隆的话语的克隆式方式。

哪里有重复或复制，甚至哪里有相似的东西，哪里就有克隆，也就是说，在"自然"和"文化"中，克隆无处不在。因此，问题不是"要或不要"克隆，而是"如何"克隆：如何对待差异和原模原样的复制，首先要问的就是："复制到底是什么？"在尚未有某种潜在的复制——因此尚未有某种形式的克隆——使这样的话语成为可能的时候，我们可以提问“这到底是什么”吗？我这样说并不是为了混淆视听，也不是要回避一个严肃的问题。我只是想指出一些应该被指出且开始变得显而易见的事情：无须为恐怖的克隆人全副武装准备入侵欧洲而担惊受怕，我们要知道，一些医用克隆技术很快就能被掌握且发挥作用，因此成为必不可少的手段。医用克隆技术和生殖性克隆技术之间的分界线是站不住脚的，除非我们回答了这些看似哲学的问题：比如说，什么是“再生产”（“自然”或非“自然”的，“人工”或非“人工”的）？那么，什么又是“自然”？等等。

什么是人的完整性？何时以及根据什么标准去定义这种完整性的起源？什么是出生？在“自然”或“文化”中，什么东西完全与“克隆”无关？随着基因技术的发展，这些古老的问题仍然是，或者说正在成为全新的问题。正因如此，永恒存在的不是家庭，而是抽象意义上的家庭，是依恋、性别差异[8]、“性关系”（正如拉康所说，即便在没有“性关系”的地方也是如此）、围绕各种形式的生育的社会关系、邻近效应、生存和权利的组织。但这种秩序的持续存在并不会导致任何先验的、可确定的家庭模式的产生。

卢迪内斯库： 实际上，有些人认为一切形式的心理架构都只是一种文化或社会建构，而另一些人则持"自然主义"的观点，认为社会——因此也是心理——具有一个决定性的生物学基础。在这个背景下，有些人认为同性恋是一种文化，就像社会性别（gender）一样，是一种被建构起来的身份[9]；而另一些人则宣称同性恋是天生的，甚至是遗传的、本能的。有些同性恋者甚至梦想着有一天科学家能发现同性恋的基因，这样就可以否认同性恋是环境或无意识心理架构的结果。

在这场辩论中，我们也可以发现人类社会可能具有生物学基础的观点[10]。

德里达： 我不想陷入自然主义和建构主义的二元选择。而且我认为，这种二元选择中被称作、设定或视为理所当然的所有概念对立都是不合理的。我既不做自然主义者，也不做建构主义者——后者指的是一种完全脱离生物学根基的人工产品。在这两者之间，您加入了心理的概念。还需要弄清楚所谓心理是什么意思。如您所知，弗洛伊德认为心理和生物之间的关系总是悬而未决的，需要后人去进一步研究，因此这实际上非常复杂[11]。

所有这些问题都至关重要，我不想放弃其中任何一个。我想试着找到一种方法，要将遗传和生物决定论考虑在内，它们本身就非常复杂，不仅是"自然的"。在生物学和遗传学中存在着各种各样的密码、开关、"语言"和"文字"。换句话说，存在着一种遗传"文化"，甚至可以说遗传"技术"，这使得各种建构成为可能。因此，我不想放弃生物学和遗传学研究，它们是开放的、进步的、有待完善的。

然而，心理——或者说文化，又或者说象征，这些词经常被人们理所当然地认为是可以互相替换的——接替了所谓的遗传生物学法则，这是一种延异性接替。在某些"时刻"，这种延异会阻断它们的联系；而在另一些"时刻"，延异又会将新形态的经济引入生命的内在。阻断本身属于遗传学或生物学可能性的范畴。这不仅是延异的差异性"时刻"。延异既意味着同一（生命只是被一种替代品、一个假体、一个加入了"技术"成分的候补物延迟、接替或取代），也意味着他者（绝对异质的、完全不同的、不可化约的、无法解释的、非经济的绝对他者或死亡）。延异性阻断既内存于同一的经济之中，又对绝对他者的超越开放。回到"心理"这个词，一旦这种延异出现，或者更准确地说（因为它可能不会如其原样出现，而且可能从来没有这样出现过），一旦它留下痕迹（既不是符号或能指，也不是任何可以说是"存在"或"缺席"的东西，而是痕迹），就有了心理，也就是"生命"。

回到家庭的问题上来，家庭关系始终围绕出生而存在。因此，我们不能忽视出生——也就不能忽视某种基因遗传。但什么是"出生"呢？如果要严格区分起源、开端、来历等，"出生"或许仍是一个属于未来的问题，一个全新的问题。哲学更倾向于研究起源和终结、生命和死亡。而在出生的概念里存在属于这些范畴之外的东西，哲学（同样还有科学和精神分析学）对此鲜有关注和"思考"。

您肯定知道这样一种假设，即每个人都知道自己的母亲是谁，但无法这样确定地知道自己的父亲是谁。父子关系是通过判断推导出来的，而母子关系是通过感知来确定的。基于这种"明显的事实"（母子关系被设定为明显的，而父子关系是不明显的），弗洛伊德在其研究中引入了"鼠人"的案例，并引用了利希滕贝格的话[12]。他得出的观点是，父权制代表了理性和理性判断的发展，是超越感性认知的进步。

然而，我认为这样的观点——即便是弗洛伊德论述的——在现在看来尤其站不住脚。今天，我们比以往任何时候都更难断定经历分娩的女子就是孩子的母亲。就像一直以来精神分析都不是唯一揭示这种观点的科学一样，不是只有生育者可以做母亲，因为可能有另外一个人成为或曾经是"这个"母亲，是几个母亲中的一个。然而，最骇人听闻的——首先让人难以想象，其次让人难以接受的——就是这一点：不止一个母亲。更多的母亲，一种不可化约的多元性。如今，代孕母亲加上即将在严格意义上成为母亲的人，已经有两个了。更不用说还有那么多可以来接替母亲位置的人！换句话说，母亲的身份（以及她可能的法律身份）取决于一种脱离直接感知的判断分析、一种精巧细致的论证，就像通过演绎推理才能得出的父子关系这一"法律拟制"（legal fiction，这是乔伊斯在《尤利西斯》中谈到父子关系时使用的词）一样。

未来，科学技术的进步（人工授精、代孕母亲、克隆等）必将加速父亲和母亲关系的变革。然而，这只是一种加速、一种延异，无论它带来的后果看起来多么惊人和可怕。"母亲"一直以来都是"象征的"或"可替代的"母亲，就像父亲一样，在分娩时获得的确定性在我看来只是一种错觉。当然，这种错觉非常诱人，是一种强烈欲望的投射，但它毕竟只是个错觉——现在如此，并且永远如此。

卢迪内斯库：您能说得再具体一些吗？

德里达：另一个显而易见的事实是，在代孕技术出现之前，我们就知道，某些社会阶层中有这样一种现象，即母亲"生下"孩子，而另一个女人——奶妈——负责抚养孩子。另外，父亲也可以成为真正的母亲，而"象征的"或"幻想的"母亲可以不同于"真正的"母亲——却比真正的母亲更加真实。母亲的角色从来都不能被化约为生育者的角色。卢梭说过"妈妈"，还有那么多母亲不是妈妈，又有那么多妈妈从来都不是母亲……

卢迪内斯库：尤其在 18 世纪。

德里达：今天已经很少了。（也许需要进一步区分母亲和母性，区分母亲的欲望和母性的欲望。我在另一篇文章中讨论过这个问题[13]。）现在有越来越多的方法让另一个女人去怀胎，这个女人就是"租来的子宫"或"代孕母亲"。因此，母亲并不是负责怀孕的人，甚至也不是分娩的人。从自然与理性关系的角度来看，法律拟制与自然母性的对立必然会发生变化。然而，出生以及围绕着孩子的家庭关系仍将存在。这个不变量不会消失，只是各方地位的组织形式变得更加灵活。对于任何（"人类的"

或"动物的")"生命",这从来都不是"自然的",而且会越来越不自然。由于这种"社会的"、"象征的"或"幻想的"联系将始终围绕着出生而存在,所以必须在所谓的遗传、生物、"自然"和象征或"文化"之间建立一种不可化约的关系。第一种亲子关系的线索是存在的,它再也不能被科学否认(即便它被阻断或延迟!)。

即便在看似最具精神性的领域,"生命"的遗传形象也依然存在,无论自然生命和精神生命之间看似形象的联系有多么神秘莫测。对此我们必须予以足够的重视。我不想在遗传学、象征功能和建构主义之间做出选择。不是随便怎样都能建构的。不过,我们也不能把一切混为一谈。我们不能把"生命"的一个层次叠加在另一个层次之上,生命本身也在于掌握知识和学会辨别,并从中生存下来。所有("动物的"或"人类的")生命都具备辨别、分析、区分不同生命形式以及"生命"和"死亡"的能力。因此,我们应首先把这种辨别能力应用于生命本身,更广泛地说,要区分生命的结构和层次。

卢迪内斯库：我同意您的观点。但对于法律拟制和所谓母性确定性的经典模式而言，新的情况是我们现在可以通过基因检测来确定生父的身份。在我看来，这是一个根本性的变化。

德里达：确定生父并不意味着确定父亲。生父不等于父亲！父亲是承认自己孩子的人，母亲也承认自己的孩子。而且不只是在法律意义上。所有的模糊性都集中在这个我们称作"承认"的"体验"中。在法律之外或法律之下，这些方式可以是多样的、复杂的、扭曲的；在一个永远无法确定结局的历史中，它们可以扩展、平衡或失去平衡。正是这种"体验"会产生一系列极为复杂的象征可能性，并在"生育时刻"和"象征时刻"之间建立一种总是拥有或多或少的稳定，但也是脆弱的、从不可靠的联系。不仅这种"承认"现象无法被局限在法律层面，无法被归结为某种"父性"或"母性"特权，而且我们也不应贸然将其限于人类"家庭"。许多被我们傻乎乎地称为"动物"的生物都对"承认"有一种精细、具体、复杂的体验，它们有各种各样的"替代"

资源、"假体"接替、"继父"、"继母"、叔叔，等等。不是只有"高等类人猿"如此，也不是只有哺乳动物如此！

卢迪内斯库：您是否认为，能够精确地识别某个特定个体（生父、罪犯等）的"痕迹"，会改变我们对起源和亲子关系的表征？

德里达：是的，会对我们的表征产生影响。实际上，这对司法程序，对继承法和犯罪学，因此对保障权利的法律和刑侦技术来说都很重要。但对我们正在讨论的问题来说，这并不会带来太大的改变，因为这些问题超越了法律甚至政治的范畴。从象征性组织的角度来看，幻想性投入绝对是必要的（法律的历史也是如此，其概念往往是可疑的）。想想妇产科医院里那些被调换的孩子吧。在幻想的世界里，父母都想要属于自己的孩子。但是，如果在他们不知情的情况下把他们的孩子调换成另一个孩子，如果能保守好这个秘密，甚至在无意识中保守好，那么亲子关系仍然会按照原来的方式建立起来。没有人会发现。

无论是父性还是母性，占有的欲望或幻想都并非只和遗传有关，而是嫁接于某种遗传幻想，并以此为养料，就像是一种寄生关系："这是我的血脉！""我爱我的孩子，因为他是我的骨肉，因为他（一部分）来自我，来自我自己，就像另一个我。"

卢迪内斯库：但不管怎样，像这样一味借助痕迹和证据，也就是绝对档案，只会助长这种自恋式幻想，即父子关系最终可以"被证明"？

德里达：确实，这是一种"自恋式幻想"，但这并不能确立任何父子关系。不存在绝对的档案，痕迹也不等于证据。一旦父亲和 / 或母亲真正相信，自己是这个在他们家里成长的孩子真正的"父母"，这种幻想就开始起作用了。我们需要进一步挖掘"相信""成长"以及信仰的增长的含义，无论是在这个案例还是其他案例中。存在这样一种遗传幻想——我们爱自己的孩子胜过爱他人的孩子，因为我们在他们身上投射了一种自恋式认同：这是我的血脉，这就是我。对于领养的孩子，这种幻想可能是相同或类似的。

卢迪内斯库：但在我们的社会中，通过"匿名生产"*或人工授精出生的孩子的匿名权可能会被取消。有些人希望这样，有些人则表示反对[14]。我还是比较赞成的，但可以肯定的是，如果一个孩子愿意，他绝对应该有权了解自己的历史，因为我们知道，无论如何，真相是存在于无意识中的。此外我还认为，无论是领养还是人工授精，父母都应该诚实地告诉孩子有关他们身世的真相。

德里达：如果一个朋友对我说"父母应该告诉孩子真相"，我该如何回应呢？事实上，最好的办法是让孩子认为自己知道。我认为我了解我的父亲和母亲。但除此之外，我不了解我父母的身世。而且我也永远无法从人们所称的可靠知识中得知，在我出

---

* 法国有一项"匿名生产"制度，即产妇可以在分娩前决定是否承认为新生儿的母亲，如果因为某些原因（如未成年生子）拒绝母亲的身份，就可以签署一份同意匿名生产协议。——译者注

生的"前后"，我认定的父亲和母亲之间发生了什么。对我的平衡和我的"心理健康"来说，最重要的是我确信我的父亲就是我的父亲，我的母亲就是我的母亲。就算大家骗了我，就算我的整个余生都被蒙在鼓里，我的信仰仍然是行得通的。

卢迪内斯库：说实话，我不这么认为。在我看来，谎言在这个领域是无效的。真相最终会浮出水面，而且那些在身世问题上受到欺骗的孩子几乎总会表现出一些迹象，说明他们的无意识是知道真相的，只是把这个真相扭曲了。您曾反对拉康，认为一封信并不一定会到达目的地 [15]，也就是说，不存在既定的象征命运，那么您又怎么会相信谎言是有效的呢？

德里达：您举的例子很好。正因为一封信可能无法到达目的地，所以谎言（以及其他类似的东西，比如误入歧途、多重线索、绝对误解等）可能会让您所说的真相，也就是我们迫切希望是真相的东西无法被证实。

事实上，有效性的概念必须以无意识为前提。如果某样东西对意识来说是有效的，如果我们无意识地忽略一些迹象，那么就不存在任何有效性。但如果我在有意识和无意识的情况下都绝对肯定，我的母亲就是我的母亲，我的父亲就是我的父亲，那么这就是行得通的。

卢迪内斯库：前提是这是真的，父母没有对亲子关系隐瞒什么。

德里达：您说得对，如果他们隐瞒了什么秘密，并且还流露出一些可疑的迹象，那就行不通了。否则，这就行得通，即便这是"虚假的"，也会变成"真实的"。

卢迪内斯库：但如果想要保守这样一个关于身世的秘密，就不可能隐藏所有迹象。当然，如果父母自己都不知道孩子的身世，那么他们把自己无知的真相告诉孩子，就不是在撒谎。其实，人们想要掩盖的秘密总会以各种各样的迹象显露出来。

德里达：通常是这样，但并不总是如此，也不一定。我刚才谈到了以无意识为前提的"有效性"，我希望大家不要误解我。我并不是在厚颜无耻地鼓励借助无意识来撒谎（尽管这一点往往不能忽视，但现在我们没有时间即兴按照精神分析的逻辑去展开这些关于真相、真实性和迹象的重要问题）。

不，我只是建议要重视一种特殊的因果关系（可以说是心理或象征因果关系），它不应被归结为一个纯粹而简单的遗传过程，假设这种"纯粹而简单"曾经存在过的话。只是做个假设，如果华伦夫人真的能让卢梭相信她就是真正的"妈妈"，那么她就会是"妈妈"。这不是谎言，也不是要掩盖事实，即便按照"客观的"标准，按照那种与我们讨论的问题——亲子关系、父子关系和母子关系——毫无关联的"真相"概念，"妈妈"也并不是他的母亲。

注释

[1]　合作育儿（coparentalité）是指女同性恋母亲或男同性恋父亲与他们的合作者共同生育一个孩子，其中一方是亲生父母，另一方是负责抚养孩子的社会父母。因此，合作父母（coparent）可以是合法父母、社会父母或亲生父母。"同性育儿"（homoparentalité）一词出现于 1997 年，指的是父母二人中至少有一方是同性恋者。

[2]　关于这个话题，参见丹尼尔·博里罗、埃里克·法桑、马塞拉·雅各布《民事互助契约之外：同性恋对家庭的考验》（Daniel Borillo, Éric Fassin, Marcela Iacub, *Au-delà du PaCS. L'expertise familiale à l'épreuve de l'homosexualité*, Paris, PUF, 1999）和玛蒂娜·格罗斯《对同性育儿的评估：父母与性别差异》（Martine Gross (éd.), *Homoparentalités, états des lieux. Parentés et différence des sexes*, Issy-les-Moulineaux, ESF éditeur, 2000）。

[3]　在荷兰，同性恋婚姻自 2000 年 9 月起开始合法，大约有两万名儿童由合作育儿父母或同性育儿父母抚养。在《新观察家》（2000 年 6 月 22 日至 29 日）杂志收集到的一段采访中，七岁的泰奥说：

"我和妈妈还有塔塔一起生活。塔塔就像妈妈一样，不过更严厉一些。我从来没有见过爸爸。他是妈妈的一个朋友，为了帮助我们，他和妈妈一起生了孩子……以后我会和一个女孩一起生活，这样生孩子更方便些。"

[4] 伊丽莎白·卢迪内斯库，《为什么需要精神分析？》。

[5] 参见本书第五章《针对动物的暴力》。

[6] 有些通过人工授精出生的孩子可能有三个"母亲"：第一个母亲提供卵子，第二个母亲怀胎并生下孩子，第三个母亲负责抚养孩子。因此，她们分别是遗传学意义上的母亲、代孕母亲和所谓的"社会"母亲。不同国家关于亲子关系的法律不同。在法国，社会母亲是孩子的法定母亲。

[7] 关于克隆问题，参见本书第四章《不可预见的自由》。

[8] "不是一种无性关系，远非如此，而是一种别样的性关系，它超越了支配一切规则的二元差异，超越了女性和男性的对立，也超越了双性恋、同性恋或异性恋？正是梦想着至少能挽救这个问题的可能性，我才愿意相信性标记的声音是多样的，相信这些错综复杂的声音是不可胜数的，相信这种不确定的、流动的性标记可以吸引每个'个体'

的身体，穿越它、分割它、丰富它，不管它被现行标准归类为'男人'还是'女人'"，雅克·德里达，《支点》。

[9]   这是迪迪埃·埃里蓬使用皮埃尔·布尔迪厄的分类法得出的结论，参见《关于同性恋问题的反思》（*Réflexions sur la question gay*, Paris, Fayard, 1999）。关于同性恋基因的问题，参见伊丽莎白·卢迪内斯库的《为什么需要精神分析？》。

[10] 关于这个话题，参见弗朗索瓦丝·埃里蒂耶《男性和女性：关于差异的思想》（Françoise Héritier, *Masculin féminin. La pensée de la différence*, Paris, Odile Jacob, 1996）。

[11] 弗洛伊德一直想为心理构架寻找生物学基础，但他还是放弃了构建"精神生物学"。相反，他致力于构建一种不同于古典心理学的元心理学（métapsychologie），目的是创建与临床观察没有直接联系的理论模型。

[12] 西格蒙德·弗洛伊德："利希滕贝格说：'天文学家不确定自己的父亲是谁，就像他不确定月球上是否有人居住一样，但他十分确定地知道自己的母亲是谁。'人类决定在依靠感官判断的同时通过逻辑来分析问题，从母权制转向父权制，这

是文明的一大进步。"《关于强迫性神经症的案例分析》，《五种精神分析》（« Remarques sur un cas de névrose obsessionnelle» [1909], in *Cinq psychanalyses*, Paris, PUF, 1954, p. 251）。雅克·拉康在阐述"父之名"（Nom-du-Père）概念时也引用了这个观点，参见伊丽莎白·卢迪内斯库的《拉康传》。另见雅克·德里达《档案热》（Jacques Derrida, *Mal d'archive*, Paris, Galilée, 1995）。

[13] 雅克·德里达，《守夜者》，为雅克·特里林的《詹姆斯·乔伊斯或弑母的写作》所作的序言（Jacques Derrida, « La veilleuse », préface à Jacques Trilling, *James Joyce ou l'écriture matricide*, Belfort, Circé, 2001）。

[14] 参见热纳维耶芙·德莱希·德·帕塞瓦尔《2000年伊始时期的父亲和母亲角色》，收于玛丽－泰蕾兹·默德斯－克莱因亲友录，《个人和家庭的比较法》（Geneviève Delaisi de Parseval, « La part du père et de la mère à l'aube de l'an 2000 », in Liber amicorum Marie-Thérèse Meulders-Klein, *Droit comparé des personnes et de la famille*, Bruxelles, Bruylant, 1998, p. 143-160）。

[15] 德里达在《明信片》（*La carte postale*）一书中

评论了拉康关于爱伦·坡的《失窃的信》的著名研讨会。参见拉康《文选》。另见本书第九章《精神分析赞歌》。

不
可
预
见
的
自
由

IV

卢迪内斯库： 我们既然已经讨论了遗传和生物学痕迹，那么就自然要谈到当代的科学主义的问题，这种意识形态源于科学话语，并与科学的进步紧密联系在一起，旨在把人类的所有行为简化为可通过科学实验验证的生理过程[1]。

针对这种把人类变成机器的主张，我不禁开始思考，我们是否应该重建一种类似萨特所说的自由的理想，这种自由概念并不把无意识确定（détermination inconsciente）排斥在外。

德里达： 当然，科学主义不是科学。科学家们也都明白他们（几乎）从来都不是科学主义者。如果科学主义主张无限制地扩张科学知识的影响范围，或赋予科学定理本不属于它的哲学或形而上学地位，那么它的起点就是科学的终点，就等于把一条定理牵出它的适用领域。科学主义扭曲了科学中最值得尊敬的东西。

但是，我不会像您那样轻易使用"实验主义"或"实验"这样的词。实验的行为并不一定属于科学主义。不过，实验主义想要走得更远，确实应该遵循其合理的运用限度。自然科学、生物科学和基因组研究中都需要实验，心理学中也可以有实验，不过方式不一样。

"神经元"会思考吗？这是一个古老的问题，由于缺乏哲学知识，"神经"科学的权威代表们把这个问题提得很拙劣。这是一个众所周知的事实。无论人们想象中的"科学家"在各自的领域有多么神通广大（不过要界定这样一个"领域"很困难，而且并不完全属于"专家"的职权范围；如何正确评估一个科学家的能力也是个问题），他们在涉足哲学或伦理学时也会说出一些荒谬的话。因此，必须以科学的名义对科学主义和科学实证主义保持警惕。

如果采用一种简单化或浅易化的方式，把"思想"（这是一种惯用说法，但究竟什么是"思想"呢）、"人类行为"或"心理"与机械的现象混为一谈（更确切地说是联系在一起），我觉得是值得担忧的。

不过我并不否认机器的重要性和复杂性，且我认为这是有必要的。您提到的一些科学主义者让我感到不安的是，他们的机械模型并不总是与人类创造的机器——无论是真实的还是虚拟的机器——的复杂程度相匹配（比如，"解构"在挑战语言中最强大的机器时所遭遇的困局和"不可能性"；不是为了抵制"机器"，而是为了以不同的方式"思考"机器，思考其事件和历史性）。在我看来，最"自由的"思想就是那种一直向机器的影响妥协的思想。因此，我很少使用"自由"这个词，不过我知道您有时喜欢用。

但是，在某些情况下，我会捍卫自由，将其视为与确定的机械状态相对的一种复杂性，并且我会为各种自由而战，但不会在嘴上讨论自由。拉康不是也说过，他从来不讲"自由"这个词吗[2]？

我对"自由"一词保持警惕，并不是因为我支持机械至上的理论，而是因为我认为这个词往往充满了形而上学的预设，即赋予主体或意识——也就是自我主体[3]——一种不依附于冲动、计算、经济、机器的主权独立。如果自由是对机器、对所有确定的机器的充分作用，那么我会主张承认并尊重这种自由，但我宁愿避免谈论主体的自由或人类的自由。

卢迪内斯库：您指的是哪种机器？

德里达：机器无处不在，尤其是在语言中。我们经常喜欢举弗洛伊德的例子，他谈到了经济，以及无意识的计算、计算的原则（现实、乐趣）、重复和强迫重复。我把机器定义为一个计算和重复的装置。哪里有计算、可计算性和重复，哪里就有机器。弗洛伊德考虑到了经济机器和机器的产品[4]。但在机器中，存在一种对机器本身的超越：既代表了机器产生的效果，又对机械计算产生了破坏。

　　因此，在机械和非机械之间存在着一种复杂的关系，这种关系并非简单的对立。我们可以称其为自由，但必须以不可计算的（incalculable）存在为前提。在这里，我想再区分一下不可计算的和非可计算的（non-calculable），前者和计算（calcul）是同质的（因为偶然的原因，如力量的有限性和限度等，脱离了计算），而后者本质上不属于计算的范畴。

事件——本质上不可预见，因此是不可编制的——就是超越机器的东西。虽然这很难，但我们应该试着去思考一下那种伴随机器的事件。我在别的地方谈到过这个话题[5]。但为了达到这种超越一切计算、一切技术和经济的事件——如果这是可能的话，就必须考虑编制、机器、重复、计算。要尽可能深入，尽管可能会让我们措手不及。

必须追踪经济计算在各处产生的影响，哪怕只是为了知道我们在哪里受到他者，也就是不可预见的（imprévisible）事物，是本身不可计算的事件的影响：他者始终以不可计算的定义、名义和形象进行回应。任何大脑、任何所谓透彻的神经学分析都无法实现与他者的相遇。他者的来临，到达者的到达，是作为不可预见的事件到来的。能够把那种质疑一切解释、质疑或改变理性原则——因为这个理性原则只局限在"给出解释"（"reddere ratio-nem""logon didonai"*）——的东西"考虑在内"，

---

* 拉丁语中对"给出解释"的两种表述方式。前者出自《路加福音》，当财主听说管家浪费自己的财物时，他要求其"交代清楚"（reddere rationem）；后者是柏拉图笔下的苏格拉底格言"给出根据"（logon didonai）：将零星的证据，即可用于证明的事实收集起来。——编者注

而不是否认或忽视这种不可预见的和不可计算的他者的来临，这也是知识，是科学的责任。

卢迪内斯库：如今，无意识确定的概念和弗洛伊德的"三次自恋创伤"理论[6]已成为我们讨论的一部分。它们已经被广泛接受。现在每个人都知道自己拥有无意识，从这个意义上说，精神分析取代了意识哲学和主体哲学，它已成为"离心"主体的哲学。通过对两个对立的传统进行改造，精神分析成功地将二者结合在一起：一个是神经心理学模型，另一个是"唯精神论"模型（内省、自我创造、探索内心）。除此之外，它还从临床精神病学（疾病的分类）和传统的精神疗法（移情疗法）中汲取了丰富的遗产。

但我认为如今和以往不一样的是，这个现代的离心主体虽然知道无意识的存在，但并不想对其有任何了解。它更愿意去依赖机器、神经元和器质过程这些它无法控制的东西。因此，我认为要为这个被各种（社会的、经济的、生物的）机器确定和包围的主体重建一个自由的空间。因为如果我们真的在各个方面都被确定，找不到任何漏洞，那么我们就有可能让心理被文化替代，我们建立起来的就不是普遍性，也不是差异或流放，而是一种类似于"根系"的东西，类似于那种牢牢扎根于领土主权的起源，哪怕这是想象出来的。另外，科学主义在政治领域一直是有害的。

针对这个我比较熟悉的领域，我想说，二十五年前，世界精神病学协会的领导人一直以所谓的科学中立（即科学主义）为借口，拒绝揭露苏联打着精神病学研究的幌子实施的虐待。同样，精神分析学家们以他们理论和实践的科学性为由成为拉丁美洲独裁者的帮凶，宣称是他们的职业道德要求他们在面对酷刑和侵犯人权的行为时保持中立。在纳粹时期，科学中立的原则更是被统治者们广为利用[7]。今天，这种理论表现得更为温和。比如说在精神病学中，人们经常宣称治疗精神疾病的方法是科学的，但其实这些方法只不过是对病人的精神剥削。

如今人们又回到那种纯粹创伤性或器质性的因果关系上，或用痕迹来解释神经症，而弗洛伊德早在1897年就抛弃了这种理论[8]。我认为这是一种倒退。在不否认经济、生物或社会决定因素的情况下，我们可以为心理和主体自由留出一些空间。

德里达： 当然，不过我不太清楚您所说的我们要拯救的"一些空间"是指什么。我们需要解释清楚的是"主体"和"自由"这两个词。抵抗且必须抵抗这种确定论或确定论话语霸权的，我不想称其为主体、自我或意识，甚至也不会称其为无意识，但我会使其成为他者、不可计算和事件的场所之一。事实上，独特性就在于那种作为他者和不可计算的事物来临的东西。独特性本身（无论它是否以本身的面目出现）就其存在而言，从来不应被简化为机械计算的规则或不容置疑的确定论法则。如何命名呢？很难。每当我把它命名为自由，要重建一种已在一定程度上被解构的哲学话语（把自由作为主体的主权权力、意识自我的独立、"我思"的意志，甚至"此在"的自由等），我都会感到担忧。

为"自由"一词或概念赋予后解构主义美德（vertu）的唯一且最令人信服的尝试——在我看来这是必要的，尤其是为了迎接或引出以另一种伦理的名义，以与另一种政治概念相匹配的再政治化的名义，以国际法的持续变革的名义等来临或即将来临的东西——我认为，我在让－吕克·南希《自由的经验》[9]的一些段落里已经隐约察觉到了。

在过去的几年里，当我要为这一领域的事物——"自由"、不可计算、不可预见、不可决定、事件、到达者、他者——命名时，我总是会说"来临的东西"。

卢迪内斯库： 来临的东西？

德里达： 是的，那种不可预知地出现、呼唤并超越我的责任（先于我的自由的我的责任——虽然我的责任首先预设了我的自由，我在他律中的责任，我那无自主性的自由）的东西，那种已经来临但外形还无法辨认的事件和来临——因此不一定是另一个男人、我的同胞、我的兄弟、我的同类（您看，来临的东西会牵涉这么多概念）。这可以是一个"生命"，甚至也可以是外表像动物或神但并不是"动物"也不是"上帝"的"幽灵"，不仅是一个男人或一个女人，也不是可以根据同性或异性的二元对立来确定性别的东西。

　　这就是一个名副其实的事件可能或应该有的样子，一个让我完全措手不及的到达，对此我不能也不应该不进行回应或不承担责任——必须尽可能负责：它发生在我身上，朝我侵袭而来，我暴露在它面前，完全无法控制。因此，这是一种他律（hété-ronomie），他者就是我的法律。这个朝我侵袭而来的东西不一定是为了选择我，它出现在我面前，是为了让我看见它从水平方向来临，就像一个可预见的客体或主体出现在地平线上，出现在一个可预知的未来里。他者来临的地平线不比死亡的来处更多。朝我侵袭而来的他者不一定水平地出现，它可能会垂直地降落到我身上（不是从很高的地方，而是从至高的地方！），也可能从我的背后、从底下、从我过去的深处突然出现，为的是不让我看见它来临，甚至永远不让我看见它，我只能隐约地感觉到或听到它的声音。

卢迪内斯库：有点像悲剧的意味？

德里达：可以称其为悲剧，不过还是要谨慎。"来临的东西"超越了确定论，也超越了我的掌控、我的主权或我的自主性的计算和策略。因此，尽管没有任何一个人是"自由的主体"，这个地方依然存在"自由"，某个自由的空间打开了，或者说被来临的东西打开了，这是一个被释放了的、被腾空了的（为了担保、承诺、回应、诺言等）空间（espacement）。因此，这个形象与主权的所有政治问题联系在一起。我被暴露在那里，幸运的是，如果我可以这么说的话，我是脆弱的。只要他者可以到达，就存在"即将来临"（à venir）或"到来的东西"（de l'à-venir）。而在您所说的确定论中不存在未来。

卢迪内斯库：因为一切都会被关闭？

德里达：一切都已经过去或出现，就不存在未来。然而，如果还有即将来临的东西会来临，那么我就注定是自由的，我可以去做决定，因为我无法预见、无法预先确定、无法预测未来。我们可以把这称为自由，但要像我刚才所说的那样留有一定的余地。

127

决定的条件（决定是必要的，必须假定处处存在决定）是对这种不可决定性（即我刚才所说的"来临的东西"）的考验。如果我知道需要决定什么，我就不是在做决定。

即便在做决定之前必须尽可能多和详尽地了解情况，在知识和决定之间，仍然需要进行一次飞跃。然而，如果决定不仅处于我知识的权威之下，而且在我的能力范围之内，如果它是我的"可能"，如果它只是我所是和我所能是的谓词，那么我也不是在做决定。所以我经常说，也试着去论证，"我的"决定是且应该是发生在我身上的他者的决定，是一种"被动的"决定，一种并不免除我任何责任的他者的决定。从常理和哲学的角度来看，这个理论显得很荒谬，但我认为我们可以理性地去证明（不过我不能在这里证明）它是必然的、无法避免的，并且具有重要的意义。当我说"理性地"时，我指的显然是理性的历史，同样也是理性的到来。也就是以理性为名的来临的东西。

卢迪内斯库：所以说，您认为自由的可能性就是来临的、无法辨认的东西——无法预见的、不可计算的事件。

接下来，我们可以思考一下生物科学的进步问题，我们并不把它当作一种阻碍行使主体自由的确定论来谈，而是将其看作应该被纳入这种不可计算之中的东西。我尤其想到了我们已讨论过的克隆问题。在这个问题上，我不认同那些把科学妖魔化的人，他们不明白是科学主义——而不是科学——对人道主义、哲学、弗洛伊德和精神分析进行了如此猛烈的攻击。我认为制造人类（生殖性克隆）的幻想属于科学主义和科学想象的范畴，按照目前的形势来看还用不着担忧 [10]。虽然从技术上来说，这样的复制是可能的，但克隆人的地位并不会像我们今天想象的那样，这正是因为，要想存在，克隆人就必须成为一个主体，必须找到一个独特的身份。在这方面，我想弗洛伊德应该会对目前这些问题很感兴趣。

德里达： 当然，这很复杂，首先必须承认这一点。对人体进行原模原样的批量复制，这种场景确实很有戏剧效果，我可以理解人们为什么会感到恐慌，我也理解某些个人和高级别政治领导人——比如道德委员会的那些公认的"智者"——对此做出的迅速和强烈的反应。这些"智者"在哲学、道德、政治或法律方面的"能力"，他们所谓的知识（智慧不仅仅代表知识，更何况是所谓的知识，此处更是如此）本身就成问题。哪怕（假设如此，不是吗？）我们不去质疑这些"智者"的科学能力或所谓的洞察力，我们在这里面对的仍是决定的领域，对这个领域而言，能力、知识、智慧等概念从严格意义上来说本就是不合适的，本质上是不恰当的，原因我刚才已经说过了。但从想象的角度来看，我理解他们的恐惧，而且我也有同感。经过思考，我认为，不管怎样，克隆已经存在，现在存在且将来还会存在。法律不会阻止克隆。

如果仔细研究克隆的概念——复制两个完全相同的个体，复制两个完全相同的生命结构——我们就会发现，其实这种现象一直都存在，在一般的复制中，克隆一直在发生。你无法控制或禁止一般的复制，你也无法否认存在完全相同的东西，它们会重新出现并不断增加。相同的事物总是不断地重新出现。从某种程度上来说，在家庭、语言、民族、文化、教育和传统中，我们都在力图进行复制，同时却又找借口否认。没有原模原样的复制，也就没有文化。

最后，我们必须相信——这种考虑更现实、更有效、更具体，也更实际——克隆并不一定会被利用，以达成一些可怕的目的。

卢迪内斯库：用非生殖性克隆技术治疗某些遗传疾病，这毋庸置疑是科学的进步。

德里达：当然。出于这些原因，我们在面对这样的问题时不应该受主观印象的摆布。我们也应该研究一下这种习惯于想象最坏、最可怕的情况的强迫性观念（在科学技术史上还有很多这样的例子），而不是把这样的问题当作一个不可拆解的单一问题来对待。在克隆这个名称下有各种各样不同的问题，我们不应该笼统地讲支持或反对克隆，而是应该采取有针对性的、循序渐进的办法。不被冲昏头脑，不屈服于担惊受怕的立法者，不让步于那种"要么全有，要么全无"的政治宣言。

卢迪内斯库：在我看来，已经有人这样做了。

德里达：重要的决定还在后面。谁做什么，用什么做？从实践和立法的角度来看，我们必须逐个情况、逐个领域地谨慎处理与各种可能性相关的不同问题。谁来利用这股强大的力量做什么？一般来说，我不反对克隆，但假如出现复制人类的危险，我指的是那种实在的、大规模的威胁，那么根据有待确定的标准，我们将不得不发动一场政治战争，就像在其他情况下那样。这不是第一次了。复制一直以来都存在。

就拿训练来说。我指的不仅是动物训练，还包括对某些政治活动家的训练。人们试图"复制"出一些拥有同样思想的人，按照共同的标准，以相同的方式对待领导者，并在群体中表现出相同的行为。这也是一种克隆。更不用说在科学技术上，在各种人造器官和器官移植中，以及在军事问题上，在传统和现代战争中，克隆无处不在。

卢迪内斯库：但是，今天我们面对的是另一件事，是在生物学中引入一项完全按照原样进行复制的技术！

德里达：但生物学从哪里开始呢？如何界定？复制出的又是什么？

卢迪内斯库：在目前的争论中，我认为有必要将科学主义与真正的科学方法区分开来，同时也不能忘记，有些科学家完全可能打着科研的幌子设计出一些疯狂的项目[11]。我认为某些科学主义者表现出了某种野蛮行为，比如一些行为主义或认知主义的荒诞行径，其根本目的始终是要把人类简化为一个丧失主体的躯壳。因此，在这个问题上，我觉得有必要重读乔治·康吉扬的著名演讲《大脑与思想》[12]，他在文中谴责心理学就是一种野蛮行为，因为它的目的是借助生物学和生理学来论证思想不过是大脑分泌作用的产物。我认为我们必须与科学主义神话做斗争，比如有些科学主义者宣称，一台编好程序的计算机总有一天能够写出一部《追忆似水年华》，而且水平比普鲁斯特还要高。另外，我还认为，最近科学家对基因组的破译也清楚地表明，科学并不能为人类生命提供任何"现成的"解决方案，这也将使得科学家们以此为论据去批驳科学主义的谬论。

我对当今"理性"领域和"非理性"领域之间不同流派的混合也感到震惊。最近，严肃的美国国会竟然就克隆问题征求"雷尔教派"教主克洛德·沃里永[*]的意见，请他发表了关于非生殖性克隆的看法。然而，这位主张非生殖性克隆的教主完全就是奇幻文学所描绘的那些疯狂科学家的翻版。他还是个江湖骗子，专门对他的教徒进行经济剥削和性剥削。

他曾召集了自己教派中的五十名女信徒，让她们接受一个复制了五十次的卵子，他宣称通过她们的帮助能够"复制"出一个在十岁时夭折的孩子，

---

[*] 克洛德·沃里永（Claude Vorilhon，1946— ）声称于1973年接触外星人，并接受了外星人给他起的名字：雷尔（Raël）。基于此，他开展了"雷尔运动"且发展出同名的新型"外星宗教"组织，并支持生物克隆。——编者注

这个孩子的父母想让他复活。而且他已经让他的"专家"团队实施了植入手术。这起事件令人担忧的地方并不在于一个教派拥有如此蛊惑人心的力量（这是常有的事），而在于像美国国会这样的权威机构竟可以把这种癫狂言论与科学相提并论：这是科学主义和神秘学的联合 [13]。

德里达： 伦理和司法不应追随这种科学主义闹剧，也不应陷入一种非此即彼的选择：一方面是机械、物理和生理确定论，另一方面是纯洁、美好的人类思想自由。

任何人，尤其是立法者或政治家承担的责任，都应该符合，或者努力去适应我们所能了解的、科学的、现实的复制机制，而不是"科学主义"的强迫性观念。一直以来都存在复制现象，存在机器和生命之间的联系。您刚才提到的文学史就是由这种近乎机械和自动的功能装置组成的，它始终处于剽窃（这个概念和克隆一样模糊不清、问题重重）的边缘。我们不能忘记这一点，虽然您举普鲁斯特的例子只是为了讽刺。

卢迪内斯库：在我看来，今天的科学主义比过去更加野蛮。所谓认知行为主义的支持者们确实相信，迟早有一天我们能完全摆脱主体、无意识和意识这些概念。在我最近参加的一次关于这个话题的争论中，丹·斯珀伯声称我们很快就能真正地摆脱主体，只保留法律主体——一个没有情感、欲望和（弗洛伊德意义上的）无意识的主体[14]。

德里达：西方法律正是主体及主体概念显现和权威的主要场所。如果说主体保留在法律中，那么它就无处不在。该如何拯救法律主体?

卢迪内斯库：作为代表社会关系的必要存在。在这里，就是要确保一个伦理主体或责任主体的存在，这个主体不再根植于任何心理、情感或冲动的现实。当然，这与福柯所说的伦理主体[15]没有任何关系，后者是一个通过否定自身来创造自身的主体。在我所说的情况中，一边是要取代思想的计算机，另一边则是作为纯粹生理或生物过程的行为和认知。因此，已没有多余的空间可容纳属于象征、能指或情感世界的心理自主性。所以，人类将被视为一台披着黑猩猩外壳的机器，而它的主体性不过是一种"不可救药的"错觉，导致它误以为自己被赋予了自由意志。

德里达： 在我看来，困难在于考虑这种极端的、广阔的、不断拓展的机械化的可能性，同时要忘掉计算也是存在限度的：在计算机器内部的游戏和游戏的可能性。另外，您所说的情感，也就是一个生命体与他者的关系——既是与他者的关系，也是与自我的关系——从其定义上来看，依旧是不可计算的，是任何机器都无法企及的。

卢迪内斯库： 我也这么认为。有些东西是不可决定的，正如您所说的那样。

德里达： 不可决定的，不可计算的——或者像我刚才所提出的，也可以说，非可计算的。

卢迪内斯库：所以是不可分析的。

德里达：此外，不管怎样，无法分析的东西总是需要分析的。也许正是因为情感——也就是对他者以及与他者关系的情感——是不可化约的，所以我们必须在不陷入反动意识形态的前提下，重新引入如今仍然被我们称为自由或无意识的东西。

卢迪内斯库：激情和冲突……

德里达：他者和他者的到来始终是不可计算的。这不可避免地会对机器产生影响，但无法被机器计算。我们必须思考出——此处指的是创造出——一些方法，以避免对机器及计算的飞速发展视而不见，同时也要理解在机器内部和外部存在的这场他者的游戏，这场与他者一起玩的游戏。一旦我们接受了其中的规则，服从于这种与他者——影响我们的事件、这种定义生命的影响*——的亲密接触，我们就必须

---

* 此处的"影响"与前文的"情感"，在法语中是同一个词（affect）。——译者注

努力发明一种能够把这一点考虑在内的话语。

卢迪内斯库：这就是您所说的"好客"[16]。

德里达：可以当作一个例子。这也许是事物的名称之一：以一种创造性的方式，全身心地去迎接那种不可避免地、不请自来地来到自己家里，来到自己身上的东西。

卢迪内斯库：在"非法移民"事件[17]发生时，您就您所谓的"好客罪"（délit d'hospitalité）[18]发表了重要的看法。

德里达："好客罪"是从别人那儿引用来的，好像是雅克·图邦（Jacques Toubon）说的。有一个布列塔尼的家庭出于友好收留了一些非法居留的巴斯克朋友。然而，图邦指出，根据法律，立法机构有权起诉那些在家中接待、宴请或留宿非法移民的人，哪怕是以个人或私人的名义。在这个案例中，非法居留的是那些巴斯克人[19]。这个表述给我留下了强烈的印象。突然间，热情好客与违法行为联系在了一起。

某些政治话术竟然能把这两个词联系在一起，而且这一糟糕的举动很可能会让最坏的情况变得合法。回到您刚才开启的讨论，相比于邀请式好客，我反对的一般是那种无条件的好客——纯粹好客或来访式好客，即无条件接待任何来访者或不速之客，不要求他们交代任何信息、提供任何证件。

纯粹或无条件好客意味着来访者并没有收到邀请，我仍然是我家的主人，我控制着我的房子、我的领土、我的语言，他必须（按照有条件好客的规则）服从于接待方制定的规则。纯粹好客就是向每一位不速之客敞开大门，而这位不速之客也许是入侵者，甚至是危险的入侵者，可能会造成伤害。这种纯粹或无条件的好客并不是一个政治或法律概念。事实上，一个拥有自己的法律并希望保留其领土、文化、语言、民族主权的有序社会，一个家庭，一个希望掌控自己的好客行为的民族，都应该有限度、有条件地好客。有时，这样做的初衷是好的，因为无条件好客也会产生不良影响。

然而，这两种好客方式是不可分割的。要把它们区分开来，就必须提到那种我们梦寐以求、热切企盼的好客，即对来临的东西的好客。如果没有这种纯粹好客，也就没有好客的概念。它既适用于国境线的跨越，也体现在日常生活中：比如说，当有人到来时，当爱情到来时，我们会冒着风险，会暴露自己。要理解这些情况，必须保持这种没有前景的前景、这种无条件好客的无限性，同时也要明白我们无法使其变成一个政治或法律概念。在政治和法律中不存在这种好客的空间。

卢迪内斯库：您以解构的方式对待这个问题。一方面，您完全接受移民政策——也就是对移民潮进行控制——是可以存在的；另一方面，在一部用词和语言极为考究的著作中，您指出那种想要借助技术手段来掌控一般好客问题的政治理念是有局限的、存在幻想的。

关于这一点，我完全同意您的看法。我从不认为我们应该开放所有的边界，对移民潮不加控制。但是，我对左派在这个问题上的政策不太满意，尽管它比右派的政策要好一些。更重要的是，我也不赞同某些极左知识分子——当然是少数，但也得到了一些人的支持——把帕特里克·韦伊视作"最终方案"的信徒 [20]，还把一些他从来没说过的话强加在他身上。那个时候，我拒绝签署任何有关这个问题的请愿书。对于那些声称为正义而战却散布极端激进言论的人，我一直保持高度警惕。

德里达：一旦确定了有条件好客的范围，就可以开始讨论具体政策了。在这个范围之内，我们仍然可以反对——我也反对——舍韦内芒及其所属政府做出的政治决定。和其他人一样，我认为其实还有很多可以容纳外国移民的空间，移民的数量并没有增长，并不像很多人说的已经到了"容忍限度"。不能因为选举或其他的原因而屈服于某些人杞人忧天的幻想，他们认为自己已被马格里布*移民"入侵"了。因此，一旦认识到有条件好客的必要性和优势，争论就变得可能，某些东西就可以通过一场相对的、

---

* 马格里布（Malgreb）是非洲西北部的阿拉伯地区，主要指摩洛哥、阿尔及利亚和突尼斯三国。——编者注

处于一条确定阵线的斗争来改变。

　　因此，我觉得让－皮埃尔·舍韦内芒的言论有些过分，他认为我们应该谴责那些想要打开所有国门的知识分子的"不负责任行为"[21]。其实没有任何人希望取消国境线或签证制度。把那些主张一种更加慷慨、计划更加精密的好客之人说成是不负责任的，甚至对他们进行谴责，我认为这种做法令人痛心，而且也体现了那种只会用口头言论表达愤怒的政治弱点。

注释

[1]　科学主义（scientisme）一词自 1911 年开始被广泛使用，指的是一种信念，即科学——包括各种学科的科学——可以解释和解决所有与人类有关的现象。早在 1890 年，欧内斯特·勒南（Ernest Renan）就在《科学的未来》（*L'Avenir de la science*, Paris, Calmann-Lévy, 1949）一书中批判了这种观点，谴责它是"科学的宗教"。因此，科学主义就是"一种宣称要通过传播科学话语来抵制哲学的关于科学的话语"，参见多米尼克·勒古《科学史与科学哲学词典》（Dominique Lecourt (éd.), *Dictionnaire d'histoire et de philosophie des sciences*, Paris, PUF, 1999, p. 852）。

[2]　1972 年，拉康在鲁汶会议结束后接受弗朗索瓦丝·沃尔夫（Françoise Wolf）采访时说，他从不讲自由，但这并不妨碍他多次谈论自由这个问题。大部分情况下，他把这个词与疯癫联系在一起，意指人的存在之所以能被理解，仅仅是"因为它将疯癫作为自由的界限"。他还认为，人的自由是一种幻觉，一种幻影，一种"可怕的自由"，但是他把它与欲望、死亡、大革命联系在一起。

参见《文选》（p. 157, 575, 783）。

[3]　胡塞尔认为将先验世界排除在外（或者说悬搁）会导致本体论（或抽象现实的研究）转变为自我论：存在被简化为思考的自我。参见《笛卡尔式的沉思：现象学导论》（*Méditations cartésiennes. Introduction à la phénoménologie* [1929], Paris, Vrin, 1986）和雅克·德里达《胡塞尔哲学中的起源问题》（Jacques Derrida, *Le problème de la genèse dans la philosophie de Husserl* [1953], Paris, PUF, 1990）。

[4]　雅克·德里达，《弗洛伊德与书写舞台》，《书写与差异》（Jacques Derrida, « Freud et la scène de l'écriture » [1966]）。在这篇文章中，德里达研究了弗洛伊德作品从精神病学到精神分析的转变过程。参见本书第九章《精神分析赞歌》。

[5]　雅克·德里达，《打字机的色带》，《造纸机》（Jacques Derrida, « Le ruban de machine à écrire », in *Papier Machine*, Paris, Galilée, 2001）。

[6]　弗洛伊德指出，科学研究使人类的自恋和自我遭受了三次打击：第一次来自哥白尼——人不再是宇宙的中心；第二次来自达尔文——人不再像上帝而不过是动物；第三次来自弗洛伊德（最痛苦的一次）——人不再是自己的主人。参见西格蒙

德·弗洛伊德《精神分析的困难》，《令人不安的陌生及其他论文》（Sigmund Freud, « Une difficulté de la psychanalyse » [1917], in *L'inquiétante étrangeté et autres essais*, Paris, Gallimard, 1985, p. 181-187）和《对创伤的固恋：无意识》，《精神分析入门讲座》（« La fixation au trauma. L'inconscient », in *Conférences d'introduction à la psychanalyse* [1916-1917], Paris, Gallimard, 1999, p. 363-364）。

[7] 关于这个话题，参见伊丽莎白·卢迪内斯库《法国精神分析史》第二卷。

[8] 1897 年 9 月 21 日，弗洛伊德在写给威廉·弗里斯（Wilhelm Fliess）的一封信中表示，他放弃了最初关于心理的概念，即基于诱惑理论的神经症（neurotica），该诱惑理论认为在所有神经症的源头都存在真正的性诱惑，也就是创伤。参见西格蒙德·弗洛伊德《精神分析的诞生》（Sigmund Freud, *La naissance de la psychanalyse* [Londres, 1950], Paris, PUF, 1956）。

[9] 让－吕克·南希，《自由的经验》（Jean-Luc Nancy, *L'expérience de la liberté*, Paris, Galilée, 1988）。

［10］ 生殖性克隆技术通过制造胚胎并将其植入子宫来生产与某个已出生个体基因完全相同的婴儿。非生殖性克隆则通过制造胚胎并提取部分细胞来治疗某些疾病，如糖尿病和阿尔茨海默病，并且不会产生排异反应。关于这一话题，参见亨利·阿特朗、马克·奥热、米海伊·戴尔玛斯 - 玛蒂、罗杰 - 珀尔·德洛瓦、纳迪娜·弗雷斯科《克隆人类》（Henri Atlan, Marc Augé, Mireille Delmas-Marty, Roger-Pol Droit, Nadine Fresco, *Le clonage humain*, Paris, Seuil, 1999）。2000 年 8 月，英国政府出台了支持非生殖性克隆的意见。

［11］ 比如，1947 年诺贝尔生理学或医学奖获得者、美国生物学家赫尔曼·约瑟夫·穆勒（Hermann Joseph Muller，1890—1967）就提出了一个疯狂的想法：建立一个诺贝尔奖获得者的精子库，以便培育出聪明的孩子。

［12］ 收录于《乔治·康吉扬：哲学家、科学史家》（Georges Canguilhem, « Le cerveau et la pensée » [1980], in *Georges Canguilhem. Philosophe, historien des sciences*, Paris, Albin Michel, 1992, p. 11-33）。

［13］ 克洛德·沃里永于 2001 年 3 月出庭受审。参见

2001 年 3 月 30 日的《解放报》（*Libération*）。

[14]　　丹·斯珀伯还写道："任何一项大脑能完成的智力任务，电脑都能完成。至少，这是认知主义者的信念……虽然这种模型在今天还不够成熟，但它还有无限的改进可能。"罗杰－珀尔·德洛瓦、丹·斯珀伯，《将来的想法》（Roger-Pol Droit et Dan Sperber, *Des idées qui viennent*, Paris, Odile Jacob, 1999, p. 19）。

[15]　　米歇尔·福柯，《主体解释学》（Michel Foucault, *L'herméneutique du sujet. Cours au Collège de France, 1981-1982*, Paris, Gallimard-Seuil, 2001）。

[16]　　德里达曾多次谈到好客（hospitalité）的问题："并非所有到达者都会被当作客人（hôte）接待，除非他享有好客权或庇护权等。如果没有这项权利，他就只能作为寄生虫或无礼、非法、秘密之客进入'我家'，进入主人（host）的'家里'，还可能被驱逐或逮捕。"参见德里达的《论好客》（*De l'hospitalité*, Paris, Calmann-Lévy, 1997, p. 57）。另见《所有国家的世界主义，还需努力！》（*Cosmopolites de tous les pays, encore un effort !* Paris, Galilée, 1997）。

[17] "非法移民"事件始于 1996 年 3 月 18 日,当时有 430 名无证居留的非洲人在数个人道主义协会的支持下占领了巴黎十一区的圣安布鲁瓦兹教堂并开始绝食抗议,以获取合法身份。当时的政府在议会右翼多数派的支持下正计划加强 1993 年 12 月通过的有关移民问题的"帕斯卡 - 德布雷法案"(lois Pasqua-Debré)。在许多知识分子的支持下,移民们又组织了其他类似的抗议活动。该事件一直持续到 1997 年 6 月议会选举后左翼上台执政。

[18] 雅克·德里达,《违犯司法权》(Jacques Derrida, « Manquements du droit à la justice »)。1996 年 12 月 21 日发生了一次支持"非法移民"的示威活动,德里达在阿芒迪耶剧院即兴发表了这篇讲话。收录于雅克·德里达、马克·纪尧姆、让 - 皮埃尔·樊尚《马克思的作用》(Jacques Derrida, Marc Guillaume, Jean-Pierre Vincent, *Marx en jeu*, Paris, Descartes & Cie, 1997, p. 73-91)。

[19] 雅克·德里达,《所有国家的世界主义,还需努力!》(p. 40)。

[20] 参见皮埃尔·泰瓦尼安、西尔维·蒂索《痛苦的词语:精神勒庞化词典》(Pierre Tévanian et

Sylvie Tissot, in *Mots à maux. Dictionnaire de la lepénisation des esprits*, Paris, Dagorno, 1998, p. 209）："在'零移民'和'别再来任何一个移民'这样的话术背后，在社会党政治学家帕特里克·韦伊（Patrick Weil）的言论背后，我们不禁想到了另一个词：'最终方案'。"利昂内尔·若斯潘（Lionel Jospin）政府的内政部长让－皮埃尔·舍韦内芒（Jean-Pierre Chevènement）通过了 1997 年 8 月出台的决议，即不废除"帕斯卡－德布雷法案"，但采用了历史学家帕特里克·韦伊在部长委托编写的有关国籍法的报告中提出的一些建议，对其进行修改。1997 年 10 月，舍韦内芒遭到了上千名知识分子和艺术家的攻击，他们在请愿书中"要求给予所有提出申请的非法移民合法身份"（详见 1997 年 10 月 2 日的《世界报》）。这是社会党政府与知识分子之间出现的第一次重大分歧，知识分子一直在等待利昂内尔·若斯潘兑现竞选时的承诺，废除那些臭名昭著的法律。

[21]　参见 1997 年 10 月 2 日的《世界报》。1997 年 10 月 7 日《解放报》上发表了一篇支持让－皮埃尔·舍韦内芒的文章，该文章谴责请愿者的行为是"操纵狂的挑衅"和"慈善者的天真"。

Violences contre les animaux

✦

针对动物的暴力

V

卢迪内斯库： 在当代的科学主义误区中，有一个尤其令我印象深刻，因为它融合了功利主义和认知主义的观点，也兼顾了法律理念和所谓的生态（或"深层生态学"）目标。我指的就是彼得·辛格和保拉·卡瓦列里提出的"达尔文计划"[1]，该计划并不是要通过建立法律制度来保护动物免遭暴力侵害，而是要赋予"非人类类人猿"以人权。他们的理由和依据是：一方面，类人猿具有认知模型，能够像人类一样学习语言；另一方面，类人猿可能比那些因精神错乱、衰老或患有器质性疾病而丧失理性的人更"人性化"。我认为这极其荒谬。

这项计划的发起人模糊了人类和非人类之间的分界线，他们把有智力障碍的人作为一个物种，排除在人类之外，而把类人猿视作另一个物种——比猫科动物等其他哺乳类或非哺乳类物种更高级——并归于人类。因此，他们谴责《纽伦堡法典》的第三条，该条文规定，一切新的治疗或实验方法都必须先对动物进行试验。您一直以来都很关注动物性问题，我很想听听您的看法。

德里达：当然，"动物性问题"不是一般的问题。之所以我一直认为这个问题本身及其战略价值具有决定性意义，是因为它不仅极其复杂和神秘，而且也制约着其他所有的重大问题，以及诸如"人的属性"、人类的本质和未来、伦理、政治、法律、"人权"、"危害人类罪"、"种族大屠杀"等概念。

无论在哪里，只要提到"动物"，那种最严重、最顽固、最天真、最自私的假设就主导着人类文化（不仅是西方文化），相关的哲学话语也已流行了几个世纪。在这个问题上，我的态度一直非常坚定，且清晰地贯穿于我的所有文章中。早在《论文字学》一书中，对"痕迹"这一新概念的阐释就开始扩展到整个生命领域，或者说生命与死亡的关系领域，超越了"口头"语言（或一般意义上的"书面"语言）的人类学范畴，也超越了把人类和动物简单对立起来的语音中心主义（phonocentrisme）和逻各斯中心主义。因此，我认为"书写、痕迹、书写语言

（gramme）或书写符号（graphème）的概念"超越了"人类／非人类"的对立[2]。我对哲学文本——尤其是海德格尔的哲学文本——的一切解构尝试，都是为了揭露它们对一般意义上的"动物"的无知，并批判这些文本阐述的对人类与动物之间分界线的看法[3]。在我最近发表的关于这个话题的文章中，我对用单数称呼"动物"*提出了质疑，因为这听起来就像是这世上只存在人类和动物，仿佛"动物"的单一概念可以普遍地涵盖一切非人类生物。

我无法在此尖锐地探讨这个问题，但我还是认为，哲学——尤其是笛卡尔以来的哲学——处理"动物"问题的方式鲜明地反映了哲学的逻各斯中心主义和一种有待解构的局限性。这种传统当然不是单一的，却是霸权的，而且掌握着霸权和统治的话语权。然而，要抵制这种强势传统的原因很简单，那就是生命是多种多样的，动物也是多种多样的，而且其中一些生命或动物并不属于这种话语权试图为它们划定的范畴。当然，人类就是其中之一，而且

---

* 法语中有些名词习惯以复数形式表达，如"垃圾"（les ordures），但"动物"（l'animal）不是。——编者注

是独一无二的，我们都知道这一点，但是，并不存在人类与动物的对决。

另一方面，虽然动物一直以来都是暴力虐待的对象——《圣经》中就可以找到相关的记载，我对此进行过专门研究——但我想关注的是这种暴力在当代的特殊性，以及支持这种暴力并试图使其合法化的言论背后的"哲学"原理——或者说症状。无论是在实践中还是在法律上，这种工业的、科学的、技术的暴力都不应继续被容忍下去，它会越来越不得人心。人类和动物之间的关系必须改变。这种必须具有"本体"必要性和"伦理"责任的双重含义。我给这两个词加上引号，是因为这种改变会影响这些概念（本体和伦理）的意义和价值。因此，我从原则上同情那些反对虐待动物的人，尽管他们的言论在我看来往往含糊不清或毫无哲学逻辑，但我认为他们有充分的理由去揭露那些发生在工业养殖、屠宰场、商店和实验室中的暴力。

虽然我很想，但我不会用"残忍"这个词来形容那种对待动物的方式。这个词过于含糊隐晦，而且涉及太多因素。实际上，不管是血块（cruor）还是一般的残忍（Grausamkeit），残忍——"让其痛苦"或"观其痛苦"并以此为乐——是人的特有属性，就如同人类与法律的关系一样。（在涉及惩罚权或死刑时，这个词的使用极为混乱。我曾研究过"残忍"这个词的历史和"逻辑"。我们有必要对这个问题进行精神分析式的解读[4]，研究这个词在精神分析领域的运用，尤其是弗洛伊德的用法。）无论我们如何定义，对动物施加的暴力必将（有意识或无意识地）深刻影响人类对自身的看法。我相信，这种暴力将变得越来越不可容忍。我也不会使用"权利"这个词，但这正是问题变得复杂的地方。在您刚刚提到的理论出现之前，就已经存在很多争取动物权的宣言了。

卢迪内斯库：该如何理解动物权呢？

德里达：一般指的是把原本属于人权的法律概念复制并延伸到动物身上。我认为这其实是一个错误或弱点。这将会引发幼稚的同情心，而实际上是站不住脚的。目前，人类主体和后笛卡尔时代人类主体性的概念仍是人权概念的基础，对此我充分尊重，但作为历史和复杂因素的产物，人权的概念仍需不断研究、不断改进、不断发展、不断丰富（历史性和可完善性对其而言是至关重要的）。

然而，关于跟"动物"的关系，笛卡尔的哲学遗产对整个现代性起着决定性的作用。笛卡尔的理论认为，动物语言是一个没有回应的符号系统：只有一些反应（réactions），却没有回应（réponse）。康德、列维纳斯、拉康、海德格尔（及所有认知主义者）对此的观点与笛卡尔几乎完全相同。他们把反应和回应区别开来，一切都取决于这种区别，而且其影响是无穷无尽的。尽管每个人的观点不尽相同，但这份遗产要求我们对人与动物的关系展开现代的思考，为了了解本质，也为了找到实际重要的东西。现代的法律概念在很大程度上依赖于笛卡尔关于我思、主体性、自由、主权等的观点。当然，笛卡尔的"文本"并不是这个巨大结构的成因，但它以一种强大的系统性症状"代表"了这个结构。从此以后，赋予或承认"动物"权利，就是以一种隐秘或含蓄的方式去确认对人类主体的某种解释，而这个解释将是对非人类生命施以最恶劣暴力的杠杆。

对动物实施的压迫行为中所蕴含的哲学原理仍然是笛卡尔式的，也是康德、海德格尔、列维纳斯或拉康式的，尽管他们的理论存在一些差异。这个原理也决定了某种法律和人权哲学。因此，一定要赋予某一类动物——而不是所有动物——与人权同等的权利，这将是一个毁灭性的矛盾。它将会使那种（通过滥用权力无节制地）剥削动物以用于制造食材、承担劳动或接受实验的哲学和法律机制被重新生产出来。

因此，出于有意识或无意识的原因，变革是必要的，也是不可避免的。人类与动物之间关系的变化是缓慢的、艰难的，有时是匀速的，有时又是加速的，这种变化不一定也不仅会表现为某个宪章、某项权利宣言或立法机构设立的某个法庭。我不相信通过立法会产生多大的奇迹。而且我们其实已经有一部相关的法律了，不过是全凭经验制定的，但这总比什么都没有强。可是这并没有促使屠宰场倒闭，也没能遏止市场或工业养殖场上的"科技"病毒。

那么多物种之间当然存在不可调和的差异和不可逾越的分界线。只要不是盲目到愚蠢的地步，谁都不会否认这一点。然而在人类和动物之间，不存在任何一条不可分割的分界线。

卢迪内斯库：但是，在哪里以及如何跨过分界线呢？不需要重新审视人类学的根基，也就是自然和文化之间的割裂吗？

德里达：这是最基本的。动物世界中存在大量各不相同的结构。在原生动物、苍蝇、蜜蜂、狗和马之间，分界线无处不在，尤其是在"象征"组织、在符号的编码和使用中。如果说我担心的是在两个同质空间之间存在一条分界线，一边是人类，另一边是动物，那并不是因为我愚蠢地希望"动物"和"人类"之间没有分界线，而是因为我认为存在不止一条分界线：有很多很多条分界线。人类和非人类之间不是一种对立，在各种不同的生命组织结构之间存在着许多断裂、异质和差异性结构。

　　"类人猿"和人类之间也许仍存在鸿沟，但"类人猿"和其他动物之间也是如此，这是一个不可否认的事实。但灵长类动物学的研究已取得了重要的进展，我们对此讨论得还不够。这些研究以一种积极的，有时甚至令人震惊的方式描述了那些极其精细的象征性组织形式：丧葬工作、家庭结构、避免甚至禁止乱伦，等等。（但对于人类来说，"禁止"只是限制，并不一定代表能真正杜绝，因此避免和限制之间的对立仍有争议。）

这一切非常复杂，各种各样的问题交织在一起。我不是说要否认"人的属性"，但我们必须承认——我在其他地方，特别是在教学中，也研究着这个问题——从严格意义上来说，那些权威哲学和文化认定的"人的属性"的相关特征，没有任何一个是我们人类所称的"人"所特有的。要么是因为某些动物也有这些特征，要么是因为人类并不像自己笃信的那样的确有这些特征（我曾在《困局》[5]中阐述这个观点，以反对海德格尔关于死亡体验、语言和与存在本身关系的论述）。但是，我依然同情（我坚持用这个词）那些奋起反抗的人：他们反对向动物宣战，反对用变态的手段对动物进行毁灭性的折磨，即以人类需要为借口，以一种高度工业化的方式大规模饲养家畜，然后再一并杀绝；更不用说每年有数百种动物从地球上消失，而这都是人类的过错造成的，他们不是杀死动物，就是任其死亡——然而法律并不能确保在让其死亡和任其死亡之间存在本质的区别！

因此，我同情那些自身也有同情心的人，他们对这些生灵充满了真诚的同情和怜悯。但我永远不会放弃，而且我认为我们也不应该放弃对两种基本的态度进行分析（我指的是各种意义上的分析，包括精神分析）。我无法在这里即兴展开。我也不相信绝对的"素食主义"，不相信其背后意图在伦理上的纯洁性，甚至不相信这种主义能被真正严格地执行——容不下任何妥协或象征性替代。我甚至认为，某种精致、微妙、高尚的食人主义仍然是无法逾越的。当然，针对您提到的现象，我认为那种将某些动物置于残疾人之上的新型等级观念既荒谬又可憎。

卢迪内斯库：让我印象最深刻的是，这种误区在人类和非人类之间制造了一种割裂。为了将类人猿纳入人权的范畴，竟然不惜把精神病患者排斥在外……

德里达：他们真的是这样说的吗？

卢迪内斯库：是的，虽然他们没有提及"排斥"这个词。然而要把人权扩展到类人猿身上的理论就是以分离、分界线、割裂等概念为前提的，而这些概念最终将会导致排斥[6]。所有这些说辞一方面基于所谓的"认知"观察，另一方面基于"功利主义"观察，即从人类到非人类的过渡，这将与神经变性疾病或脑变性疾病的存在有关。

德里达：事实上，这样做就相当于重建一种种族和"遗传"的等级制度。这正是我们绝不能掉以轻心的地方。

卢迪内斯库：但是该如何平衡对动物的同情心和人类吃肉的需要呢？

德里达：要想成为非肉食主义者，仅仅不吃肉是不够的。无意识的食肉过程还有许多其他的肉食来源，我不相信存在真正的非肉食主义者，即便是那些自以为可以靠面包和红酒生存的人也不算。（每一次谈到对"肉食菲勒斯－逻各斯中心主义"的必要解构，我都会更加清楚地解释这一点[7]。）虽然我们一直以来——至少在过去两千年里——都没有意识到，但精神分析告诉我们：从象征意义上来说，"素食主义者"也会像其他所有人一样摄入人类或上帝的生命、肉体和血液。无神论者也一样，他们更喜欢"吃掉他者"。这种喜欢是源于爱本身的诱惑。这让我想到了克莱斯特笔下的彭忒西勒亚[8]。多年前，我曾在一个研讨会上专门讨论过"吃掉他者"，彭忒西勒亚就是其中的一个重要人物。

卢迪内斯库：特别是从精神分析的角度来看，对食入动物的恐惧可能是厌恶生命乃至谋杀生命的症状。希特勒就是一名素食主义者。

德里达： 有些人竟然拿希特勒的素食主义当作论据来反对素食主义者和动物爱好者。比如吕克·费里[9]。那种滑稽的控诉大致是这样的："啊，你们忘了，纳粹分子，尤其是希特勒，也是动物爱好者[10]！所以爱动物就等于憎恨人类或侮辱人类！对动物的怜悯并不排斥纳粹的残忍，事实上，这正是纳粹残忍行为的最主要症状！"我认为这种观点非常荒谬。有谁会相信这种拙劣的论证呢？它想把我们引向何方？难道要加倍地虐待动物以显示我们无可指摘的人道主义？伊丽莎白·德·丰特奈指出，在当时呼吁重新思考"动物问题"的哲学家中，有很多都是犹太人。在为普鲁塔克的《动物三论》（*Trois traités pour les animaux*）所作的序言中，她不仅追随汉娜·阿伦特的脚步，指出康德是"阿道夫·艾希曼最喜欢的作家"，还回应了那些通过指责动物问题上的人道主义来批判"不负责任的解构主义误区"的人[11]。

就我而言，我在瑟里西拉萨勒参加研讨会的演讲稿有一部分还没有出版（《我所是的动物》），在这一部分中，我仔细分析了阿多诺的一篇文章[12]

（不一定从头到尾都认同他的观点）。在这篇文章里，阿多诺剖析了康德的自律、人的尊严（Würde）、自我目的或自我决定（Selbstbestimmung）等概念，并试图从中破译出一种对自然的支配和主权意识（Herrschaft），以及一种"针对动物"（Sie richtet sich gegen die Tiere）的敌意和仇恨。对动物（"animal!"）或作为动物的人类的"斥责"（schimpfen）是"真正的唯心主义"的一个重要特征。

阿多诺在这个问题上研究得非常深入。他甚至把动物在一个唯心主义体系中扮演的角色和犹太人在法西斯体系中的地位相提并论。根据这个现已众所周知的逻辑——而且常常令人信服——我们可以把女人和孩子甚至残疾人的形象与动物和犹太人的形象联系在一起……

卢迪内斯库：种族主义、性别歧视和反犹主义的一大特征就是贬低那些我们试图排除在人类之外的人，并凭借他们的身体特征将他们污名化，把他们归入动物的世界。因此，有人认为犹太人比非犹太人更"女性化"，女人比男人更"动物化"，黑人比其他人更"兽性化"。残疾人比动物更"低级"的理念也与这些观点不谋而合。

在我看来，破坏的冲动是永远无法克服的，因为正如弗洛伊德所说，它是人类与生俱来的。当然，我们需要禁令，没有禁令，文明就无从谈起。但是，在反对这些暴力的同时，我们也要认识到，我们永远无法终结暴力。在我看来，禁止杀戮动物在我们的社会中是不可能实现的，而且也是不可取的。一般来说，我认为过度禁止往往会引发我们意想不到的暴力。

德里达：也许应该继续杀死动物。可能还有人类！即便在全面废除死刑——如果有这样一天的话——之后也应如此！

卢迪内斯库：但这不是一回事。难道可以把一个杀死动物的人和一个杀人犯相提并论吗？更广泛地说，比如，难道（性学意义上的）恋动物癖应该和恋童癖或强奸犯受到相同的法律惩处吗？法律上存在惩罚虐待动物行为的法规，法国的法律甚至赋予了家养或圈养动物以"法律人格",这意味着它们可以享有权利,并在遭到遗弃时受到保护[13]。但我不确定人类是否会因为与动物发生性关系而受到惩罚。是否所有的恋动物癖中都存在虐待?如果是的话,那么动物该如何表达自己受到的暴力呢?

德里达:康德主张对那些犯有"兽奸"罪的人施行同等报复法(根据该原则,惩罚权是绝对必要的,并且应该是先验理性的、清晰的),就像对待犯强奸或鸡奸罪的人一样。在我开设的关于死刑的研讨班上,我们仔细研究了这些文本。这并不意味着要把动物当作受害者。动物并没有受到伤害,即便是人的尊严也无法在这种与"动物"的性交中毫发无损。动物不是法律的主体(因此也不是义务的主体),它无法作为原告提起诉讼,无法对"过错"提出抗议。

不过,我很喜欢引用杰里米·边沁的一句话,大致是这样说的:"问题不在于它们会不会说话,而在于它们会不会痛苦。"[14]会的,大家都知道,没有人敢怀疑。动物会痛苦,而且它们会表现出自己的痛苦。我们根本无法想象,被用于实验或接受马戏团训练的动物感受不到痛苦。当我们看到无数头用激素饲养的小牛被塞进卡车，从马厩直接送往屠宰场时，我们怎么能想象它们没有痛苦呢？我们知道动物的痛苦，我们感受得到。而且，有了工业化屠宰技术以后，遭受痛苦的动物数量比以往要多得多。

卢迪内斯库：您和伊丽莎白·德·丰特奈的观点一致。但我们怎样才能既减轻动物的痛苦，又兼顾必要的工业化养殖和屠宰，以使更多人摆脱饥饿呢？

德里达：人类的地球正在经历大规模的解体和重组。我们可能会等来最好的结果，也可能是最坏的结果。我这么说不是要宣扬原始的素食主义，但从生物学的角度来说，吃肉从来都不是必需的。我们吃肉不仅是为了摄入蛋白质，更何况我们可以从其他食物中获取蛋白质。食用动物的行为就像死刑一样，含有一种献祭的意味，因此是一个与古老结构相关的"文化"现象，而这些结构依然存在，需要我们加以分析。也许我们永远不会停止吃肉——或者如我刚才所说的，吃某种等同于肉的替代品。但我们可能会改变相关的质量要求、数量、数量的评估以及整体的饮食结构等。我相信，在未来的几个世纪里，我们对动物性的体验以及我们与其他动物的社会联系将会发生真正的改变。

卢迪内斯库：您认为确实存在过度的现象？

德里达：您说过度和夸张的禁令会带来一些症状。同样，我认为人类对待动物时表现出来的场面也会变得令人难以忍受。我们正在讨论的所有这些争论都是一个预兆。再也无法忍受了。如果真的让您每天目睹这种工业化屠宰的场面，您会怎么办？

卢迪内斯库：那我就再也不吃肉了，或者我会搬家。但我宁愿什么也不要看见，虽然我知道这种难以忍受的事情是存在的。我不认为目睹会帮助我们更好地了解一件事。认识不等于看见。

德里达：但是，如果每天都有一辆满载小牛犊的货车从您眼前缓缓驶过，让您无暇分心，把这些小牛犊从牛圈载往屠宰场，您还会坚持吃小牛肉吗？

卢迪内斯库：我会搬家。但说真的，我认为有时候要想真正了解一件事，为了保持必要的距离，最好不要当目击者。而且别忘了，美食是文化不可分割的一部分！法国的传统饮食文化难道离得开肉吗？

德里达：还有很多其他的资源可用于制作精美的食物。工业肉类并不是美食的精华所在。另外，您想必也知道，越来越多的人倾向于选择在更"自然的"条件下——比如说在天然草场上——饲养的动物。因此，正是看在您所说的美食的分上，必须改变我们的习惯和"心态"。

卢迪内斯库：由若泽·博韦[*][15] 发起的反对"美式垃圾食品"——尤其是麦当劳——的运动也许是这种改变的第一个信号。同样，"疯牛病"[16] 事件也

---

* 若泽·博韦（José Bové，1953— ），法国左翼政治家，曾参与农民运动，以抵制转基因作物而闻名。——编者注

警示我们必须采取行动。

德里达：不要要求我无条件支持这方面正在发生或将要发生的事，不过这些征兆很重要，它们提醒我们，变革正在发生。

卢迪内斯库：回到动物性问题上，我坚持认为动物和人类之间存在某种隔阂。虽然类人猿也有一些象征性的行为和仪式，也会避免乱伦——所有这些都令人着迷，但在我看来，不连续性依然存在，比如在语言和概念化中。所有这些差异都应被重视，尽管如伊丽莎白·德·丰特奈所说，我们可以"设想动物的世界可能与人类的世界有所重叠"[17]。对此您怎么看？

德里达：我已说过，"动物的"主要文化模式中存在的隔阂并非只有一种，而是好几种。我不仅没有抹去这些分界线，还着重指出了它们的存在，强调了各种差异和异质性。这些现象的持续涉及时间和历史的问题，必须考虑在内。我和您一样认为，我们所谓的动物——尤其是灵长类动物——和人类之间存在根本的不连续性。但我们也不应忽视这样一个事实，即不同种类的动物之间和生物的不同社会组织之间也存在着其他的不连续性。

在对现行法律进行改革的过程中，在保留人类法律一般公理的同时，应使人类与动物的关系朝着最大限度互相尊重的方向发展。在这方面，评估只能是经济性的（策略、分配、衡量、最佳折中方案）。我不是说绝不能侵犯动物的生命，我是说我们不应该以丛林里的动物之间也存在暴力为借口，去放纵那些最残忍的暴力行为，比如对生命进行纯粹工具性的、工业化的、化学遗传学的利用。无论利用的目的是食用还是科研，都必须制定一定的规则，以避免人类对非人类的生命为所欲为。

因此，我们需要逐步减少针对动物的暴力和残忍行为，为此，需要在长期范围内不断改善饲养、屠宰、大规模处理、种族灭绝（génocide）的条件，我一直很犹豫（只是为了避免不必要的联想）要不要用"种族灭绝"这个词，不过放在这里还是很恰当的。

当我在美国一所犹太大学的法学院里谈到这个问题的时候，我用"种族灭绝"一词来指代这种现象——每天把成千上万头牲畜集中在一起运往屠宰场，在用激素催肥之后将它们集体杀死。这引起了学生们愤怒的反驳。有人说，他不能接受我用"种族灭绝"这个词："我们知道种族灭绝的意思。"所以我们还是收回这个词吧。但您知道我想说的是什么意思。

　　从长期来看，必须尽可能限制这种暴力，哪怕只是考虑到它给人类自身留下的印象。这不是唯一的也不是最好的理由，但我们不能忽视这一点。这样的改变可能需要几个世纪的时间，但是，我再说一遍，我们不能再像现在这样对待动物了。当前所有的争论都表明，在欧洲工业社会中，人们对这一问题的担忧在不断增长。

　　目前，我们能做的只有调整现有的法律规则。但总有一天，我们将不得不重新审视法律的历史，那时我们将认识到，虽然动物不能被赋予公民、语言意识、主体等概念，但这并不意味着它们没有"权利"。需要"反思"的是权利的概念本身。一般来说，在我们所谈论的欧洲哲学传统中，只有义务主体才能被视为（完整的）权利主体（康德认为这一法则只有两个例外：上帝只有权利没有义务，奴隶只有义务没有权利）。因此，这里涉及的仍然是和主体、政治主体、公民、主权自决和法律主体等有关的概念……

卢迪内斯库：还有意识。

德里达：还有责任、话语、自由。所有这些（在传统上定义了"人的属性"的）概念都是法律话语的构成要素。

卢迪内斯库：所以无法被运用到动物身上。

德里达：我们总不能指望让"动物"签订一份明确的法律合同，用义务换取公认的权利。正是在这一哲学和法律的空间之内，存在一种针对动物的现代性暴力，这种暴力既是当代的，又与人权的话语密不可分。我在一定程度上尊重这种话语，但我希望保留质疑其历史、其条件、其演变及其完善性的权利。因此，最好不要将人类与动物的关系问题纳入现有的法律框架之内。

所以，尽管我非常认同那些保护动物免遭人类暴力的动物权宣言，我还是认为这并不是一个好办法。我更赞同那种循序渐进的方法。我们今天需要做的是尽我们所能限制这种暴力，而这正是解构应有的方向：不是要摧毁这种（正式的法律）办法的公理，也不是要诋毁它，而是要重新思考法律的历史、法律的概念。

卢迪内斯库：我认为我们还是取得了一些进展的。比如反对狩猎、保护物种的斗争运动等。

德里达：这是少数人的斗争。我对狩猎没有任何兴趣，还有斗牛。从量的角度来说，与屠宰场或养鸡场的暴力相比，这根本算不了什么。

卢迪内斯库：您反对斗牛吗？

德里达：是的，我对其中掺杂的欲望和各种表现形式嗤之以鼻。

卢迪内斯库：但斗牛运动也启发了一些非常优秀的文学作品（尤其是米歇尔·莱里斯的作品）。而且斗牛士在竞技场上也冒着自己的生命危险。斗牛中蕴含的原则是，人类与动物在平等的地位上殊死搏斗，有点像骑士时代的决斗。这与狩猎或屠宰完全不同。我不认为我们应该禁止所有的高风险暴力运动。

德里达：我没有说我反对莱里斯的作品，我反对的是斗牛崇拜或斗牛文化，以及其他一些类似的活动。而且我可以喜欢或欣赏莱里斯的某部作品，但同时我也可以对莱里斯本人的欲望和经历提出疑问。根据您刚才提出的逻辑，由于禁止暴力可能会导致更严重的暴力出现，会带来事与愿违的结果，所以就对所有的暴力听之任之、不闻不问。我可以举出很多令人不安的例子。因为被"压抑"之后可能会再次反弹，我们就不必惩罚或谴责那些种族主义、反犹主义、排外和性别歧视的暴力了吗？我不是说您的论点没有价值，只是我们不应该将其普适化，因为这可能会导致我们在面对一切禁令时变得手足无措。

卢迪内斯库： 我一直担心我们会建设一个没有激情、没有冲突、没有羞辱、没有语言暴力、没有死亡危险、没有残忍的卫生社会。我们想要斩草除根的某个东西，很可能会在我们意想不到的其他某个地方重新出现。

德里达： 我想我能理解也能认同您的忧虑。我们必须承担起计算风险的全部责任。为了避免您所说的"卫生社会"，也就是死气沉沉的或毫无生机的社会——如果我没理解错的话，哪种暴力是我们可以或者应该忍受甚至培养的呢？

卢迪内斯库： 比如，我有时会想，辱骂的权利是最基本的，还需要把我们可以说什么——甚至公开说什么——和我们可以写什么区分开来。另一方面，虽然我认为反对诽谤、种族主义、反犹主义、侵犯隐私等的法律是绝对必要的——这种法律确实存在，而且在法国很有用——但我们始终应该尽可能允许羞辱和语言暴力的表达，比如在亵渎神明或色情领域。我们既要严格执行限制性法律，又要最大化保障言论自由[18]。

德里达： 我同意您的看法。我们应该尽可能减少法律禁令的审查功能，更倾向于采用分析、讨论和反击批评的方法。公共空间应尽可能向言论自由开放。我也不喜欢那种"有机"、卫生、无菌的社会。正因如此，我才会说，无论如何，残忍是存在的，并将继续存在于生物之间、人类之间。

卢迪内斯库： 您认为限制得越多越好吗？

德里达： 这个领域和其他领域一样，唯一的答案就是经济：到了一定程度，总会有一个最好的解决办法。我不想禁止一切，但也不想什么都不禁止。我当然无法根除针对动物的暴力、羞辱、种族主义、反犹主义等，但我不想以此为借口任由它们野蛮发展。因此，根据历史现实，我们必须发明出一种最优的解决方案。伦理责任的困难就在于，答案从来都不是纯粹的"是"或"否"——那样就太简单了。必须根据特定的条件给出具体的解决方案，并承担起在不可决定的情况下做出决定的风险。每一次，都存在两个相互矛盾的必然要求。

注释

[1] 保拉·卡瓦列里、彼得·辛格，《巨猿计划：超越人类的平等》（Paola Cavalieri et Peter Singer, *The Great Ape Project: Equality beyond Humanity*, New York, Saint Martins Press, 1994）。另见两期《争鸣》（*Le Débat*），其中载有关于这一话题的文章，主要有保拉·卡瓦列里《非人类类人猿的人权？》（Paola Cavalieri, « Les droits de l'homme pour les grands singes non humains ？ », *Le Débat*, 108, janvier-février 2000, p. 156-162），以及伊丽莎白·德·丰特奈《为什么动物不能享有动物权？》（Élisabeth de Fontenay, « Pourquoi les animaux n'auraient-ils pas droit à un droit des animaux ？», *Le Débat*, 109, mars-avril 2000）。另见伊丽莎白·德·丰特奈《野兽的沉默：动物性对哲学的考验》（Élisabeth de Fontenay, *Le silence des bêtes. La philosophie à l'épreuve de l'animalité*, Paris, Fayard, 1998）。

[2] "甚至在被确定为人（具有人的一切显著特征以及它们包含的整个意指系统）或非人的特点之前，书写语言或书写符号就是这样的因素"，《论文字学》（p. 19）。这同样适用于关于延异的论

181

述。延异与书写语言或痕迹的概念是密不可分的，尽管听起来"不可思议"，但它通常贯穿于"生命到死亡"的始终，并将经济和非经济结合在一起，超越了人类的界限。参见《延异》（« La différance » [1968]），《哲学的边缘》。——德里达注

[3] 参见《自传性动物：关于雅克·德里达》（*L'animal autobiographique : autour de Jacques Derrida*, Paris, Galilée, 1999）以及该书中的《我所是的动物》（这是 1997 年他在瑟里西拉萨勒举办的四场系列研讨会的导言片段，主要讨论笛卡尔、康德、海德格尔、列维纳斯和拉康。这本书正在编写中）。在此之前，我在几乎所有书中都直接和明确地探讨过"动物问题"，比如《弗洛伊德与书写舞台》（« Freud et la scène de l'écriture »），《书写与差异》（p. 294）；《丧钟》（*Glas*, Paris, Galilée, 1974, p. 138 *sq.* et *passim*）；《如何不说话》和《海德格尔之手》（尤其是题为"人类与动物性"的段落），《心灵：他者的发明》（« Comment ne pas parler » et « La main de Heidegger »）；《论精神：海德格尔与问题》（p. 27 *sq.*, p. 89）；《诗歌是什么？》（« Che cos'è la poesia ? »），《支点》。

《马克思的幽灵》一书中明确阐述了"所谓'动物'生命"这一"问题"的"不可回避性"。另见《一只蚕》，《面纱》（与埃莱娜·西苏合著）（« Un ver à soie », in *Voiles*, Paris, Galilée, 1998 ）。从《论文字学》到《触感：让－吕克·南希》（在这本书中，对所谓人类主义的解构发挥了决定性的作用），一旦出现手或"人类的手"的意象，"动物问题"就会再次被提出。——德里达注

[4] 2000 年 7 月 10 日，德里达应精神分析大会发起人勒内·马约尔（René Major）的邀请，在索邦大学的大阶梯教室里做了一个讲座，他谈到了关于残忍的问题。参见《精神分析的心理状态》（ *États d'âme de la psychanalyse*, Paris, Galilée, 2000 ）。

[5] 雅克·德里达，《困局》（Jacques Derrida, *Apories*, Paris, Galilée, 1993 ）。

[6] 保拉·卡瓦列里写道："我们都知道，我们这个物种中存在着一些非范式的个体，他们已经彻底丧失了人类的典型特征，比如那些精神障碍者、痴呆症患者和老年人。"（ *Le Débat*, 108, art. cit., p. 158. ）

[7] 比如德里达和让－吕克·南希的对话：《必须好

好吃饭或主体的计算》（« Il faut bien manger ou le calcul du sujet »），收录于《支点》。

[8] 海因里希·冯·克莱斯特（Heinrich von Kleist, 1777—1811），德国作家、剧作家。在 1808 年创作的《彭忒西勒亚》中，他改编了亚马逊女王彭忒西勒亚谋杀阿喀琉斯的传说，塑造了一个浪漫女英雄的形象，她纠缠于吞噬他者的狂热和爱情的欲望之间，而爱情最终导致了她自身的毁灭。

[9] 吕克·费里，《新的生态秩序》（Luc Ferry, *Le nouvel ordre écologique*, Paris, Grasset, 1992）；克罗蒂娜·热尔姆，《动物和人类》（Claudine Germe, *Des animaux et des hommes*, Paris, LGF, 1994）。另见《争鸣》杂志《类人猿的"人权"？不，应该是针对类人猿的责任，这不容置疑》（« Des "droits de l'homme" pour les grands singes ? Non, mais des devoirs envers eux, sans nul doute », *Le Débat*, 108, p. 163-167）。

[10] 德里达在这里使用的"动物爱好者"（zoophile）一词是取它的本义，即热爱动物，而不是 19 世纪末性学家赋予该词的含义：人类与动物之间的性关系。

[11] "有些人提及 summa injuria（暗指纳粹的动物爱

好和希特勒的素食主义）只是为了嘲弄人们对那种匿名且无声的苦难的怜悯，真是悲哀。20世纪一些伟大的犹太作家和思想家都非常关心动物问题：卡夫卡、辛格、卡内蒂、霍克海默、阿多诺。通过在各自的作品中坚持体现动物问题，他们对理性主义人道主义及其决定的合理性提出了质疑。实际上，这些历史灾难的受害者已在动物身上察觉到了其他受害者的影子，在某种程度上就像他们自己和他们的家人"，《动物三论》序言（Préface aux *Trois traités pour les animaux*, Paris, POL, 1992, p. 71）。——德里达注

[12]　特奥多尔·阿多诺，《贝多芬：阿多诺的音乐哲学》（Theodor Adorno, *Beethoven, Philosophie der Musik, Fragmente und Texte*, Hrsg. von Rolf Tiedemann, Francfort, Suhrkamp, 1993, p. 1323-124 [fr. 202]）。——德里达注

[13]　让-皮埃尔·马尔格诺，《动物的法律人格》（Jean-Pierre Marguénaud, « La personnalité juridique des animaux », *Recueil Dalloz*, 20e cahier, [1998], p. 205-211）。

[14]　杰里米·边沁，《道德和立法原则导论》（Jeremy Bentham, *An Introduction to the Principles of Mor-*

als and Legislation [1789], Londres, The Athlone Press, 1970, p. 44）。

[15] 若泽·博韦是农民联合会的主席，他发起了一场反对"垃圾食品"的国际运动，认为"垃圾食品"是农产品加工业全球化的产物，遍布全世界的麦当劳餐厅就是"垃圾食品"的象征。

[16] 即牛海绵状脑病（BSE），又称克罗伊茨费尔特－雅各布病，最先在英国饲养的牛群中发现。

[17] 伊丽莎白·德·丰特奈，《为什么动物不能享有动物权？》。另见《野兽的沉默：动物性对哲学的考验》第十九章。

[18] 参见本书第七章《反犹主义及未来》。

大革命的精神

VI

卢迪内斯库：我对《马克思的幽灵》这本书倍感亲切，因为您谈到了我珍视的一个永恒的话题：大革命的忧郁。1989年，我出版了一本书，叫《泰鲁瓦涅·德·梅里古：大革命时期的一个忧郁女性》[1]。梅里古是1789年大革命中女性主义运动的先驱，后被关押在萨尔佩特里埃医院，并在那里结束了自己的生命。在这本书中，我想通过这位女性的案例，展现个人的崩溃和疯癫是如何与当时的历史现实——从大革命到恐怖时代——联系在一起的。当然，我当时还想到了我的朋友路易·阿尔都塞，也想到了整整一代共产主义者的命运，他们面对社会主义的灾难，看到自己的理想破灭，不得不哀悼自己的承诺[2]，否则就必须陷入忧郁。后来在《为什么需要精神分析？》一书中说到"萧条的社会"时，我又谈到了这个问题。

您将《马克思的幽灵》这本书题献给克里斯·哈尼，他是为反对南非种族隔离制度做斗争的英雄，作为共产主义者惨遭杀害。[3] 您在书中将西方文化的三个主要"场景"联系起来：哈姆雷特与父亲的鬼魂相遇的场景——父亲的鬼魂不合时宜地回来，要求复仇，并将拯救"世界于耻辱"的任务托付给儿子；《共产党宣言》出版的场景，您评论了那个著名的句子："一个幽灵，共产主义的幽灵，在欧洲游荡"[4]；最后，是我们的时代被受挫的共产主义幽灵主宰的场景——幽灵游荡在未来的统一世界，这个世界代表着全球化和商品经济的胜利，是一个处于"灾难"[5]中的世界，一个"处于狂热阶段"的世界，一个无法哀悼已被其杀死的东西的世界。

就像被谋杀的国王在埃尔西诺城堡的围墙上行走打乱了哈姆雷特的生活一样，马克思成了萧条的西方社会的幽灵，那时我们的社会不断宣告着大革命已死，但幸运的是它未能根绝大革命的精神。这种精神沉睡在我们每个人心中，越是有人宣扬它的死亡，它就越是要站出来折磨它的对手（鼓吹自由主义的人），而它的对手一心想置自己的敌人于死地。无论人们如何叫嚣共产主义的死亡，无论人们如何为马克思的死而欢欣鼓舞，尸体仍然在移动，他的幽灵还袭扰着世界。您把世界的现状称作"地缘政治的忧郁",您提出要进行一次"政治领域的精神分析",以研究新经济秩序的"伤口"和痛苦。

您选择了哈姆雷特而不是俄狄浦斯,也就是说,用负罪意识去反对悲剧意识,您把精神分析当作对衰败的世界进行政治分析的工具;虽然您没有明说,但您是在向最后一位伟大的马克思主义哲学家路易·阿尔都塞致敬,他曾经陷入忧郁。

德里达:对您提到的所有这些问题,我又不知道该选择哪个角度切入了。还是从您说的忧郁一词开始吧。您提到了阿尔都塞。实际上,《马克思的幽灵》或许也是一本关于政治的忧郁和忧郁的政治的书:哀悼的政治和工作,当我们所谓的"哀悼工作"成功或失败时,当它勉强成功或似乎不太可能成功时。可以说,很长一段时间以来,我自己也在做哀悼的工作,或者说,哀悼问题和"哀悼工作"的困局是我的工作内容,我研究精神分析话语在这个问题上拥有的资源和局限性,以及一般的工作和哀悼工作之间的某种共性。哀悼工作和其他的工作不太一样。

所有的工作都包含这种转变、这种适当的理想化、这种内在化，而这正是"哀悼"的特点。

在苏联式共产主义"受挫"和"马克思之死"后，我试图从当时的地缘政治局势中得出一些结论。但我认为，这种"忧郁"，这种无休止的、不可化约的"半失败"，这种标志着当时地缘政治无意识的结构性失败，不仅仅意味着某个共产主义模式的死亡。它对着政治的尸体哭泣，有时是不知不觉的，大部分时候又是痛哭流涕的。它哀悼的是政治概念的本质特征，甚至还有其现代性的具体特点（民族国家、主权、政党形式、最受认可的议会结构等）。

另一方面，还是接着您的话说，政治的忧郁和您所说的阿尔都塞的"忧郁"，这两个故事密不可分地交织在一起，但是我们无法用其中一个来解释另一个，也无法用其中一个替代另一个。正如您所说，在将近四十年的时间里，阿尔都塞和我一直很亲密。我们以某种方式联系在一起，我至今仍觉得这种方式很神秘，就像和其他伟大的朋友一样，包括那些最珍贵的朋友。这样的友情当然很忠诚，而且往往是深情的，甚至是温柔的，但有时候（在他那一边，我必须实话实说）也不乏攻击性。我们的关系是如此深厚，超越了政治关切和党派之争，或者说至少超越了现行政治法则所能破译的党派之争。因为我认为，从通用——或者"主导"——政治话语的角度来看，在其最隐秘、最难以辨认的方面，我们的联盟也是政治的。在他去世后发表的一些文章也证实了这一点。我之前并不知道他写过这些文章。这些文章里写的比我在这里即兴说的要清晰得多。后来我们做了同事[6]。我们以一种同样奇特的方式，像耐心和不耐心的路人，像不受欢迎的客人，像不安的幽灵，在同一条奇怪的"乌尔姆路"上生活了约二十年——还有他的学生以及他的老生常谈。（以后谁能不落俗套地、真实地把这座"房子"及其谱系的历史写下来呢？这几乎是不可能完成的任务，但为了了解 20 世纪法国知识分子的生活"逻辑"，我认为这是必不可少的。）更不用说在他生命最后那可怕的十年里，那种持续地把我们——阿尔都塞和我——联系在一起的力量。需要专门写几本书才能说清。不过我们还是回到您提到的问题上来吧。的确，我在《马克思的幽灵》里做了一件我以前一直认为不应该做的事。多年来，出于一些已经在本书中讲清的原因（尽管现在的情况已与过去不同），我既不能赞同阿尔都塞的行为（回归马克思），也不能站在反共产主义、反马克思主义甚至共产党的立场上谴责或批判它。

因此，在很长一段时间里，我一直保持沉默。那是一种自愿和主动的沉默，但面对周围发生的一切，这种沉默又让我感到有些痛苦。我和这场冒险处在同一个时代，我是它的见证者——不过有些人会错误地以为我只是一个"被动的"见证者，但我不会说《马克思的幽灵》是由这场风波的结局决定的，更不会说是由路易·阿尔都塞的死亡决定的。这些历史之间的联系，这些"历史的终结"之间的联系，我试图在《马克思的幽灵》的长篇注释中加以解释。这些注释也涉及解构、马克思主义和精神分析，以及主宰了整个20世纪50年代的"终结"主题（"哲学的终结""历史的终结"等），还有用精神分析方法来处理政治上的哀悼工作的尝试。

为什么选择哈姆雷特？首先，我关注的是《哈姆雷特》中一系列对幽灵和时代的影射：这是一个脱节的时代（The time is out of joint）。

卢迪内斯库：这是一个颠倒混乱的时代[7]。

德里达：就好像是在说不可能再思考，或者更确切地说，"设想"一种同时代性、共时性：时代是不连贯的。在同一个世界中同时存在着多个时代（"time"，此处也指历史、世界、社会、时代、时下的时间等）。在这本书中，这种不连贯性支配着许多事物，尤其是正义的概念。《马克思的幽灵》也许首先是一本关于正义的书，这是一种不能与和谐、匀称或秩序混为一谈的正义。在《法律的力量》[8]中，我强调正义不可简化为法律。因此，我建议要对海德格尔的正义概念进行解构。这个建议得到了广泛传播，尽管它并不是那么显眼。也就是说，要质疑海德格尔对正义的阐释，质疑把正义当作和谐的观点。

海德格尔的研究对我而言非常重要，因为他尝试——可以说他的尝试是正当的——在唯法律论（juridisme）和罗马法之内或之外思考公平。但我担心的是，他的阐释把这种对公平或者说正义（Dikè）的思考局限为对非正义（Adikia）的协调、连接或重连（der fugend-fügende Fug），而这种非正义本身是不连贯的、分离的、脱节的（aus den Fugen, Un-Fug）。海德格尔坚持认为，这样的重连意味着要从作为存在（als Anwesen）的生命角度思考正义，也就是如海德格尔所坚持的那样，从言说（logos/legein）、从集合（Versammlung）和协调的力量出发思考正义。然而，我认为在正义和正义体验的核心，存在某种无限的不连贯性，这要求我们尊重那种不可简约的分离：没有中断，没有脱离，没有与他者的无限相异性的错位关系，没有对永远处于脱节状态的事物的真切体验，也就没有正义。[9]

　　在这本书中，我对哈姆雷特这个人物形象以及他的"幽灵"经历感兴趣，也是因为其中体现的父子关系特权和性别差异的男性视角。分析这种强大的特权、这种权力本身的特权、这种将父亲的权威作为法律的特权，这是一个和性别差异有关的问题，通过在整本书中描述家庭场景、兄弟或儿子之间争夺父亲遗产的斗争（比如马克思和施蒂纳、黑格尔的"坏兄弟"或"坏儿子"[10]），所有这一切都传达着偶像崇拜和"偶像的性别"问题[11]。

《哈姆雷特》也是政治压抑的机器。幽灵性不仅支配着哀悼问题，还决定了技术、媒体和虚拟现实的问题，因此还有在精神分析和政治分析中考虑幽灵性的一般逻辑的问题。

如果不考虑这种幽灵般的虚拟性，我们就无法解释政治现实。我分析所有的鬼魂，尤其是马克思本人想要驱赶鬼魂的方式（既要追捕鬼魂，又要驱逐鬼魂），他提醒人们欧洲社会是多么地惧怕共产主义的幽灵。在和马克斯·施蒂纳[12]的辩论中，他再次描述了面对幽灵性的恐慌，他对意识形态的批判也是一种对还魂者的批判。

我不仅忠实于一个扭曲的遗产概念，也忠实于"马克思精神"之一，一种共产主义的所有受挫都无法抹杀的正义理念所激发的精神。这本书是在柏林墙倒塌后不久写成的，但我始终拒绝将纳粹的极权主义和苏联的对称（symétriser）起来……

只要我们考虑到一个不可否认的、显而易见的事实，这种比较就已经是不公平的了：对于共产主义思想，对于曾经指引且现在仍激励着无数共产主义者的正义理想，我们永远无法使其与纳粹的任何"正义""理想"平行、类比或等同甚至对立起来。无论我们是否尊重我在这里所说的"正义理想"，无论我们的尊重是出于道德还是政治考量，我们都绝对必须认识到这种"共产主义""理想"和纳粹运动之间的本质区别。一旦我们承担起这种绝对责任，即"正义"思想的责任，我们就可以考虑事情的复杂面，可以提出一切问题去思考"理念"和"理想"的意义和历史、作为理念历史的历史、历史的历史和共产主义的历史，以及其他类似的基本问题。那将是同一项绝对责任的另一阶段、另一方面。

卢迪内斯库：我完全同意您的观点。因此，对于那些声称要把这两种理念等同起来的历史学家，我们必须保持警惕。

德里达：对"共产主义"而言，过度"集中制"（totalitaire）的错误表现在计划——或"理想"——

198

的堕落，这确实很可怕。但计划的堕落并不是计划之中的，哪怕这个计划最初就有可能走上腐败堕落的道路。相反，纳粹的极权主义计划本身就是一种堕落、一种已经完成了的堕落。因此，无论我在这个问题上还有什么疑虑，我对共产主义"理念"的敬意是不会变的（我在《马克思的幽灵》中就表达了这一点，我认为必须对资本主义逻辑进行不懈的解构主义批评）。剩下的问题，即便是最激进、最令人担忧、最必要的问题，也与那些有关纳粹罪恶、"纳粹"之谜的问题完全不同。唉，不对称性并不在于事实与残酷的爆发之间，而在于别处，在于对即将到来的别处（暂且随您怎么称呼它，意识形态、理想、理念等）的解释之中。

曾经有一个时期，我对共产党持保留态度，就像我对一些试图与之决裂的人持保留态度一样。尽管如此，我仍然以我自己的（忧虑的、保守的）方式尊重——我敢说认同——这一理想，这也是我保持沉默的原因。

但如果想拯救大革命，就必须首先改变大革命的理念。由于种种原因，过时的、陈旧的、皱巴巴的、不切实际的是某种革命剧场，某种夺取政权的过程，我们通常将其与 1789 年、1848 年和 1917 年的革命联系在一起。我相信大革命，换句话说，我相信中断，相信在历史进程中的彻底断裂。另外，所有的道德责任，所有名副其实的决定，从本质上来说都是革命性的，都要打破占主导地位的规范体系，甚至与规范之理念本身决裂，与支配和计划一切决定的规范知识决裂。一切责任都是革命性的，因为责任就是要寻求超越不可能，以不可计划的事件打破事物的秩序。革命是不可计划的。在某种程度上，革命超越了一切可能的边界，一切可能性的边界——因此也超越了力量和权力的约束，并且它是唯一具备这种能力的事件。

卢迪内斯库：1793 年的革命者的命运耐人深思。在这个不可计划的时代里，他们仿佛逐渐意识到，他们无法阻止这台机器，恐怖终将落到自己头上。这些人是英雄，他们从弑君的那一刻起，就知道自己的命运将与被他们砍下头颅的君主一样。他们知道，为了建立一个没有那么多暴力的正义社会，他们用断头台实施这样的暴力死亡，而他们自身也会以这样的暴力死去。但与此同时，他们又被自己无法预知也一无所知的命运所确定。

这段史诗中最具代表性的画面是，当断头台在离议会咫尺之遥的地方全力运作时，制宪会议同时通过了最先进的为共和国奠基的法律。这段历史确有其逻辑，但这种逻辑是不可计算的，是关于革命计划的逻辑，例如，我们可以在贝特朗·巴雷尔（Bertrand Barrère）的这句名言中找到这种逻辑的痕迹——我在谈到疯人院的创立（共和国二年获月二十三日）时经常引用这句话："在疯人院的门上刻上说明文字，告诉大家它们马上就会消失，因为如果大革命结束了，而我们中间还有人在受难，那就说明我们的革命努力都白费了。"因此，这意味着人们在发明疯人院的时候，就已经考虑到疯人院的终结问题，而疯人院本身不过是其自身终结的预期计划而已。大革命的全部精神都包含在这些词句中。从这个意义上来说，与弗朗索瓦·傅勒所说的相反，恐怖并非已经被包含在 1789 年中，1793 年也并不是对十月革命（1917 年）的预言。关于这个问题，米什莱也有过十分精辟的论述[13]。

德里达：关于恐怖时代，我们可以（用另一种方式）重读莫里斯·布朗肖《火部》[14]中的《文学与死亡的权力》。这篇文章既有力又十分模棱两可。它写于1947年至1948年间，这个时间具有丰富的意义，距离维克多·雨果呼吁废除死刑已过去一个世纪，也是在这一年，新的《世界人权宣言》颁布并宣扬要保护人的生命权（不过没有明确批判死刑，以免侵犯各个国家的主权）。在我开设的关于死刑的研讨班上，我建议大家对这部著作进行双重解读，要尽可能细致和苛刻。我不能在这里一五一十地全部复述一遍，会花费数个小时的时间。总之，布朗肖的逻辑原则既属于康德传统，也属于黑格尔传统，他把法律的理念与死刑的必要性或可能性联系在一起，甚至与恐怖时代联系在一起（这和康德不同）[15]。在避免削弱这部作品鲜明独特性的前提下，我们还必须认识到它继承了萨德和马拉美的遗产，文学的问题在这一革命空间中展开。文学的本质、它的起源或它的可能性就是这种死亡的权利，因此才有了文学自身的革命运动，才有了文学行动——
"最后的行动"——和革命运动之间的相似性[16]。
不要忘了，所有这一切都传达着对萨德的无限赞美，
他是"杰出的作家"，是集"所有矛盾"于一身的
人，他比其他任何人都更"强烈"地感觉到"主权
在于死亡"，他的作品本身也"享有绝对的主权"。
布朗肖在这里提到了"残忍""疯癫"和"鲜血"[17]。
但我们也不要忘记，萨德是反对死刑的，这一点值
得我们进一步思考。这是拉康发现的，他在萨德的
某些只言片语中敏锐地察觉到他对某种基督教的反
对情绪[18]。

卢迪内斯库： 罗伯斯庇尔也反对死刑[19]。

德里达： 圣鞠斯特也是。布朗肖对大革命内部的这
种变化不感兴趣。在大革命之前，还有在制宪会议
开始时，罗伯斯庇尔也曾公开反对过死刑，可后来
他又投票赞成将国王处死。因此，恐怖时代的问题
比以往任何时候都更加开放。与罗伯斯庇尔不同的
是，康德批判贝卡利亚[20]，并无条件地支持死刑——

但所有与君主有关的情况除外。因此，我们可以看到康德和罗伯斯庇尔这两个人物之间出现了一种镜像的交互，他们的轨迹和逻辑几乎呈反向的对称关系（我在我的研讨班上研究过这个问题）。

在制宪会议开始时公开表示反对死刑之后，当要"按照规则"判处君主死刑并依法执行时（康德认为这是不可接受的，比暗杀君主更不合理），罗伯斯庇尔可以说又转变了态度。随之而来的不仅是恐怖时代和一辆辆囚车，而且1795年的制宪会议（10月26日，共和国四年雾月四日）将废除死刑的决定推迟到近两个世纪之后（！）："从宣布全面和平之日起，法兰西共和国将废除死刑。"

这又回到了残忍这个重要的问题上。在制宪会议开始时，人们以为支持废除死刑的人会获胜。他们在宪法委员会和刑事立法委员会中都占多数。制宪会议的成员们都对这个问题很熟悉，他们经常读贝卡利亚的书。罗伯斯庇尔就是其中之一，他是个能说会道的废除死刑主义者。他宣称，死刑本质上是不公正的，而且死刑引发的犯罪实际上要比其遏止的多得多。

可见他深受贝卡利亚的逻辑和观点的影响。对死刑的残忍的影射有时藏在字里行间。罗伯斯庇尔在提到误判——"刑法野蛮粗鲁的可悲证据"——之后补充道："小心不要把过度的严苛当成刑罚的高效……所有人都想要温和的法律，所有人都反对残忍的法律。"对他来说，死刑是最残忍的刑罚。"过度的严苛"是"残忍的"。残忍来自过度的严苛。残忍就等于过度的严苛。

但经过长时间的讨论后，制宪会议的会议记录中显示仍然保留死刑，而且"几乎一致决定"："在对主要问题投票表决后，议会几乎一致决定不废除死刑。"

后来，1791 年的刑法典把死刑的适用范围"限定"为 32 种情况，主要围绕两种犯罪类型：危害公共利益罪、危害个人人身和财产安全罪，相比以前的进步在于它禁止使用酷刑，并且把死刑限制为仅仅剥夺生命权（不再有残忍的酷刑！也就是说仅仅通过断头台执行死刑，这样的方式比较温和、平等，也比酷刑更民主）："所有被判处死刑的人都要被砍头。"

不要忘了，在"按照规则"处决国王后的第二天，孔多塞竟再一次提出要废除死刑，不过当然只是部分地废除，不涉及政治。他在国王被处死后便毫不迟疑地提出这样的建议，原因可能有两种，不过这两种可能并不矛盾。要么是因为精神上的痛苦甚至无意识的负罪感太过强烈，以至于孔多塞希望别人听到他的声音（我们可以联想原始部落中父亲被杀害后儿子和兄弟的反应），要么是因为这位君主的死亡意味着弑君已经基本完成了，从此以后就不需要死刑了。这是其中的深层逻辑。我们不禁深思，因为最早的人权宣言就是在大革命和紧随其后的恐怖时代里颁布的。康德也正是以法律和人权的名义赞颂了这场大革命，而人权的灵魂是"完整的"。

在国王被处决后的第二天，孔多塞谨慎地提议："废除私人犯罪领域的死刑，之后再考虑是否要保留针对危害国家罪的死刑。"这条提议与其他类似的提议一样，在1793年、1794年和1795年都遭到否决。巴黎革命法庭和巴黎以外的特别法庭共处决了一万七千多名死刑犯。康德说，还有一些不"按照规则"的、未经审判的处决，据说有三万五千到

206

四万人未经审判就被处死或谋杀。

因此，这是大革命中的大革命。维克多·雨果的例子也证明，需要仔细辨别所谓法国大革命的多层含义、多重时期[21]。雨果经常慷慨陈词地公开反对死刑，他的理由总是"不许杀人"或"人的生命不容侵犯"，他也以福音书反对教会，以大革命和大革命精神反对恐怖时代[22]。他不仅提议要为贝卡利亚竖立雕像（"为贝卡利亚塑雕像，就是废除断头台"[23]），还将大革命分为不同时期。他说，大革命是一次革命，但又不是一次革命。我们不能把它当作一个不可分割的整体。正是制宪会议开启了恐怖时代，建立了断头台，但也正是这个制宪会议宣布："从宣布全面和平之日起，法兰西共和国将废除死刑。"这是一句非同寻常的口号。这个日子到底在什么时候？正如我刚才所说，这一天过了几个世纪才到来。

目前，在后革命时代的欧洲，在这个革命者们梦想的欧洲，某种和平已经建立起来了。但这也证明，废除死刑与其说是出于纯粹的原则性原因（康德一直试图把争论引到原则性原因上来，并独自对抗所有支持或反对死刑的人，他们总是按照手段与目的的逻辑，援引有用或无用、安全或威慑力等理由），不如说是因为死刑"既没有用也没有必要"。

这是贝卡利亚的话和逻辑[24]，他以一种相当含糊甚至功利的方式反对死刑。他还认为死刑不够残忍，总之不如终身苦役残忍，因此威慑力也不如终身苦役。这种模棱两可的方式并没有消失，现在还有许多类似的观点，而支持废除死刑的纯粹原则性论述尚未形成（这正是我在研讨班上想做的事，因为我注意到一个非常重要的事实，那就是目前没有任何哲学话语本身在哲学体系内对死刑进行过批判）。

因此，要"解构"哲学中最霸权的东西，就必须"解构"死刑，"解构"与死刑相关的一切——从某种君权概念开始——及其整个框架（就像关于"动物"的话语一样）。因为在某种程度上，欧洲是在实现了一定的安全与和平之后才废除死刑的，据称是出于原则性原因。目前，任何一个国家如果不中止死刑，就无法加入欧共体。我想我们还得再谈谈美国[25]。我们需要研究这些交织的持续时间（既可以说很长，也可以说很短，取决于所选的尺度，但真的存在死亡的尺度吗？）。

卢迪内斯库：弗洛伊德对法国大革命没有丝毫同情，但他很欣赏克伦威尔，还在《图腾与禁忌》中宣称，任何社会的源头都存在一种谋杀，一种真实而必要的杀父行为，随后是接受惩罚，这种惩罚使父亲地位获得象征性的提升。另外，他还是个主张废除死刑者，并委托特奥多尔·赖克替他解释这一点。我发现，他不是以公民的身份，而是以精神分析的名义反对死刑，他关注死刑本身，而这正是您所说的哲学家们没有做的事。另外，在路易十六的审判中，"正义被中止了"。罗伯斯庇尔说，这并不是审判国王的问题，而是要处决国王 [26]。在我看来，弑君是废除死刑的必要条件。

德里达：有两种相互竞争的观点为这种弑君行为辩护。一种是将国王视为国家的敌人：要像在战争中杀死其他交战国的士兵一样，消灭这个外国人，"缩短"他的寿命。大革命就是一场保卫民族国家的战争。另一种观点认为，既然大革命正在进行或已经发生，那么路易·卡佩（即路易十六）就应像一名普通法国公民一样受到审判。作为国家的叛徒，这位公民就应该被处死。这两种逻辑并不相似，但这种模糊性无处不在，就像国内战争、民族战争和施米特所说的"党派战争"之间的分界线在本就含糊不清的战争概念下是"漏洞百出的"一样。这种"党派战争"的现代性很早就开始了。这种模糊性影响了所有支持废除死刑的观点，它们仅仅局限在国家刑法的范围内而并不去禁止"战争中"的合法杀人行为。总之，这里涉及的是一个类似于"公敌"的概念，卢梭在《社会契约论》中就是围绕"公敌"为死刑原则辩护的，尽管他在辩护时并非毫无保留、毫无良心上的不安。

我不知道是否应该处死国王。康德认为，没有什么比"按照规则"处决君主更糟糕、更有损君权根基的了。根据定义，君主本身在没有破坏国家原则和根基的情况下不能接受审判。康德列举了查理一世和路易十六的例子，甚至认为未经审判的暗杀和国王的逊位都比直接处死国王更合情合理。目前的情况已经发生了变化：审判国家元首或前元首，或将其传唤至国际法庭受审，在某种程度上（而且非常复杂）就意味着对主权原则本身提出疑问。

但可以肯定的是（我想这可能就是您在"必要的弑君概念"中强调的），无论弑君在这种逻辑中显得多么不合理，无论恐怖时代有多么难以接受，这些行为事实上（我强调这一事实的神秘性）都是为了取得更为关键的收获和毋庸置疑的"进步"而必须付出的代价：比如《人权宣言》的历史发展进程，与其相关的一切（生命权、危害人类罪、种族大屠杀等概念，国际刑事法庭的构想或雏形等）以及已融入现代司法政治体系的一系列革命性原则。

是的，我无条件支持废除死刑，这既是出于原则性原因（我坚持这一点：出于原则的原因，而不是出于我刚才提到的无用论或威慑力不足等原因），也是出于内心的原因（在我的研讨班上，我试图把"内心"的概念——如"同情"概念一样——同单纯的多愁善感和怜悯区分开来，并把它和"原则性原因"联系在一起。在此我就不详细讲了）。

但事实上，我还是要问，国王真的死了吗？这起杀人事件真的发生了吗？从康德提出的区分方式来看，这是一起谋杀，还是"按照规则"的审判和处决？事实上，如果说"按照规则"处决君主本身就是一个内在的矛盾，不仅不合理，而且不可能，那么问题就是开放的。当然，国王的一个身体被处死了，路易·卡佩的两个身体中的一个被处死了。但复辟真的彻底结束了吗？君主制度和君主的形象真的从法兰西共和国的历史中消失了吗？

民选的共和国总统拥有赦免权，代表着国家主权，因此也是另一种意义上的国王。甚至不必去想象爱丽舍宫*和当代君主制度，我们并不能确定国王已经死了。事实上，国王的某个身体[27]已经被处死了，但这并不意味着君主制度——民族国家团结统一必不可少的主权者——的幽灵也已经死去。关于这一点，我们需要再一次研究国王的两个身体理论和政治神学视角下的君权的民主传统。

卢迪内斯库：我提出弑君必要性的时候也强调过，

---

* 爱丽舍宫（Élysée），法国总统府邸。——编者注

问题在于必须先处死国王，才能废除死刑[28]。

德里达：那是两个世纪以后的事了，而且一部分压力来自国际社会。我们进入了一场关于死刑的复杂讨论。从法律上废除死刑（在过去的十多年里，除了美国、中国和不少阿拉伯国家之外，世界上大部分国家都废除了死刑）并不意味着命令式、组织化、制度化的杀戮行为就此消失了。更不用说"让其死亡"和"任其死亡"之间的分界线仍难以确定。因此，在废除死刑论的话语中——我在某种程度上支持这种话语——存在一些需要解构的逻辑不连贯之处。某种合法的杀戮行为是在一个主权国家内部——如今的法国或作为共同体的欧洲——被废除的，但在某些情况下，比如在战争中，人们会继续杀戮，继续把别人处死。我坚持认为，战争与一个非常模糊且越来越教条化的概念有关。没有任何一个支持废除死刑的国家曾规定消灭敌军士兵是违法的、不正当的或应受法律惩罚的。因"正当防卫"杀人也是如此。

卢迪内斯库：但我认为已经不可能再在欧洲恢复死刑了。

德里达：仍有可能，比如发生内战或接近内战的时候。内战从哪里开始？在哪里结束？如果我们认为国内有一些"公敌"，那为什么不能"不管三七二十一"把他们杀死呢？今天，警察出于正当防卫的目的可以杀死罪犯。如果他们能够证明自己是正当防卫，就可以免受法律惩处。因此，问题就在于国家主权和战争概念的限度。内战到底是什么？公敌又是什么？

卢迪内斯库：您在谈到卡尔·施米特时提到了这个问题[29]。

德里达：您刚才谈到了弑君的必要性，就好比例外是必要的。是的，我们可以暂且参考卡尔·施米特的观点（无论我们对他有什么看法，他的观点对于我们思考"政治"和"法律"问题总是有帮助的，我在《友爱的政治学》中解释过这一点）。他说，主权者是有能力决定例外的人。真正决定例外的人就是主权者。革命者们决定在那一刻必须中止正义，为了制定法律，为了使革命正义化，法治必须中止。施米特还给出了关于主权的定义：有权中止法律或法治。没有这类例外，我们也就无法理解主权。今天，主权问题是一个无处不在的大问题。无论是以其本身的名义还是以另一种名义，无论是就其本义还是引申义，这个概念广泛存在于我们的话语和公理中，它源于神学：真正的主权者是上帝。这种权威或权力的概念被转移到所谓的"神权"君主身上。然后，在民主制度下，主权被授予人民或国家，其神学属性跟国王和上帝的主权相同。今天，无论我们在哪里提到主权一词，无论其内部差异如何，这一遗产都是不可否认的。

如何对待这份遗产呢？我们又回到了最开始的遗产问题。我们必须解构主权的概念，永远不要忘记它来源于神学，不管它在哪里出现，都要时刻准备对其提出疑问。这就要求我们对国家和民族国家的逻辑进行坚定不移的批判。然而，在某些情况下，目前的国家形态还是可以抵御某些在我看来更具威胁性的力量的，正因如此，公民和继承者需承担重大的责任。我在这里所说的"责任"，是指为了对主权国家进行（他们常说的"理论和实践的"）解构，要能够根据实际情况的特殊性具体分析，来决定到底是要支持还是反对主权国家。这里不存在任何的相对主义，也不存在任何对"思考"和解构遗产的指令的放弃。这种困局实际上是决定和责任的必要条件——如果存在这样一个条件的话。

比如说，我想到了国际资本势力结成的松散但有组织的联盟，它以新自由主义或市场的名义[30]，通过"国家"（État）的形式占领了世界，这仍然是最具抵抗力的。至少目前如此。但是我们必须发明新的抵抗条件。我还是想说，我要根据不同的情况决定自己是反主权主义者还是主权主义者——我有权在这里做反主权主义者，而在那里做主权主义者。不要让我像按下一台原始机器的按钮那样草率地回答这个问题。在有些情况下，我会支持国家的逻辑，但我要在确定立场之前仔细研究每一种情况。我们还必须认识到，不做无条件的主权主义者，而是根据某些条件决定做主权主义者，这本身就是对主权原则的一种质疑。解构就从这里开始。它要求在无条件性（无权力的正义）和主权（权利、权力或力量）之间进行一种艰难的、几乎不可能的，却又必不可少的区分。解构属于无条件性一边，尽管这看起来是不可能的，而不属于主权一边，尽管这看起来是可能的。

卢迪内斯库："主权主义"（souverainisme）一词是最近才发明的，用来形容那些反对为了建立一个欧洲共同体——将逐渐被赋予主权的一切属性——而牺牲民族国家合法地位的人。可以说，在这种表面的"去主权化"背后，是一个主权转移的过程：从神权到君主制再到共和制。因此，我们一直在将主权传递给另一个系统，而后者反过来成为主权的代表[31]。

德里达：人们意识到主权问题具有决定性意义。不仅从政治或国际法以及国家间关系的角度来看是如此，这对主体的主权也至关重要。在我们刚才谈到的那些年里，我对乔治·巴塔耶提出的主权概念很感兴趣，他用一种与迷狂、笑声或流浪中的损耗体验有关的主权[32]来反对黑格尔式的支配。今天再用另一种方式重读巴塔耶的文章，我不禁想问，尽管巴塔耶强调支配和主权之间的区别，但主权一词是否仍然保持着一种模棱两可的政治神学传统，尤其是在巴塔耶的献祭逻辑中。以后我在使用这些词时会更加谨慎。

卢迪内斯库：再来看看民族概念的演变吧。在革命者口中，民族是一个充满希望的新理念，是对封建社会的颠覆，这激发了瓦尔密*的狂热，也引导着全体人民共同保卫自己的边界——不是为了抵御外国人，而是为了防止封建制度复辟。因此，民族的理想在一定程度上转变为基于排外和仇视外国人的民族主义。

德里达：我们如何在民族尊严（对此我并不反对）和民族主义（争取民族国家的生存甚至扩张的一种

---

* 瓦尔密（Valmy）战役是法国大革命战争中最重要的战役之一，被认为巩固了大革命的成果。——编者注

非常现代的斗争形式）之间找到正确的分界线呢？今天的民族主义仍然是一种国家民族主义，是一种狂热的愿望，也就是把民族变成主权国家的一种嫉妒和报复情绪。困难就来源于此。但我不能确定，在那种最真挚的民族意识和对某个民族、文化或语言群体最纯洁的归属感中，是否已经存在某种隐蔽的民族主义了？因此这是很难避免的。再说，我们应该避免吗？我在其他地方也谈到过 [33]，难道我们不应该将其置于另一种归属体验和另一种政治逻辑之中吗？

卢迪内斯库：《马克思的幽灵》这本书震撼人心的地方在于，在一个所有对革命的渴望、对革命理想的幻想都被视为可耻并受到压抑的时代，您重振了革命的希望。

德里达：这个希望略显黯淡……

卢迪内斯库：我不这么认为。《马克思的幽灵》是与《共产主义黑皮书》[34] 相对立的。后者把革命计划本身视为罪行加以谴责，把共产主义的整个历史——包括世界各地成千上万为这一理想而献身的战士的历史——简化为一次清算事件。因此，在世界上每一个国家，所有自称是共产主义者的人，所有在五十年前参加过共产党的人，都将因参与"犯罪"活动而被送上清算法庭。

把共产主义贬低为某些政体借真正的社会主义之势而犯下的罪行，这在我看来是非常可怕的。举个例子：我有个朋友是前东柏林大学的教授，他的父亲是与纳粹做斗争的共产主义英雄，在抵抗运动中为法国献出了生命，最近他被指控与旧制度勾结，因为他是一名亲苏分子的儿子。然而他本人也曾因为反对前东德政府而遭到迫害。这种情况是很常见的。这就是将共产主义与犯罪相提并论的后果。

当然，我还想说，理想或希望出现偏差是最糟糕的事。这无异于把想象处死。将来有一天，我们必须写下这段悲剧及其各种压抑的历史。至于纳粹，一切都已经说过了，最坏的情况已经存在了，就在于其计划本身。

德里达：我的书在这一点上也是反潮流的。当然，它始终依赖于意外，但同时也依赖于遗产和记忆。它依靠的是记忆和历史。至于您所说的犯罪，记忆和历史（历史学家的历史）永远不应该分开，尽管两者无法互相替代。如果可能的话，我们必须做出回应和说明，因此必须努力认识、分析、避免遗忘。

卢迪内斯库：问题不在于不要遗忘，而在于如何对这些事情进行明确而合乎逻辑的分析。我们刚才提到的把共产主义和纳粹主义混为一谈的做法会传达出一种阴险的论断，即法西斯主义和反法西斯主义也是对称的，种族主义和反种族主义（或者惯称的新反种族主义）也是对称的，两者同样狂热，且互相依存。弗朗索瓦·傅勒的《一种幻想的往事》[35]和保罗·约内（Paul Yonnet）的作品都反映了这种理论观点。1993年，约内借助反社群主义、极端反共产主义和批判多元文化主义的论调，毫不犹豫地指责 SOS 反种族主义协会* 的"新反种族主义"

---

* SOS 反种族主义协会（SOS-Racisme），1984 年创立的法国反种族主义非政府组织，在欧洲多个国家和地区设有分部。——译者注

试图取代"马克思主义神话和无产阶级世界语主义"[36]，目的是鼓吹"消灭法国身份的诉求"[37]。另外，在皮埃尔－安德烈·塔吉耶夫的作品[38]中，也可以找到类似观点的痕迹，他关于种族主义的著作也很有权威性。

今天，有一种新的说法正在流传：以共产主义的名义反对法西斯主义，或者在两次世界大战之间或1939年至1944年战争期间参加过共产党，就等同于法西斯分子。同样，反种族主义斗争活动及其不可避免的简单化倾向也和种族主义一样危险。我完全不这么认为，尽管我对我们已经谈到过的种种误区时刻保持警惕。

您提出了一项纲领，我想称之为意识唤醒纲领。您建议创立一个新的国际社会，与新世界的十大瘟疫（失业、排斥难民、经济战争、走私武器、基于地域和血缘的民族主义、幽灵国家的威力——黑手党和毒品）做斗争，您还提出要发布"世界恐怖状况宣言"，这和维维亚娜·福雷斯特的著作《经济的恐怖》[39]的书名不谋而合。

总之，当很多国家团结在新自由主义的旗帜下，当所有信仰共产主义社会理想的人被迫为之哀悼的时候，您提出了新的不同观点。

德里达：但我对您刚才使用的"纲领"一词还有些迟疑。"纲领"意味着对规范的掌握，意味着一种先在的权威，这种权威在掌握了规范之后能够支配决定和责任（提前或同时取消这些决定和责任）。我们需要纲领和纲领的连带影响，需要纲领性的经济和策略，但归根结底，我们要做的事是自发生成或展开的，因此不存在纲领的介入。

在我所说的新国际社会中，全体人类团结在一起探索全新的形式来对抗这些瘟疫。我个人也不知道该如何定义这些新形式，但绝对不是某个党派或党派国际的国家形式。我并不反对党派的存在，它们仍然是且在未来很长一段时间内都是必要的，但"党派"（Parti）不再是政治斗争的主要形式。因此，我所说的国际社会不是共产党或其他任何党派的国际社会。但我保留了这个词和开头的大写字母，为的是记住那种现在不再是，但将来会是重要标志的东西。

在当今世界的各种震荡中，我们可以找到这种情况的无数症状，不管是海湾战争、科索沃战争还是（比如）在法国和若泽·博韦的名字联系在一起的斗争。这些冲突意味着某种新的联盟形式、一种新的"实践"风格正在形成。我在想，除其他保留外，政治纲领这一设想是否仍在为过时的政治概念付出代价。

关于"纲领"的问题，我们在讨论事件、相异性和不可预见性等话题时已经涉及了。正在"解构"过程中的也许就是政治概念本身——从古希腊的起源到发展过程中的各种变化。我们所称的政治，其概念本身已不再像以往一样同地点、领土和国家等设定联系在一起。卡尔·施米特指出，政治不能简化为国家，尽管国家仍然是政治的一个重要形式和基本问题。有人依然认为政治就等于国家，它与不可替代的领土、与民族共同体密不可分。而这样的观点在今天越来越站不住脚，由于世界范围内科学技术和经济技术的变革，这种联系正在瓦解和分化。已经不可能像过去那样理解地点，尤其是政治地点、政治的地点以及政治发生的地点等问题了。

随着信息技术的发展，我们所处的空间不再是我们认为的那样。有时候，一个日本人和一个法国人之间的距离，比他们各自与同一栋楼或同一座村庄里邻居的距离还要近。只需要借助手机、互联网、某种强势语言或证券交易所的信息等。金融市场的变化速度则是以秒来计算的。这种普遍的分化把政治从领土和国家领域剥离出来。一种新的政治概念正在形成。因此，在说"政治纲领"之前，我们必须首先理解"政治"的真正含义。

我想再谈一下关于好客的问题。康德的世界主义理想（我对此深表敬意）仍然把公民视作"作为公民"的世界公民，即作为民族国家主体的公民。然而，在界定普遍好客的条件时[40]，他又强调不同国家的多样性无法用一个大同的国家来概括。这些国家及其公民应该制定好客的法则，他们必须确保这些规则被遵守，因此必须限制对外国公民的接待，比如允许作为访问者的短期停留，而非作为定居者的长期滞留。这种世界主义好客的概念尽管值得尊重，但仍有待改进，我认为它仍然与民族国家的公民身份联系在一起，而后者正处于分化、超越和变

革的过程中 [41]。

我设想的未来的民主——这似乎有点疯狂或荒谬——是一种不再与公民身份有本质联系的民主。在这里，我又回到了那种表面的自相矛盾上：我不反对公民身份，这是必要的，甚至还应为那些被剥夺了公民身份的人争取公民身份。但人类的权利也应该超越公民身份。这也是《人权宣言》的"精神"（超越人权和公民权的宣言），尽管这种"精神"在其源头仍然受到国家概念的阻碍。

卢迪内斯库：那应该怎么做呢？

德里达：这不是靠一个决定就能一蹴而就的。必须发展这个"新国际社会"，发展这种人类之间，乃至生者（包括"动物"！）之间、生者与死者之间、生者与未生者之间不可分割的承诺（在权利和义务的对称下，这种承诺不一定是相互的）。因此，这超越了民族国家边界和公民身份契约的限制，尽管这并不意味着边界和公民身份必须被抹除。

当然，我们需要身份，也需要公民身份，但有些时候，绝对命令超越了公民本身的责任。您可能会向我提出有关人道主义的问题。我尊重人道主义"精神"的逻辑。但是，当某些国家利用人道主义为自己的短期或长远利益服务，有时甚至赤裸裸地为市场服务时，我便对这种逻辑保持警惕。有时，这些"大国"打着拯救人民的幌子，实际上是为了建立或维护自己的经济或军事霸权。

因此，我们必须对人道主义幌子和那些把"人权"当作工具的可疑政策保持高度警惕。可是，我们怎么能反对人道主义理念本身，反对这种通过非政府组织为处于困境中的人们提供救助的方案呢？这种理念不是、不再是、从来不是（施米特也从另一个角度强调过这一点）传统意义上的"政治"理念。因此，我们必须根据每一种具体情况思考：谁以人道主义的名义做什么？某些强大的主权国家（一般而言都是美国）将自身利益强加于一些非政府或多政府组织，或者为了维护其民族国家和主权的利益而抵制国际法的逻辑——这种情况也经常发生，那么，这些主权国家和联合国之间的关系是什么？

卢迪内斯库：也就是说，您建议我们"根据具体情况"采取立场，而不是事先规定一个基本原则。

德里达：确实存在一个原则，但在执行过程中，我们必须考虑具体的场合与时机。在同一个原则下，我根据不同情况可以做出不同的决定。我在这个场合反对某种人道主义行动，在另一个场合可能又会支持这种行动。同样，这和相对主义或机会主义没有任何关系。

卢迪内斯库：正是根据这种方法，您将弗洛伊德的作品纳入了您的研究范围：即便一个主体已经被解构了，它的特殊性依然存在，并且可以抵御任何形式的先验建构[42]。

德里达：当然，特殊性具有抵抗力，它依然存在。有时，它甚至可以抵御自身对"主体性"（各种意义的主体性：作为与自身相同的物质的主体、无意识的主体、法律的主体、公民主体或权利主体等）的附庸。

卢迪内斯库：说到特殊性，您在南非问题上回到了马克思精神，并向一位杰出人物——纳尔逊·曼德拉致敬。他在监狱中度过了将近三十年，并以其突出的调解才能和从容态度震撼了世界。您这样描述他："令人敬佩的曼德拉……对曼德拉的敬佩，曼德拉的激情，这两个名词，一个是他在他人身上唤起的情感，另一个是他自身感受到的情感。它们有同一个起点，它们被反映在这个起点中。"[43] 另外，我刚才也说过，您在唤醒大革命精神的同时，将您的书献给了一位南非共产主义战士。

德里达：在我出版《马克思的幽灵》并题献给克里斯·哈尼的前几天，他被杀害了。他是南非非洲人国民大会[44] 的战士，也是南非共产党（SACP）的领导人之一[45]。

卢迪内斯库：在我看来，曼德拉是当今代表现代性的最伟大的人物之一。他继承了西方思想，并用这些思想去反抗压迫者。他首先在约翰内斯堡创办了第一家黑人律师事务所，后来成为非国大的主要领导人之一，又在监狱中度过了二十七个年头，并且没有因此精神失常 [46]。

德里达：他确实是个伟人。他付出了最为沉重的代价。我曾经参观过他被关押的牢房，那里的条件非常恶劣 [47]，而他从监狱里走出来的时候是那么的平静和从容，他甚至不顾战友的劝阻，和白人政府进行谈判。我无法在这里详细展开由图图大主教担任主席的真相与和解委员会[*]（我们在一次研讨课上专门研究过这个话题）的具体情况，但我想说的是，曼德拉不仅为非国大的流亡战士，也为涉嫌犯有严重罪行的白人争取大赦。他认为南非这个国家只有在这样的条件下才能生存下去。但是，如果说这个生存条件是必要的，他并不确定这是否足够。

从目前来看，曼德拉已成功将南非社会从迫在

---

* 真相与和解委员会（Commission Vérité et Réconciliation），南非为促进民族和解成立的政府组织，1995 年成立时的主席是 1984 年诺贝尔和平奖得主、南非圣公会大主教德斯蒙德·图图（Desmond Tutu，1931—2021）。——译者注

眉睫的灾难中拯救出来了，但我不得不略感悲哀地说，这个伟大的时刻、这个在诸多方面堪称楷模的人物已经成为过去。曼德拉已退出政治舞台，而南非正在经历严重的动荡。最严重的问题尚未解决。曼德拉做出的政治选择也许是无法避免的，即不触动所有制，让国家向世界市场开放。贫困、不安全、不平等、黑人和白人之间的隔阂（后者越来越倾向于离开南非）等都是令人不安的问题。

然而在世人眼中，曼德拉成就了一项伟大的事业，这项事业不仅发动了势不可当的力量，而且唤醒了人们的意识。通过这些抗争，我们更好地理解了问题和斗争的国际性。如果联合国没有将南非种族隔离制度定为"反人类罪"，就不可能在全世界动员如此多的人参与这项事业。这是一种真正的法律手段，它使世界上所有民主国家都能向南非白人政权施加压力——包括政治压力和经济制裁。再加上曼德拉支持者们的努力，种族隔离制度终于被废除了[48]。但所有在南非投资或向白人政府提供过武器的国家——包括法国——都受到了经济制裁。于是他们便认为民主化对市场更有利。

曼德拉充分利用了这种原则与利益的结合。他既坚持原则、善于思考，又有战略和战术才能。他能让白人政权自己的原则反过来反对他们自己。

卢迪内斯库： 但曼德拉是如何做到在监狱里待了二十七年却没有精神失常的呢？这是我最关注的问题之一。他是如何不让自己困在死气沉沉的监狱生活中的呢？

德里达： 这个问题也困扰着我。他是如何抵御这一切的呢？为了回答这样一个非同寻常的问题，我们可以沿着几条交叉的线索去寻找答案。曼德拉自己谈到过父母对他的影响：父亲的形象从幼年起就铭刻在他心中，就像一部温柔而坚定的法律，母亲的教育也给他留下了深刻的印象。当然，在我专门为他开设的几节研讨课上，我也关注了他在回忆录[49]中详细描述过的割礼场景。按照科萨族的传统，男孩只有在十六岁时完成这个仪式才算成为一个真正的男人。正是在这种心理幻想般的传统中，纳尔逊·曼德拉（他在回忆录中也提到是学校老师给他起了这个名字）找到了一种超然的力量。对他的个人情况进行研究是一个很广阔的课题。曼德拉的精神资本应该是在他出生时或童年时期开始建立起来的，而后又通过一次次磨炼不断地巩固，使他成为一名震惊世界的政治英雄，没有他，我们很难想象南非过去五十年的历史会是什么样的。但在讨论过这些之后，我们不能就此解释曼德拉的非凡体格，而必须深入分析完整的政治历史，无论是过去还是现在，它比这位伟人更加宏伟，比他的力量更加强大。

另外，曼德拉也详细讲述过这个话题：关于他幸福的童年、他的学习时光、他的律师生涯，以及他投入政治风暴参与斗争的经历，自 20 世纪初，甚至在种族隔离制度和国家种族主义正式建立之前，这些斗争就席卷了南非大地。在年轻时，曼德拉参加过一些有组织的反压迫抗议运动，共同参与这些运动的还有一些白人基督徒或犹太人，以及教会人士。在这个时期，曼德拉还没有在法庭上为自己辩护 [50]，他的生命和权威也并没有受到威胁。但在被判处长期监禁以后，他的处境就变得异常艰难。

同样，在这个问题上，我们必须考虑到历时性：监禁生活当然是严酷的，有时甚至是非人道的，但他仍可以和外界取得一些联系，并且监狱的条件也在随着时间不断变化，尤其是在最后阶段。

1990 年，在他获释前不久，首次谈判已初具雏形，监禁的条件也有所改善。与外界的联系支撑他度过了那段漫长的囚禁时光，而他从国外获得的影像资料则帮助他继续战斗。尽管如此，我们仍然为他伟岸的身姿和非凡的气度所震撼。他是一个身材高大、笑容可掬、充满魅力的人。

我在曼德拉的家中见过他，他亲口向我讲述了这一切。他经历了异常艰苦的时期，但与此同时，他和十来个政治犯一起建立了一所"监狱大学"，他们一起组织课程，互相讲授知识。

两年前我见到他时，他已经八十多岁了。那时他刚刚再婚，看上去就像一个即将步入新生活的年轻人一样幸福。就在接待我之前，他刚刚和阿拉法特*进行了三四个小时的会面（直升机、警察、保镖、

---

* 亚西尔·阿拉法特（Yasser Arafat, 1929—2004），巴勒斯坦解放运动领袖，1994 年诺贝尔和平奖得主。——编者注

盛大仪式等）。他看起来神清气爽、精神饱满，仿佛新的一天刚刚开始。他什么都愿意谈，谈监狱生活，也谈法国，还开玩笑似的抱怨说他再也不能独自决定去哪里旅行了（"再也没有行动自由了，如同回到了监狱里，他就是我的看守"，他指着自己最重要的合作者说）。他也问了我达妮埃尔·密特朗 * 的消息。他还问："萨特还活着吗？"

卢迪内斯库：在结束本章之前，我希望我们再回忆一下路易·阿尔都塞。和您一样，我也非常喜欢他。就像我说的那样，写那本关于泰鲁瓦涅·德·梅里古的书，实际上也是我讲述阿尔都塞的一种方式。他是研究马克思著作的最后一位伟大读者，他唤醒了某种重塑的大革命精神。精神失常后，随着共产主义的受挫，他陷入了忧郁。他对我的人生道路产生了深远的影响，他死后出版的作品——尤其是他的自传和书信 [51]——使我们得以从全新的角度了解

---

* 达妮埃尔·密特朗（Danielle Mitterrand，1924—2011），法国前总统弗朗索瓦·密特朗的妻子，社会活动家、人道主义倡导者。1992年7月，她在伊拉克北部遭遇汽车炸弹袭击。——译者注

他的一生：像雨果一样，他预见到了欧洲历史中的"黄昏时刻"那令人不安的平静。您没有像评论拉康、福柯和列维 - 斯特劳斯那样评论阿尔都塞的作品，但我能感觉到，在《马克思的幽灵》中，每一页都有他的身影。

德里达：事实上，《马克思的幽灵》可以看作对路易·阿尔都塞的一种致敬。这虽然是一种间接的致敬，但其中充满了友情、怀念和略微的忧郁。这个问题还有待研究。我写这本书是在 1993 年，也就是阿尔都塞去世三年之后[52]——当然，这本书可以作为我写给他的话，作为"复活"我在他身边与他共同经历的一切的一种方式。他既亲切又遥远，既是盟友又是疏离者。但谁又不是呢？您让我谈论一个曾在我生命中占据如此重要地位的人。客观来说，我是在 1952 年进入巴黎高师的时候认识他的[53]，他是"凯门"*，并不负责教书。他经常生病，我当时并不知道是什么原因。总之，他很痛苦，有一次

---

* 凯门（caïman），巴黎高师行话，指通过了教师资格会考、负责辅导学生准备会考的教师。——译者注

他告诉我是因为肾脏出了问题。他对我很友好，也在工作中给予了我很多帮助。我当时完全不知道发生了什么事。

卢迪内斯库： 您什么都没有察觉到吗？

德里达： 在那些年里，我一无所知。后来，我开始在索邦大学任教，也就是 1960 年至 1964 年间，阿尔都塞邀请我回巴黎高师讲课——当时我还没有成为"凯门"。就是在那个时候，他跟我聊起了"抑郁"，我才终于明白他不在学校的日子是去了精神病院。从那时起，我们就经常见面。他的哲学见解给了我极大的鼓励。我把我的第一部作品《胡塞尔〈几何学的起源〉引论》手稿寄给他后，他给我回了一封特别的信。他不是研究胡塞尔的专家，但与他周围的马克思主义者一样，或者说与他高师的同学陈德滔* 一样，他（战略性地）察觉到胡塞尔的超验唯心主义——尤其是在其遗传学和认识论维度上——和

---

* 陈德滔（Trần Đức Thảo，1917—1993），越南哲学家，其著作结合了现象学和马克思主义。——译者注

某种新的马克思主义问题之间可能建立一种联盟。其实我也有类似的想法，只不过是另一种思路。他和让·伊波利特[54]共同邀请我来到巴黎高师，他不在的时候，我就代他上课（1964 年）。就这样，我们的职业伙伴关系持续了二十多年。

我们之间的友情非常深厚，其间也经历过各种艰难的时刻，尤其是在他住院的时候。我经常去巴黎郊区的各家精神病院看望他。我们很少深入讨论哲学问题，但我出席过他举办的一些研讨会，这些研讨会后来促成了《读〈资本论〉》[55]的诞生。我们教同样的学生。1968 年至 1969 年，我们邀请了贝尔纳尔·波特拉（Bernard Pautrat），他是我们以前的学生，也是我们共同的朋友。我们三人每周二在同一间教室见面，一起听"教师资格培训班"的课程。路易在"抑郁"时一般比在"狂躁"时更容易接近、更亲切。1980 年 11 月的悲剧[56]发生后，很长一段时间里，我是唯一获准探视他的人。

卢迪内斯库：我认识他是在 1972 年，我经常见到他。他非常鼓励我写作，尽管他不太认同我对您作

品的批评 [57]。他对实质内容持不同意见。我们经常讨论精神分析问题，他让我阅读和修改他写的文章，因为他说他对弗洛伊德和拉康的著作了解得不够深入。然而，由于他承受的痛苦和过人的智慧，他总能在这些文章中发现新的东西 [58]。我一直觉得他既不能哀悼共产主义，也不能哀悼共产主义的受挫。当共产党在社会民主的政治路线（也许是不可避免的）和宗派主义的撤退之间摇摆不定时，他想要不惜一切代价恢复马克思主义的理论活力，这中间有某种神秘的意味。

德里达：1968 年 5 月，他的身体状况变得很差。他不得不调整与他以前的学生的关系，因为这几个学生正在走向极端，并且试图把他也拉到无产阶级左派的阵营中。其中最活跃的要数贝尼·列维（Benny Lévy）和罗贝尔·林哈特（Robert Linhart）。他为此很苦恼，于是在那个时候离开了巴黎高师。他去世前，我在美国接受了一次关于他的访谈，访谈内容发表在美国一本叫《阿尔都塞的遗产》的书中 [59]。这是我唯一一次详细谈及我与他的关系。当然，尽管谈得很详细，但仍然余兴未尽。这本书从来没有在法国出版过。

卢迪内斯库：他的哲学观念与您的不同，但你们对精神分析的看法是一致的。另外，你们还有一个共同点：都热衷于教学——您称之为"学校病"，都关注语言、评论和无意识。

德里达：当我们谈论哲学问题时，他并不以马克思主义者自居，也没有试图跟我探讨这个话题。我们谈论的都是他向我询问时认为我比他更熟悉，而且比一般人认为的更让他着迷的作品，比如海德格尔、阿尔托和尼采的文章。他去世后，我读了一些他的著作，更好地理解了——有时是发现了——他对我的看法、他如何看待我的道路，以及他如何理解我的作品（尤其是关于偶然性、事件、某种非马克思主义的唯物主义传统的问题，以及德谟克利特、卢克莱修等）。

是的，已经太晚了，经常是在他死后我才意识到，他对于我的道路最关注的是什么，而他并没有直接和我谈论过这些。他总是回避这样的话题，我们很亲近，但我们经常讨论的却是重大哲学和政治问题以外的东西。我们的关系中有某种虚幻的东西，我们很少有计划地进行辩论。他的作品中就可以找到相关的蛛丝马迹。他多次在写作中暗示我们的友谊和那些把我们紧紧联系在一起的东西，有些内容甚至我自己都无法相信。

卢迪内斯库：在他的信件里，尤其是在他写给弗兰卡·马多尼亚（Franca Madonia）的信 [60] 中，他经常提到您。他把您看成"自己人"，不过还是有一些距离，因为您不是共产主义者，但他在您身上感受到了某种兄弟情谊。

注释

[1] 伊丽莎白·卢迪内斯库，《泰鲁瓦涅·德·梅里古：大革命时期的一个忧郁女性》（Élisabeth Roud-inesco, *Théroigne de Méricourt. Une femme mélan-colique sous la Révolution*, Paris, Seuil, 1989）。

[2] 参见伊丽莎白·卢迪内斯库《谱系》。

[3] 该书的副标题是："债务国家、哀悼活动和新国际"。书中写道："但是，人们也许永远不应该用一种象征的逻辑、一种旗帜或殉难的修辞来谈论对一位要人的暗杀，哪怕是一位可作榜样的名人。一个人的生命，就像他的死亡一样都是唯一的，永远不只是一个范例、一个象征。而这恰恰就是一个永远要命名的东西……我想起正是一位共产党人本身，一位作为共产主义者的共产党人在几天以前，即 4 月 10 日，惨遭杀害。他就是克里斯·哈尼（Chris Hani）。凶手是波兰移民。杀人凶手宣称，他们攻击的是一个共产党人。"

[4] 卡尔·马克思、弗里德里希·恩格斯，《共产党宣言》（Karl Marx et Friedrich Engels, *Manifeste du parti communiste* [1848], Paris, Éditions sociales, 1969）："一个幽灵，共产主义的幽灵，在欧洲

游荡。为了对这个幽灵进行神圣的围剿，旧欧洲的一切势力，教皇和沙皇、梅特涅和基佐、法国的激进派和德国的警察，都联合起来了。"

[5] 雅克·德里达，《平行侧道》（Jacques Derrida, *La contre-allée*, avec la collaboration de Catherine Malabou, Paris, La Quinzaine littéraire/Louis Vuitton, 1999, p. 63 ）。

[6] 在乌尔姆路的巴黎高等师范学院。

[7] 这句台词出现在哈姆雷特和幽灵的对话中。父亲的身影出现在埃尔西诺城堡围墙上，他对王子说："替我报仇。"哈姆雷特自认倒霉要肩负起重整世界的责任："我以满怀的热情，信赖着你们两位，要是在哈姆雷特微弱的能力以内，能够有可以向你们表示他的友情之处，上帝在上，我一定不会有负你们。让我们一同进去，请你们记着无论在什么时候都要守口如瓶。这是一个颠倒混乱的时代，唉，倒霉的我却要负起重整乾坤的责任！"威廉·莎士比亚，《哈姆雷特》（第一幕，第五场）。"脱节"（Out of joint）可译为：一、这是一个乱了套的时代；二、这是一个颠倒的世界；三、这是一个令人沮丧、萎靡不振的时代；四、这是一个声名狼藉的年代。参见《马克思的幽灵》。

[8]　雅克·德里达，《法律的力量》（Jacques Derrida, *Force de loi*, Paris, Galilée, 1994）。

[9]　参见《马克思的指令》（« Injonctions de Marx »），《马克思的幽灵》（p. 55-56）："超越于正义尤其超越于唯法律论之外，超越于道德尤其超越于道德学之外，与他人相关的正义难道不会相反地在存在或时代本身中假设某个裂隙或不合年代、某种'Un-Fuge'或某种'脱节'脱位的不可简约的过剩吗？这种裂隙总是甘冒罪恶、剥夺和非正义的危险，来反对此不可计算的保证，它难道只能维持正义或匡扶正义，使他人成为他者吗？维护并不只是行动吗？匡扶并不只是恢复重建吗？……在此……必定会展示出解构活动与正义之可能性的关系……这就是解构活动总是开始就采取思考礼赠和不可解构的正义之形态的地方，那固然是任何解构行为不可解构的前提条件，但这个条件本身就在解构活动之中，且仍然在也必须继续在（这就是指令）脱节的裂隙中。"——德里达注

[10]　*Ibid.*, p. 197 *sq*.

[11]　*Ibid.*, p. 265. 作为一个例子。

[12]　马克斯·施蒂纳（Max Stirner, 1806—1856）：

德国哲学家，属于黑格尔左派，著有《唯一者及其所有物》（*L'unique et sa propriété* [1844], Lausanne, L'Âge d'homme, 1972），马克思在《德意志意识形态》中猛烈批评了这本书（*L'idéologie allemande* [1845], Paris, Gallimard, Bibliothèque de la Pléiade, 1982, *Œuvres complètes*, vol. III, p. 1037-1325）。

[13] 弗朗索瓦·傅勒，《法国大革命之思》（François Furet, *Penser la Révolution française*, Paris, Gallimard, 1978）。儒勒·米什莱，《法国大革命史》（Jules Michelet, *Histoire de la Révolution française*, Paris, Gallimard, Bibliothèque de La Pléiade, 1952, 2 volumes）。

[14] 莫里斯·布朗肖，《火部》（Maurice Blanchot, *La part du feu*, Paris, Gallimard, 1949）。

[15] "这就是恐怖的含义。可以说，每个公民都有死亡的权利：死亡不是对他的宣判，而是其权利的本质；他并不是因为有罪而被处死，而是他需要死亡来证明自己是公民，正是在死亡的消逝中，他才获得了自由的生命。因此，法国大革命比其他任何革命都具有更鲜明的意义。在恐怖时代，死亡不仅是对叛乱者的惩罚，也是所有人无法逃

避的、可谓心甘情愿的结局，就像是自由人的自由之作。当断头刀落在圣鞠斯特和罗伯斯庇尔头上时，可以说没有任何人受伤。罗伯斯庇尔的美德，圣鞠斯特的冷酷，不过是他们已被消灭的存在，是他们死亡的预言，是他们决定让自由在自己身上实现，并以自由的普遍性否认他们生命的现实。也许是他们制造了恐怖，但他们代表的恐怖并非来自他们造成的死亡，而是来自他们自己的死亡。"（*Ibid.*, p. 322-323.）——德里达注

[16] "确实是神奇的时刻：他们讲述寓言，而他们把寓言变为行动。是他们在诱惑作家，没有比这更合理的了。革命行动在各方面都与文学所代表的行动很相似：都是从无到有，都把绝对确认为事件、把事件确认为绝对……作家在革命中认出了自己。革命吸引着作家，因为它是文学变成历史的时代。它是文学的真相。任何一个作家，如果他在写作中没有想到：我就是革命，只有自由才能让我写作，那么他实际上就不在写作……文学在革命中审视自己、为自己辩护，如果它被称为恐怖，那是因为它把这个历史时刻——'生命承载着死亡，并维持在死亡中'——作为理想，以便从中获得话语的可能性和真相。"（*Ibid.*, p.

246

322-324.）在这种黑格尔－马拉美式的语言中，布朗肖描述了一种诱惑，所以我在这里强调了"诱惑"一词。布朗肖在这里谈论的是他在上一页中所称的"另一种诱惑"。为了正确地理解这篇文章的模糊性，我们必须考虑这些"诱惑"——布朗肖的诱惑及其所分析的诱惑——的地位和命运。关于这一点，我会另外进行讨论。——德里达注

[17] *Ibid.*, p. 324.

[18] "……萨德没有为了找到自己的同类而去尽可能接近自己的邪恶。这是他与许多人，尤其是弗洛伊德的共同特点。这也是人们——有些很有远见——在基督教戒律面前退避三舍的唯一原因。在萨德身上，我们从他对死刑的批判中看到了关于此的检验，我们认为这至关重要。死刑的历史——或者逻辑——足以证明死刑是'仁爱'的相关项之一。"雅克·拉康，《康德同萨德》（« Kant avec Sade »），《文选》（p. 789）。

[19] 参见本书第八章《死刑》。

[20] 切萨雷·贝卡利亚（Cesare Beccaria, 1738—1794）：意大利哲学家和经济学家，著有《论犯罪与刑罚》（*Des délits et des peines*, Paris,

GF-Flammarion, 1991）。他是欧洲刑法改革的
鼻祖。

[21]　1848 年，维克多·雨果在一次议会辩论中谈到
政治问题里的死刑时说："废除死刑必须简单、
纯粹和明确。"

[22]　参见雨果的《论死刑》（*Écrits sur la peine de
mort*, Arles, Actes Sud, 1979-1992, pp. 13, 99,
247）。

[23]　*Ibid.*, p. 219.

[24]　切萨雷·贝卡利亚，《关于死刑》（« De la
peine de mort »），《论犯罪与刑罚》第 28 章（p.
126）："但如果我证明这种刑罚既没有用也没
有必要，我就赢得了人类事业的胜利。"罗贝尔·巴
丹特尔（Robert Badinter）为这本书写了一篇精
彩的序言，并将这句话放在了他的新作《废除》
（*L'abolition*, Paris, Fayard, 2000）的开头。——
德里达注

[25]　参见本书第八章《死刑》。

[26]　西格蒙德·弗洛伊德，《图腾与禁忌：野蛮人和
神经症患者生活的若干联系》（Sigmund Freud,
*Totem et tabou. Quelques concordances entre la
vie des sauvages et celle des névrosés* (1913), Pa-

ris, Gallimard, 1993）。特奥多尔·赖克，《承认的需要》（Theodor Reik, *Le besoin d'avouer* [Vienne, 1926-1928, New York, 1958], Paris, Payot, 1973）。"弗洛伊德说，如果人类继续否认死刑具有法律认可的谋杀性质，那是因为人类一直以来都拒绝正视现实，拒绝承认无意识情感生活的存在。因此，我对死刑的态度并不是出于人道主义，而是为了承认'你不应该杀人'这一普遍禁令在心理上的必要性。无论是个人的犯罪还是国家的报复，我坚决反对任何形式的谋杀。"另见伊丽莎白·卢迪内斯库《弗洛伊德和弑君：反思的要素》，《国际日耳曼杂志》（Élisabeth Roudinesco, « Freud et le régicide. Éléments d'une réflexion », *Revue germanique internationale*, 14, 2000, p. 113-126）；以及特奥多尔·赖克的《吃惊的心理学家》再版序言（préface à la réédition de Theodor Reik, *Le psychologue surpris*, Paris, Denoël, 2001）。

[27] 恩斯特·康托洛维茨，《国王的两个身体：中世纪政治神学研究》（Ernst Kantorowicz, *Les deux corps du roi. Essai sur la théologie politique au Moyen Âge* [1957], Paris, Gallimard, 1989）。在这

种封建王权观念下，国王有两个身体，一个是受情感和死亡支配的自然身体，另一个是政治身体。这个身体的四肢是王国的臣民，他们隶属于以国王为首的政治身体。国王的政治身体是不会死亡的，君主死后，这个身体仍然存在。

[28]　法国于 1981 年 9 月 30 日正式废除死刑，罗贝尔·巴丹特尔为此做出了不懈的努力。他是一名律师，在弗朗索瓦·密特朗担任总统期间被任命为司法部长。参见罗贝尔·巴丹特尔《废除》。

[29]　雅克·德里达，《友爱的政治学》。

[30]　"您所谓的'全球化'是一种为特定政治利益服务的非政治化策略"，雅克·德里达，《友爱的政治学》（p. 182）。这句话是德里达对施米特观点的"修辞佯攻"和重组（p. 181 *sq.*）。

[31]　法国法学家和历史学家让·博丹（Jean Bodin，1530—1596）是首个提出主权是"共和制存在的基础"的人。作为君主制的拥护者，他借鉴柏拉图哲学主张宗教和政治之间的分离，以使共和思想世俗化。参见"法语哲学作品集"中的《国家六论》（ *Les six livres de la République* [1576], t. 1, Paris, Fayard, « Corpus des œuvres de philosophie en langue française », 1986）。

[32] 关于主权的讨论主要集中在乔治·巴塔耶的《内在体验》（*L'expérience intérieure*）和《关于非知的讲座》（*Conférences sur le non-savoir*）。我在《书写与差异》的《从有限经济学到一般经济学：一种无保留的黑格尔主义》（« De l'économie restreinte à l'économie générale, Un hegelianisme sans réserve »）一章中对此进行了分析，尤其是在"意义的时代：支配和主权"这一段中。"主权既高于支配又低于支配，它完全是另一种东西。巴塔耶使它的运作从辩证法中脱离出来。他使之避开意义与认知的视界，以至于尽管它与支配的某些特征相似，它却不再是现象学链条中的一个构形了。"这一运动变得越来越复杂。后文还有："主权在替代支配的同时，并未逃脱辩证法……它不但没有取消辩证综合，还将它记录下来，并使其在意义的牺牲中运作。如果赌注游戏不是作为一种机遇或偶然，只是作为否定劳动而被投注的话，死亡冒险就是不足够的。主权因此就还得牺牲支配，即对死亡意义的那种表述。" ——德里达注

[33] 参见《另一个海角》和《他者的单语主义》。

[34] 斯特凡·库尔图瓦、尼古拉·韦尔特、让－路

易·帕内、安杰伊·帕茨科夫斯基、卡雷尔·巴托塞克、让-路易·马戈林,《共产主义黑皮书:犯罪、恐怖、镇压》(Stéphane Courtois, Nicolas Werth, Jean-Louis Panné, Andrzej Paczkowski, Karel Bartosek, Jean-Louis Margolin, *Le Livre noir du communisme. Crimes, terreur, répression*, Paris, Robert Laffont, 1997)。在斯特凡·库尔图瓦写的序言中,把共产主义视为犯罪的观点表现得最为明显,而该书的其他作者并不完全同意这种观点。

[35]　弗朗索瓦·傅勒,《一种幻想的往事:论20世纪的共产主义观念》(François Furet, *Le passé d'une illusion. Essai sur l'idée communiste au XXe siècle*, Paris, Robert Laffont/Calmann-Lévy, [1995])。

[36]　保罗·约内,《论民族联系的危机》(Paul Yonnet, « Sur la crise du lien national », *Le Débat*, 75, mai-août, 1993, p. 138)。

[37]　保罗·约内,《前往法国危机的中心》(Paul Yonnet, *Voyage au centre du malaise français*, Paris, Gallimard, 1993, p. 15)。罗朗·若弗兰(Laurent Joffrin)于1993年1月14日在《新观察家》

上发表了《当知识分子支持勒庞》（« Quand l'intelligentsia soutient Le Pen »）一文，对这本书的观点进行了批评。

[38] 皮埃尔－安德烈·塔吉耶夫，《未来的消失》（Pierre-André Taguieff, *L'effacement de l'avenir*, Paris, Galilée, 2000）。

[39] 维维亚娜·福雷斯特，《经济的恐怖》（Viviane Forrester, *L'horreur économique*, Paris, Fayard, 1998）。该书名取自阿蒂尔·兰波的一首诗。

[40] 康德，《论永久和平》（Kant, *Vers la paix perpétuelle*, Paris, Flammarion, 1991）。"世界主义法律应局限在普遍好客的条件内。"——德里达注

[41] 参见雅克·德里达《所有国家的世界主义，还需努力！》。

[42] 参见本书第九章《精神分析赞歌》。

[43] 雅克·德里达，《种族主义的最后一句话》和《赞美纳尔逊·曼德拉或反思的规则》，《心灵》。

[44] 简称"非国大"（ANC），成立于 1912 年。

[45] 克里斯·哈尼于 1993 年 4 月 10 日被一名极右组织的南非白人杀害。凶手是单独行动的，目的是阻碍非国大和政府之间的谈判，因为这场谈判将促成首次"多种族"选举，且非国大将获得胜利。

一位南非白人妇女揭发了杀人犯。

[46] 纳尔逊·曼德拉被关押在罗本岛期间秘密撰写了回忆录，参见《漫漫自由路》（*Un long chemin vers la liberté*, Paris, Fayard, 1998）："我承认我有点亲英。当我思考西方民主制度和自由时，我就会想起英国的议会制度。"

[47] "监狱不仅偷走了您的自由，还试图剥夺您的身份。每个人都穿着相同的制服，吃着相同的食物，按照相同的作息时间生活。那是一种纯粹的专制，不容许任何独立、任何个性。"（*Ibid.*, p. 346.）

[48] 于 1991 年 6 月。

[49] 曼德拉讲述了父亲在他九岁时突然去世的情景："我记得我并没有感到极大的悲痛，只是觉得自己被抛弃了。如果说母亲是我生活的中心，那么我是通过父亲来定义自己的。他的死改变了我的一生，我当时深信不疑……我和母亲从不多说话，但我们不需要说太多。我从未怀疑过她对我的爱和支持。"（p. 22-23）曼德拉的父亲是泰姆布部落一位富有的贵族，后来失去了财产和头衔，又在一次争端中被剥夺了部分收入。他与三位妻子共育有十三个孩子。纳尔逊是其第三任妻

子诺塞凯尼的大儿子，诺塞凯尼出生于阿马穆俳夫家族。曼德拉父母所属的科萨族实行一夫多妻制，沿袭着割礼的传统，每个妻子都拥有一座农场（kraal），因此不必居住在一起。

[50] 1956 年，曼德拉与其他二十九名活动分子被指控犯有叛国罪。在 1961 年开庭审判过程中，曼德拉决定为自己辩护，最终被判无罪。随后他转入了地下活动，后来再一次被捕，于是在狱中度过了二十七年（1964—1990）。

[51] 路易·阿尔都塞，《保卫马克思》；《来日方长》（*L'avenir dure longtemps*, suivi de *Les faits*, Paris, Stock/IMEC, 1992）；《致弗兰卡》（*Lettres à Franca* [1961-1973], Paris, Stock/IMEC, 1998）。

[52] 路易·阿尔都塞死于 1990 年 10 月 22 日。

[53] 路易·阿尔都塞是巴黎高等师范学院的"凯门"和教授，教过几代学生哲学。参见扬·穆利耶 – 布坦的《路易·阿尔都塞传》（Yann Moulier-Boutang, *Louis Althusser, une biographie*, Paris, Grasset 1992）。关于阿尔都塞在巴黎高师任教的情况以及他与拉康和精神分析的关系，参见伊丽莎白·卢迪内斯库的《拉康传》。

[54] 让·伊波利特（Jean Hyppolite, 1907—1968）

是黑格尔的《精神现象学》的法语译者（1939—1941），他在法国哲学教学领域发挥了重要作用，曾任巴黎高等师范学院校长和法兰西学院教授，也是拉康的对话者。参见雅克·德里达《标点：观点的时间》（Jacques Derrida, « Ponctuations: le temps de la thèse »），《哲学的权利》（p. 439-459）。

[55] 路易·阿尔都塞、艾蒂安·巴利巴尔、罗杰·埃斯塔布雷、皮埃尔·马舍雷、雅克·朗西埃，《读〈资本论〉》（*Lire le Capital*, en collaboration avec Étienne Balibar, Roger Establet, Pierre Macherey, Jacques Rancière [1965], Paris, PUF, collection « Quadrige », 1996）。

[56] 1980年11月16日，路易·阿尔都塞告诉他的医生他掐死了自己的妻子埃莱娜·里特曼（Hélène Rytmann）。根据当时刑法的第64条，他被判无罪。参见路易·阿尔都塞《来日方长》。

[57] 参见本书第一章《选择你的遗产》。

[58] 路易·阿尔都塞，《精神分析论文集》（Louis Althusser, *Écrits sur la psychanalyse*, Paris, Stock/IMEC, 1993）。关于路易·阿尔都塞在法国精神分析领域的地位，参见伊丽莎白·卢迪内斯库《法

256

国精神分析史》第二卷和《拉康传》。

[59] 雅克·德里达，《政治和友谊：对话雅克·德里达》，收录于《阿尔都塞的遗产》（Jacques Derrida, « Politics and Friendship. An Interview with Jacques Derrida », in *The Althusserian Legacy*, édité par Ann Kaplan et Michael Sprinker, Londres, Verso, 1993）。

[60] 路易·阿尔都塞，《致弗兰卡》。

反犹主义及未来

VII

卢迪内斯库： 在开启新的一章之前，我想先和您聊一些个人回忆。在《平行侧道》和《割礼忏悔》[1]中，您谈到了您的父亲，他是塔歇（Tachet）公司的葡萄酒和烈酒旅行推销员，这家公司的老板出身于一个"好人家"——传统天主教家庭[2]。他活得顺从而屈辱，身上总有一股茴香的味道，因为他推销的是一种茴香型烈酒。您对他的评价似乎与他对自己父亲的评价如出一辙："我可怜的父亲"。这是一位犹太父亲，您从十八岁就开始陪他一起旅行推销。此后您就把自己也看成犹太人、马格里布人和殖民地人，后来又是马拉纳[3]，不得不"忠实于一个您无法选择的秘密"。

然而，这个被羞辱的父亲——被基督徒羞辱的犹太父亲——的形象却对弗洛伊德产生了核心的影响。雅各布·弗洛伊德是一名毛织品商人。有一天，他向儿子讲述了犹太人的艰难岁月。在那个遥远的时期，一个反犹分子把他的毛皮帽扔进了水沟，而他却没能反抗。弗洛伊德用罗马历史上的另一个场景代替了雅各布讲述的这个屈辱的场景——汉尼拔向他的父亲哈米尔卡发誓要为他向敌人报仇[4]。因此，弗洛伊德认同于这个闪米特征服者的形象，他渴望复仇，并建立一个以探索梦境和无意识为中心的新帝国[5]。

弗洛伊德之所以提出俄狄浦斯情结的理论，是因为在西方父权被瓦解的时代，有必要象征性地重塑父性功能。另外我们也知道，在希腊拉丁文化的影响下，维也纳犹太资产阶级商人的儿子们"超越"了他们的父亲，在社会地位和知识水平上成为"另类"[6]。

至于拉康，从我们在这里讨论的角度来看，他也处于类似的境地。他出生在一个信奉天主教的商人家庭，自幼便见证了父亲（阿尔弗雷德）遭受的来自祖父（埃米尔）的欺辱，他的祖父是一个名副其实的暴君式家长。拉康对家庭内部的这种卑劣行径感到深恶痛绝，在接触弗洛伊德的作品之后，他也试图通过构建一个陌生的概念——父之名（Nom-du-Père）[7]——来重塑父亲身份的象征功能。就您而言，您并没有致力于重建父亲的象征功能，而是主张解构西方的父权中心主义及其必然结果——菲勒斯中心主义。

德里达：出于种种原因，我不知道自己能在多大程度上理解您的这些类比或者区分，也不知道我们是否能把我的父亲和弗洛伊德或拉康笔下的父亲形象相提并论。我喜欢您所说的"至于拉康"。另外，我也不太确定我父亲的屈辱经历是否与其犹太身份有关，至少我在青年时期的感觉是这样的。也许确实存在一种隐秘的联系，但绝对是间接的。

我对我的父亲怀有无限的同情。十二岁时，他刚刚开始上学，就不得不在塔歇公司上班，他的父亲当时就是这个公司的小职员。在当学徒直至成年之后，我的父亲成了一名销售代表，常年开着他的汽车到处跑。有时候，我会陪他一起出门，可以的话就帮他开开车。路过每一家旅馆、每一家咖啡厅、每一家杂货店，他都会停下来推销他的商品，我总是看到他扮演央求者的角色，无论是对他的客户还是对老板都是如此，那些老板专横的家长式作风和他们仁慈的态度一样让我感到恼火。更重要的是，我觉得那是一种居高临下的仁慈。我的父亲有很多名字，其中一个叫夏尔，这也许就是塔歇祖父的名字（真是个奇怪的姓，不是吗？听起来就像是某种原罪留下的污点*）。

在那个时候，我并没有想到什么"犹太问题"。哪里都有老板和雇员、富人和穷人，哪怕在家庭中，我的父亲也是某种黑暗仪式的受害者。这种仪式晦暗、残酷又致命。"牺牲"这个词不停地出现："他为我们牺牲了自己。"有时他自己也这么说。在我的整个青年时期，我与他一起受苦，指责家里其他人没有认识到他为我们所做的一切。这就是有关"被羞辱的父亲"的经历：一个责任高于一切、被义务压得直不起腰的人。他是拱形的，他的步伐、他的轮廓、他身体的线条和动作仿佛都是拱形的。我忘不掉"拱形"这个词，因为我一直无法将它与这种命运割裂开来：我的父亲在阿尔及尔的港口工作，那个地方就叫"拱门港"。

---

* 法语中"污点"（tache）一词和"塔歇"谐音。——译者注

264

在《平行侧道》或其他地方，我有时会把自己比作一名销售代表，我拼命地提着行李箱奔波，在某个学术和文化市场上"推销"自己的商品。但正如您想象的那样，事情要更复杂，我们的交易更离经叛道、更私密，不过先别管这个啦。也许——我喜欢这么想，也许我是在为我的父亲报仇，我在这场"交易"中引入了某种无序原则，同时我还组织了对它的审判。我要还我父亲一个公道，让我们像我们的朋友哈姆雷特一样笑着说，要重整乾坤（to set it right）！

1940 年至 1942 年，阿尔及利亚爆发了反犹主义运动，我的父亲很感激他的老板保护了我们，让他继续为公司服务，而当时在各方的压力下，他们本有权辞退这名犹太员工。我看到父亲对那些人感恩戴德，感激他们慷慨地"同意"将这个为他们效劳了四十年的人"留下"，我感到耻辱。他工作非常努力，一直在工作，从来没有休过假。我不想说我能够认同他（但只要你开始理解和同情他，你又怎么能不在内心深处对他产生一丁点认同呢？），但我在他身上看到了一个典型的受害者形象：被"家庭"忽视，被"社会"剥削。

卢迪内斯库：所以，关于被羞辱的父亲的问题是您批判父权中心主义的核心。在我看来，个人经历总会以某种方式影响这类研究。

德里达：我从未想过要把这种被羞辱的父亲（被"父权主义"羞辱！）的经历与父亲形象的恢复联系起来，或者反过来，与对父权中心主义的解构联系起来。我对那些老板甚至对我母亲的怨恨——小的时候，我一直认为母亲没能充分认识到或分担父亲的痛苦——首先也是一种同情。我是能够理解一个父亲的痛苦的人，而且他也愿意向我倾诉，从我十几岁时起就是如此。每当我们两个人单独在一起，他都会从沉默的深处向我诉说，让我见证别人对他的不理解或冷漠。的确，这段经历几乎与反犹主义发生在同一时期。1942 年，我被本艾克努恩（Ben Aknoun）中学开除了，因为一项匿名的"行政"措施——我对此一无所知，也没有人向我解释——我的创伤从未愈合：每天都有来自班级同学和街上的孩子们的侮辱，还有对"肮脏的犹太人"的威胁或拳打脚踢，而我就属于"肮脏的犹太人"……

对我来说，要像您提议的那样，把这些个人经历和弗洛伊德、父权制或您所说的父权中心主义的解构联系在一起并不容易。我对父亲的情感是一种同情和怨恨并存的模糊的混合体。他缺乏威严，同时脾气暴躁，而且只会不停地向我抱怨，我对此感到很遗憾。有时，也许是后来，我不得不站在母亲的一边反对父亲，不过这些事很复杂，很难在这里描述清楚。

卢迪内斯库：现在来谈谈本章的核心话题吧，也就是反犹主义问题。我们必须认识到，在 20 世纪 70 年代，这个问题没有现在这么尖锐。我也出身于一个犹太家庭，不过被同化程度比您的家庭要高得多，总之在各方面都受到更多的同化。我感觉到，虽然犹太身份的问题一直存在，但在 1980 年前后，随着与主要思想体系相关的承诺的崩溃，这个问题又在被同化的法国知识分子间重新出现了。正如我们所说，为了忠实于这些体系而不陷入教条主义，必须对它们进行解构。然而，在解构的过程中，类别或身份禁锢的危险在这些年里变得越来越突出。

德里达：我们如何敢这样直截了当地面对反犹主义，今天在我们身边的反犹主义？我们是否应该面对它，就好像它不仅离我们很近，而且就在我们面前，既在当下，又在未来？反犹主义是否仍有其面目和未来？

诚然，我的问题的形式本身有些冒失。就好像在说，"在我们面前"，在距离我们很近的地方，甚至就在"我们"身上，反犹主义对你我，对其他人，无论是外部的还是外国的，都仍然存在。恐怕任何人都无法幸免。就我而言，当我对犹太教（宗教或文化），犹太性，以色列国的选择动机、社群特征和建立，以及该国半个世纪以来的政治提出批判性问题，有时甚至是激进的"解构性"问题时，我一直在努力——也许并不那么成功——严格控制自己有时可能会赋予自身的特权，因为我是犹太人，或者被当作犹太人，所以不应被怀疑成反犹主义者。

可以说，从十岁起，我就一直对种族主义和反犹主义保持警惕。但我必须承认，直到今天，我才和其他人一样，被一些新的显而易见的事实震惊：法国社会仍然张开双臂接受往日恶魔的回归，尤其是在那些我原以为已免遭其害的公共领域的圈子和场所。

让我们先回到阿尔及利亚。那里的学校制度至少在原则和法律上与"法国本土"完全相同：同样的标准、同样的价值观、同样的语言模式。那所学校自称是拥护共和制的（"共和"而非"民主"！），而我们知道，"共和"可能比"民主"更"殖民主义"，即更倾向于以普世价值的名义进行扩张——只要我们仍然坚持这种阴险、脆弱的对立。当然，这所共和学校排斥涉及阿尔及利亚和阿拉伯语言的一切东西，我几乎敢说一切相关的暗示。它甚至还试图排斥阿尔及利亚人自己！在小学里，阿尔及利亚儿童和"纯种"法国儿童的数量基本相同，但在绝大多数情况下，前者并不会继续学业，他们很少上高中，更别说上大学了。

当我被本艾克努恩中学开除后，我的父母让我在"城里"的迈蒙尼德*中学上学。这所学校有个绰号叫"埃米尔·莫帕"（Émile Maupas），取自阿尔及尔大教堂后面的一条街，在卡斯巴古城的边缘。那里聚集了该地区的所有犹太教师，他们也被原来的学校开除了，而同事们却没有发出一声抗议（就像在"法国本土"一样！），于是他们一起来到这里为所有的被遗弃者建立了一个教学场所。因此，我又重新找到了归宿，不过我对那里的记忆是黑暗且不愉快的。我想，正是在那里，我才开始体会到——或者说沾染上——这种痛苦、不安和不适感，它让我永远都无法融入"社群"生活，永远无法享有任何归属感。

因为在当时，从表面上看，这似乎与一种狂热的"犹太"凝聚力联系在一起。但我认为，我不惜一切代价拼命逃离的威胁（比如说，我向父母隐瞒了我近一年没去迈蒙尼德中学上课的事实）来自更遥远的地方。这种威胁曾经是且现在仍是普遍的、多方面的。同样，前一年，我还退出了（非常法国

---

* 校名来源于中世纪犹太学者、最杰出的拉比之一，摩西·迈蒙尼德（Moïse Maïmonide，1138—1204）。——编者注

化的，甚至是贝当主义*的）法国童子军的队伍，之前是一位热忱的老师鼓动我加入的……

卢迪内斯库：您在《平行侧道》里说您不希望隶属于犹太群体。您当时很讨厌群体这个词，就像今天您和我一样讨厌种族主义和社群主义。另外，您还将这种三重身份（犹太人／马格里布人／法国人）视为一种身份的分裂。

德里达：一方面，我深受反犹主义的伤害，它给我造成的创伤至今仍未愈合。同时，矛盾的是，我无法忍受"融入"这所犹太学校和这个同质化的圈子，因为在某种程度上，它以一种针对性的、略带报复性的方式，既被迫（在外部威胁下）又强迫性地再现和重演那种施加在他们身上的可怕暴力。这种报复式的自卫当然是很自然的、合理的，甚至是无可指责的。但我从中感受到了一种冲动，一种过分追求对等而实际上对应于驱逐的集体强迫。

---

* 贝当元帅在第二次世界大战中对德投降，战后被视为法奸。由此，贝当主义一词有软弱屈服的意思。——编者注

因此，这是双重的痛苦，是分裂的残酷，从这个伤口流出的鲜血也许来自更远、更早的时期。它总是把它的方式和形式（"我的"形式）赋予我们所能讲述的一切，以及我在"成长小说"的标题下所能书写的一切。因为这也许同样是一种重构、一个故事、一个我为自己讲述的虚构片段。还有很多工作要做……

卢迪内斯库：虽然我知道我们不能把概念的产出归结为个人生活的直接反映，但我仍然认为，在身份建构方面，两者之间存在着一种关联，一种"俄狄浦斯联系"。

德里达：当然。但我们必须找到最合适、最精准、最独特的媒介。这是一项艰巨的任务……

卢迪内斯库：我认为今天我们很难不思考这个问题，既是为了避免掉入社群主义的陷阱，也是为了保留某种"犹太情感"的残余……

德里达：对我来说，这种"情感"仍然是模糊的、深不可测的、不稳定的。它也是矛盾的，既强大又脆弱。仿佛记忆的深渊使我得以忘记——也许是否认——那种最古老的东西，分散了我对本质的注意力。这种积极的，甚至活跃的分心，让我偏离了"构成"我的存在的最重要的部分。它使我脱离这个部分，以至于我有时觉得这个部分是不可靠的、偶然的、肤浅的、外在的。对我来说，没有什么比我的犹太身份更重要的了，而在很多情况下，这个犹太身份却对我的生命没有多大意义。我知道这种说法似乎很矛盾，甚至不合常理。但只有那些把一切相异性、一切异质性、一切分裂，甚至一切争论、一切自我"解释"都排斥在自我之外，把"我"当作一个单一体的人才会这样认为。我并不单独与我自己在一起，就像我不是他者一样，我也不是一个人。"我"并不是一个不可分割的原子。

我不想在这条老路上继续走下去，只想补充两三点——仅限于我们此刻讨论的犹太性。一方面，这种分裂（不止一个、两个、三个，超越一切算术和一切可计算性）是我一直以来所研究的。这种不可计算的内在多重性是我的痛苦，更确切地说，是我的工作、我的劳动（tripalium）、我的激情和我的任务。通过折磨我的肉体和灵魂，它使我不停地工作，使我思考我与犹太群体既从属又不从属的关系，我的许多文章都证实了这一点[8]。另一方面，我不认为这种分裂或自我不认同仅仅属于犹太人，谁敢说它不也是犹太性的呢？

最后，也是最重要的一点，我需要这种斩除根源的分裂，我并不认为这完全是件坏事。虽然会让人感到痛苦，但能解放我们。它就像觉醒的条件，打破了沉睡的教条。比如，与归属感的决裂让我能够对我本应属于的群体的政治做出更公正合理的判断，我希望对这些群体保持更高的警惕——无论是欧洲、法国、以色列还是散居各国的犹太人。我想保持尽可能的自由，以便在需要的时候对他们进行批判。我不屈服于任何群体归属的劫持。就像我对我本不属于的群体或国家的行动和政治进行评估那样自由，不屈服于任何哪怕是潜在的威胁。您知道，抵御所有这些压力——我称之为偏见的"劫持"——往往非常困难。在这些劫持所造成的普遍混乱中，有时几乎不可能再坚持复杂的判断、谨慎而有区别的陈述、层级鲜明的预期。对于那些悲剧性的、令人痛心疾首的问题——犹太人大屠杀、以色列、巴勒斯坦等——情况更是如此，有时甚至令人绝望，尽管我仍然不希望把一切都集中在这个焦点周围，就好像它是单独而唯一的，我是说比其他焦点"更唯一"。与每一次谋杀、每一次伤害一样，这个时代的所有灾难（灭绝、种族大屠杀、大规模征用和驱逐等）都是独一无二的。

说到历史灾难，如果您不介意的话，让我们再聊聊阿尔及利亚吧。众所周知，反犹主义在阿尔及利亚一直很活跃，在占领期间更是猖獗，战后则潜伏并扩散开来。当我十九岁第一次来到法国本土时，我以为我逃离了这种折磨。那时我天真地以为，在法国，尤其在知识界和学术界，反犹主义不会有任何可乘之机。这种幻想一直持续着，我并没有真正地摆脱它，尽管它有时会被"觉醒"突然打断（我对自己说："当心，你睡着了，而实际上反犹主义却醒着，它很会伪装，甚至就在你自己身上！"）。然后我继续睡觉，也许是为了做其他的梦，不管是好梦还是噩梦。直到下一次惊醒，有时非常猛烈。

卢迪内斯库：您是如何了解到犹太人种族大屠杀和集中营的真实情况，以及克洛德·朗兹曼的电影上映之后人们所说的"浩劫"* 的?

德里达：我很晚才了解到。第二次世界大战期间，反犹主义充斥着阿尔及利亚的日常生活和法律法规。总督表现出对反犹主义的狂热兴趣，他预见或者说加剧了维希政府的一些措施，尤其是在国民教育和公职领域。尽管在我们身上发生了这一切，但在那个年纪，我不知道，我们都不知道欧洲已经发生了什么或还在发生什么。和许多人一样，我对那种罪恶没有什么概念，后来，我才慢慢意识到这有多么丧心病狂。

卢迪内斯库：您是通过文章、讲话和影像资料了解的吗?

---

* 克洛德·朗兹曼（Claude Lanzmann，1925—2018），法国导演，其著名作品是描述犹太人大屠杀的纪录片《浩劫》（*Shoah*），于1985年上映。——编者注

德里达：通过电影（仅仅是一部分，尤其是《夜与雾》[9]）和各种各样的文章。我是慢慢地逐步了解的。我已经记不清我产生这种意识的整个过程是怎样的了。不管怎样，我一直把这个意识的觉醒和在阿尔及利亚发生的事情割裂开来，就好像这是两个世界、两段历史、两个无法交流的群体。当然，从某种角度来看，这很荒谬。但这种不对称性也不是毫无意义的，我希望有一天能够更深入地研究。

当我开始"知道"的时候，我已经成年了。那时我二十多岁，住在巴黎。当然，像其他刚刚清醒的人一样，我开始至少试着"想一想"这件事，不仅是"想一想"，而且还要"思考"，像许多其他人一样，"思考"这件事发生的地方，不可否认，它就在那里，好像在那里，但也在我们面前。它已经来临了，这是不可逆转的。正是这种发生阻碍了思想，而思想把思考当作领会、适应、习惯和主观化，当作哀悼工作中的内化，这种哀悼工作总是试图免疫和否认它所理想化的东西，因为最糟糕的东西也可以被理想化和神圣化。

卢迪内斯库：因此，渐渐地，您产生了反犹主义已经消失的错觉。很多人都这么认为……

德里达：当我和其他人一样，对与法国极右翼势力抬头 [10] 相关的某种反犹主义的复苏感到震惊时，我从来没有想过——这也许是我的错觉——法国社会会陷入危险的反犹主义。我清楚地看到某些团体和党派摆出的鬼脸和手势，和其他人一样，我想要谴责他们。但我不认为这个社会、这个国家的"文化"会任由自身被一般的反犹主义践踏，我们先前探讨过雷诺·加缪事件中这种反犹主义带来的典型冲击 [11]。

卢迪内斯库：今天，反犹主义似乎又变得司空见惯了，并且受到一种良心上的否认的庇护。那种我称之为"无意识的反犹主义"的可怕论调就反映了这一点，这种论调一方面强烈谴责犹太人大屠杀，另一方面又主张"批评""作为犹太人"的犹太人，并对他们进行"清算"。然而，这种所谓的"批评"

不过是旧时反犹主义的一种与时俱进的新形式，认为某个行业里犹太人"人数太多"，谴责他们组成"游说"团体以影响或动摇公众舆论，等等。按照这种论调，"清算"犹太人在某个领域内的数量显然就是在煽动种族歧视。

两年前，一项民意调查结果显示，70%的法国人承认自己是种族主义者，而他们又宣称反对一切形式的歧视[12]。这正是弗洛伊德所说的否认，是一种用否定的态度表达思想并压抑其内容的方式，是"我很清楚但是"，正如奥克塔夫·曼诺尼的名言所说："我很清楚犹太人遭受了苦难，但是他们在夸大其词。"[13] 又或者是"我的确是种族主义者，但我不希望黑人受到迫害，尽管我不喜欢和他们来往，虽然我可以理解他们不应被过分虐待"，等等。

德里达：当反犹主义向四处蔓延，即便是以这种典型的、卑鄙的但易于解读的形式，也会产生许多"有害影响"。首先，人们在批评与以色列或某个犹太群体的政治有关的任何事情时可能会犹豫不决。总有人怀疑你至少间接地和这种日益蔓延的反犹主义勾结在一起。更不用说否定主义了！就像我刚才所表示的那样，我甚至不能再平静地对自己说："幸好我是犹太人，所以当我对以色列国及其政治的基础、对某个犹太人或犹太团体的观点、对犹太群体的某项倡议表示担忧时，我不至于立即受到谴责。"这是一个必须消除的陷阱。要不惜一切代价！因为它是一个死亡陷阱，我不是随便说说的。这是任何清醒头脑、任何（知识、道德、政治）责任的可预见性死亡。

必须与设置这些陷阱的人搏斗和抗争。必须挺身而出反对他们，哪怕这需要很多时间，哪怕要付出时间来组织复杂的话语和多层次的论证。因为我不想剥夺任何人（包括我自己）批判以色列或其他某个犹太群体的权利，借口这可能有反犹主义之嫌或被反犹主义所利用。我承认这很困难，但如果说（知识或其他方面的）勇气一词仍有其意义，那么就恰恰适用于这种受困的形势，要直面来自四面八方的恐吓。因为我们被包围了，这个陷阱是一个真正的围城。从我的角度来看，最糟糕的是将历史记忆占为己有，尤其是使其工具化。在不带任何反犹主义色彩的前提下谴责这种工具化——比如利用犹太人大屠杀的历史为某种目的服务的（政治或其他）策略——是可能且必要的。我们可以质疑这种目的，或者唾弃为达成该目的所采取的策略，同时又丝毫不能否认这一残酷的事实，也就是某些人试图占为己有并利用的犹太人种族大屠杀。

因此，在我看来（这是我的准则和信条），我们不能被威胁吓到，必须坚持不懈地既与任何形式的否定主义做斗争，又反对从无底的历史悲剧中渔利的行为，因为这个悲剧比其他任何悲剧（我指的仍是"希腊式"的悲剧）都更可怕，它不属于任何人。无论是手工的还是工业的工具化都开始得非常快、非常早。它无处不在、不可避免。有时，它粗暴而不加掩饰，有时，它又戴着体面的面具，以一种更高贵、更精致的方式进行伪装，比如展示出一张在不可磨灭的痛苦中凝固的脸的突出线条，可以说，这张脸属于合法的证人，他专业得仿佛在扮演一个角色。这种策略还可能会入侵语言、外交、市场甚至艺术市场。它并不总是容易识别，但为了及时地揭穿它，我们必须时刻保持警惕，与此同时也必须立即研究反犹主义，甚至还有否定主义，因为否定主义很可能也会以此为借口来告慰自己的良心。这两种罪恶相伴而生，它们相互滋养、相互促进。尽管这听起来让人不安，但我还是想说，我们必须同时抵制两者。毫不留情，毫不示弱。

卢迪内斯库：我们绝不能在这件事情上让步。不要忘记，反犹主义——哪怕是无意识的——表现为某种独特的讨论犹太人的方式、某种特殊的写作方式。我们完全可以反对以色列的政治，支持巴勒斯坦的行动，或者批判某些原教旨主义或犹太复国主义的言论，同时不陷入反犹主义。另外，并非只有犹太人有权批判某些令人难以忍受的亲以言论。正是因为我知道，反犹主义言论总是有其独特的语言、文字、修辞、逻辑和推理，所以我在批评那些我不赞同其观点的犹太人或非犹太人时才不会感到内疚。在那些与以色列交战的国家中，一些反犹主义运动发展和滋长起来，甚至到了否认大屠杀史实的地步[14]，出于同样的原因，我认为有必要对其进行谴责。

德里达：我认为，面对那种煽动对以色列的仇恨、对反犹主义视而不见的行为，我们需要加倍警惕。您会同意我的，在这个问题上，我们比以往任何时候都更不应该满足于"持同样的观点"，我不想对这个问题发表所谓的"观点"。看看"犹太人游说团体"（lobby juif）的历史吧。同样，这个表达是在不经意间从一个地方、一门语言、一种文化、一种政治习俗或风尚中引入的，而在原来的语境中"游说"一词并不一定具有可疑的含义。在美国，"游说"（lobbying）可以是一种平常且合法的活动。在引进某些习惯用语时，如果它们可能会带来危险，我们或许就应该采取"谨慎原则"，就像引进"动物"或有毒产品时那样！

我从不认为引入"游说"一词（正如我们讨论过的政治正确）是完全无辜和透明的。尽管如此，为什么不承认社会上存在类似"游说团"的东西，存在各种各样的压力团体——其中就包括犹太人的团体——呢？无论是否得到授权，这些人聚集在一起，在某个机构内部或外部，致力于维护他们所理解的——无论正确与否——一个群体的利益或正当记忆。其他在这个群体内部或外部的人可能会产生认同或表示否认。

因此，我认为，在某些情况下，我们可以对这些团体——例如犹太团体——的行为提出批评或表示遗憾。犹太人也可以且有时应该对这些团体的行动感到担忧，并且他们不会被怀疑为反犹主义者。但是，在法国引入"游说"一词并且急切而强迫性地使用，哪怕是某个并非反犹主义者的人使用这个词，我认为，至少可以说，我们不能不从中察觉到某种反犹主义的先兆。根据不同的情况、背景、政治或言论场合，症状的严重程度也不尽相同。每一次都必须思考"谁说了什么"，是在何种背景下、以什么身份说的。同一句话，从共和国总统或讲述犹太历史的犹太人口中讲出来，其含义或产生的效果是不一样的。

说件我遇到的事情吧。不久前，一个我不认识的人从犹太文献中心打电话给我，她说："我的儿子正在索邦大学写关于以色列的博士论文。他了解到您两年前去过特拉维夫，还发表过一次'演讲'，以色列媒体对此进行了报道。他想要一份您的演讲稿。"我告诉她我没有在特拉维夫做过演讲，但在一次讨论过程中，我确实当着众多听众的面阐述了我对目前局势和政治问题的看法，特别谈到了我对以色列政治的不满。我认为我讲话时非常谨慎和礼貌，但也十分坦率且坚决。除了简短的介绍之外，我没有流露出任何关于这次即兴发言的痕迹，我对来电话的人说，如果她的儿子对我关于以色列的看法感兴趣，他可以在这篇或那篇文章中找到他想要的东西。我还补充说，总之，尽管以色列国的建国条件在我看来仍然是一连串复杂的问题，我无法在电话里一一道来（尽管人们想当然地认为每个国家甚至每一次建国本身都是在暴力中建立起来的，并且无法给出正当的解释），但我仍然有充分的理由相信，为了绝大多数人——包括巴勒斯坦和该地区的其他国家——的利益，最好还是将以色列国的建立视为不可逆转的，尽管它最初包含着暴力——只要睦邻友好的关系能够实现，要么是与具备所有权利的完整意义上的巴勒斯坦"国家"（至少是今天仍然存在的这个完整意义和一般主权——又是一个重要的问题，我无法在电话里详细展开），要么是在这个"主权"和双民族"国家"内部，包括摆脱了一切不可容忍的压迫和隔离的巴勒斯坦人民。我原则上并不对以色列国怀有特别的敌意，但我坚决批判以色列政府对巴勒斯坦人民采取的政策。我经常公开发表这个观点，尤其是在耶路撒冷，比如很久之前在一次会议上，我的那篇演讲稿被翻译成多种文字发表，那个时候人们正在谈论"被侵占的领土"[15]，等等。说了几句类似的话之后，我听到电话那头说："好吧，我早就料到了。"

我不知道她这句话究竟是什么意思，但我立即补充道："我是犹太人，您也许知道，我对这一地区的居民和这一时期暴行的（犹太和巴勒斯坦）受害者们怀有深切的同情，甚至是某种团结感。但我希望保留对所有政府政策进行批判的权利，包括那些大国的政策，无论是在以色列建国之前还是之后。我这样说并不表示支持任何形式的反犹主义，正如我在其他地方所写的那样，我甚至敢于比以往任何时候都更加忠实于一种传统、一种对正义的要求，而有些人——无论对错——毫不犹豫地将其视为在本质上属于犹太人。我已在其他地方解释过这一点，我无法在此深入或正面探讨这些复杂的问题。"

卢迪内斯库: 听了您的话,我突然想起,我童年时,在我母亲的家族里,有些人出身于"以色列"大资产阶级和新教家庭(父系),他们这样谈论从东欧移民过来的人:"我们是犹太人,他们是外国佬。"他们认为自己是"以色列"(或"高贵的")犹太人,宣称自己属于改革派教会,把东欧的犹太人称作"外国佬",并把他们归为下等的犹太人。我的父亲是阿什肯纳兹犹太人*,移民自罗马尼亚,我一直觉得他深受其害,甚至想要隐瞒自己的犹太人身份。他还经常说"身为犹太人是种不幸",更重要的是,我不应该"嫁给一个犹太人"。最后,尤其是在犹太人大屠杀之后,他自己也认为犹太人应该被同化,不应再做犹太人。这就是典型的"犹太人自我仇恨"[16]。

除了这种同化主义之外,他们还致力于讲述大屠杀的全部真相。在我童年时,人们就不停地在

---

* 阿什肯纳兹(ashkénaze)犹太人是源于中世纪德意志莱茵地区的犹太人支系,普遍使用意第绪语或斯拉夫语言。——编者注

我耳边讲毒气室和纳粹的恐怖行径。我很早就知道了关于这场种族灭绝的所有细节，除一人之外，我的所有家庭成员都有幸逃过了这一劫。他们从一开始就是戴高乐主义者和反贝当主义者，都是抵抗运动的成员（有的是主动的，有的是被动的），因此对被关押的危险非常谨慎。他们觉得自己不是犹太人，而是被同化了的共和党人，因此他们拒绝佩戴黄星——一种不光彩的标志，并伪造受洗证书。但结果是，战争结束后，犹太人的自我仇恨愈演愈烈。最好不要做犹太人，永远不要再做犹太人，因为种族灭绝随时可能卷土重来，因为对犹太人的仇恨是永恒的、永无止境的。因此，我接受了洗礼——真正的洗礼——并在真正的天主教环境中长大，尽管我的父亲是个无神论者，我的母亲坚决反对教权。进入精神分析以后，她才得以回答我的许多问题，也正是得益于她——因此也是得益于精神分析——我才最终理解了我继承的是怎样一种奇特的犹太身份。至于我的父亲，我从他身上获得的不是他所期望的同化，而是对意大利、对绘画和艺术的真正的爱好，这正是几个世纪以来天主教所滋养的。

德里达：自我仇恨——再也不要做犹太人，不要做"典型的"犹太人，可说这些话的通常是犹太人自己。和大多数情况下一样，"典范"的逻辑会将这些言论引向深渊：如果说自我仇恨是犹太人最典型的特征，那么任何仇恨自己的人就等同于犹太人，而这种形象无处不在。请允许我再次强调，我一直尽最大努力追踪这种"典范"的逻辑和修辞[17]，并为此将其正式化，包括所有的政治问题。

卢迪内斯库：我担心未来的反犹主义会朝着这个方向发展。在犹太人大屠杀的悲剧背景下，我们可能会看到犹太人之间发生争执，为了助长他们的争吵，他们可能会利用仇恨他人的说辞，而这正中了真正的反犹主义者的下怀。最近，高等研究应用学院现代犹太史教授埃丝特·本巴萨被一名记者指控作为塞法迪犹太人*却支持雷诺·加缪和原教旨主义拉

---

* 塞法迪（séfarade）犹太人是指 15 世纪被驱逐出伊比利亚半岛的西班牙裔犹太人支系，属于犹太教正统派的分支，使用拉迪诺语。——编者注

比奥瓦迪亚·约瑟夫的立场[18]。她提出了我们在此讨论的问题[19]。她的立场是有争议的——我并不同意——但那位记者并没有对此展开讨论，而是仅仅发起了野蛮的攻击。

您知道，与美国不同的是，在法国，反犹主义或种族主义文章是禁止传播的，即便是附有学术评论的文件也是如此。不过，可以想象，爱德华·德吕蒙的《犹太法国》[20]或路易－费迪南·塞利纳的反犹主义文章可能会在特定的背景下重新出版，并附有批判性的评论。这种情况还没有发生过，但我原则上并不反对，尽管我理解出版商可能不太愿意这么做。

无论如何，根据1972年出台的法律[21]，出版新的或再版旧的公开宣传反犹主义和排犹主义的文章是明令禁止的，所有出版商和作者都必须遵守这条法律。如果原封不动地再版这样的旧文章，或者附上反犹主义的评论，那就算是违反了法律。当然，如果是属于批判性作品，法官就不会将其定罪，因为在这种情况下不存在煽动种族仇恨的问题。

另外，在法国文学中，许多旧作品虽然没有

公开或刻意宣传反犹，但夹杂着带有反犹、种族主义、仇外、仇女和恐同等倾向的段落，尤其是安德烈·纪德和龚古尔兄弟的日记、莱昂·布卢瓦（Léon Bloy）的作品，等等。难道我们要像雷诺·加缪的辩护者们所担忧的那样，以追溯和"政治正确"[22]审查的名义删除它们吗？当然不是。施加这样的威胁无异于掩盖我们今天所面临的问题：当今的反犹主义作家——现在在这里发表作品的作家——利用否认、嘲笑，有时甚至是批判性自省来宣传他们的反犹主义。

德里达：如果他们想要散播"种族仇恨"，他们是否可以不经出版商同意自费出版作品？

卢迪内斯库：没有人禁止他们这样做，但这仍然违反了1972年的法律。

德里达：您认为应该允许他们这样做吗？

卢迪内斯库：当然不。在法国，公开宣传种族主义和反犹主义如果不能完全被禁止的话，至少在法律上要被视为犯罪，需要被追究刑事责任。但是，我再强调一次，今天我们面临的是另一个问题：一种无意识的、被掩盖的、间接的反犹主义正在滋生，它既不属于法律，也不属于自觉责任的范畴。

德里达：同样，我们应当注意到（并不断地研究）这个广泛存在的事实：一般意义上的法律——尤其是刑法和犯罪学——仍然没有把精神分析之类的方法的可能性纳入考虑范围，甚至没有接触过弗洛伊德的"概念"[23]。我之所以说"可能性"，并给"概念"加上引号，是因为在精神分析领域，还有许多危险的、不确定的、不可预见的工作要做，即便对欧洲法律的公理而言也是如此。

对于那些明确而激烈的反犹主义言论，我们可以认为它们的作者是有明确的意识和意愿的：他知道他想说什么，他自由地说了出来，他可以预见可能产生的后果，因此，他对自己说的话负责，我们有权惩罚他。然而有些人会说，他并不是这个意思，准确地说，不完全是这个意思，在一个地位尚不确定的修辞或文学空间里，他真正想表达的是别的东西。另外，反犹主义、种族主义和一般性残忍的每一种表现形式都是一种症状。但什么是症状呢？我们是否可以对一种症状进行评判？让其出庭受审？您知道，就算是那些根本没有提到犹太人的话语中也可能存在反犹主义的蛛丝马迹。所以我们有权利审判症状吗？如何把一种症状和一个主体联系起来，如何将其像谓词一样赋予一个法律主体？

卢迪内斯库：在法律上，一个带有这种症状的主体不能被认定有罪。因此，唯一的武器就是批判和警惕。

德里达：在有些地方，罪与否的问题已经超出了法律的空间。就算我们可以（从伦理或政治角度）认定他有罪，我们真的有权利把仅仅是表现出一些种族主义"症状"的人告上法庭吗？我表示怀疑。只要症状的概念（以及与之相关的"行为"或"采取行为"等概念）还没有得到严格的界定——这不是一朝一夕就能完成的，刑法的原理就仍然是粗糙和原始的，无论其表面看起来有多么精致，"技术"有多么复杂。有一天，它们很可能会像石斧一样成为人类的"史前"产物（虽然人们可以用石斧做很多事，但它永远无法与远程外科手术、微型计算机或移动电话等相提并论）。

弗洛伊德认为，死亡和破坏的冲动、"施虐狂"和"受虐狂"的原始"残忍"是不可能消灭的。对于他所谓的文化或文明，他自己也很难从中得出合乎逻辑的伦理或政治结论 [24]。他既相信也不相信进步。在我眼里，他是一个不相信启蒙的启蒙者。他在这个问题上的论述一直是不稳定的、模棱两可的。也许他别无他法。我们之后也许还会再讨论这一点。但如果我们不想被动地屈服于这种模糊性（比如借口说这种对他者，甚至对他者本身的侵略和仇恨是无法根除的），我们就必须重新思考遗产，同时又必须"从零开始"——对于精神分析、法律、道德和政治都是如此。如果要把这称作"解构"，我们不应该从中寻找"论题"或现成的答案。到来不会被削减。这种迹象表明，这些任务仍然是"历史性的"——这个词同样需要被重塑。

在"论题"之下或之外，在建议或立场之外，这种任务和未来的"必须"不仅显现出来，而且还降临到我们身上，无条件地强加给我们。这是第一个事件。在这一无条件的基础上，我试着思考思想，即条件和条件性的经验、条件和无条件之间分界线的位置以及与这条分界线——尽管它既不稳定又难以确定——的接触，我想将其与一切主体——上帝、国王、君主或人民——的主权区分开来，就像与一切权力——比如行为权力——区分开来一样（我在其他地方解释了这一点[25]）。

因此，严格地说，我没有论题要提出。我只有一个信念，也许很天真：我希望能够适度地对"行不通"的东西、对应该来临且仍需思考和行动的东西进行批判性或解构性分析——这里存在思考和/或行动的区别，其实我也不太相信这一区别，但为了解释，我还需要时间。

比如，在我们讨论的案例中[26]（该案例本身并不重大，但它反映了法国乃至欧洲文化和公共空间的某种状态，因此具有重要的意义），正义和法律之间的某种关系是永远"行不通"的。当然，我们必须与这本糟糕的书所反映的令人不安的现象做斗争，必须尽一切努力公开反对这一切，为了证明我们的反对是正当的，必须发声、写作、分析、推理、抗议、论证、瞄准正确的靶子。但瞄准什么呢？比如，反犹主义或"传统法国"的仇外心理的一切广为人知的陋习，还有文学中的陈词滥调，某些人根深蒂固的无知和社会性甚至"社会学"愚蠢——他们趾高气扬，却没有睁眼看一看他们自称为其中一部分的传统以及长期以来像对待一个儿童玩具一样控制着他们的规则。但更重要的是，因为我认为该书和作者受到的"关注"比其本身更值得警惕，所以我们必须思考的是，当出版商和一部分"知识分子"对这些既丑陋又怪诞的措辞视而不见，甚至跑去应援他们显然没有读过、不知道如何读、不会读或者不想读（这四种可能性是分不开的，必须从这里开始分析）的书和作者，我们的公共空间究竟发生了什么。

尽管如此，公开站出来反对这股潮流并不意味着要禁止这本书出版。我可以理解为什么要颁布《盖索法》[27]，但禁止出版某本书在我看来是不合理的。

不仅有原则上的原因，而且这样的措施很可能会带来恶劣的影响，尤其是在这样的时代背景下，公共空间的技术变革使其比以往任何时候都更加难以操作。

另外，在这场我认为——在没有法律手段的情况下——很有必要的斗争之外，我不会"谴责"雷诺·加缪（我承认我对他的个人和作品兴趣不大），除非我可以确定他知道自己在做什么，他熟悉自己的遗产，他了解历史——他的国家、文学、反犹主义、法国文学中的反犹主义等的历史——因此他想"自由地"、有意识地说出他所推销的东西。然而，目前我至少可以说，我对这些情况并不能确定。我认为他是那种狡猾且工于心计，但同时（这是常有的情况）天真而不擅长——简单地说——自我分析的角色。至少不擅长分析他的社会性无意识。我们仍在同一片水域中航行：刑法、犯罪学和精神分析，一切都有待重塑。

卢迪内斯库：我更倾向于不要将无意识引入法律话语。从原则上来说，我们只根据一个人的行为来判决，在刑法中，如果一个罪犯对自己的行为没有意识，他就会被转交到精神病学的讨论中。至于1972年的法律，我认为它还算令人满意，因为它解决了您提出的问题。这意味着我们不必禁止某个出版物，不必在出版后再下架，因为该法律迫使那些有意识或无意识的反犹主义作者在公开和书面的表达中收敛症状的表现。换句话说，作者必须服从法律，以免出版商（作者只是他的"同谋"）受到法律的惩处。另外，只要作者签署了合同，实际上就意味着他承诺会遵守1972年的法律。在我们所讨论的事件中，出版商本应要求作者严格遵守协定。不过，还必须能够发现以否认的形式反映出来的反犹主义和种族主义的痕迹。

这种法律的限制与独裁或原教旨主义政权中存在的审查制度完全不是一回事，在那些国家，不向专制统治低头的作家可能会有杀头或坐牢的危险。我认为，为了限制享乐而制定法律并服从法律是与审查制度完全相反的。

二十年来，我一直在思考法律与写作之间的关系。在我的历史学研究中，我自己也面临着内化法律的需要，因为我研究的是当代史，我既不能诋毁或侮辱任何人，也不能侵犯死者的记忆和生者的私人生活。然而，我不可能为了尊重历史或服从过分的禁令而对重要的事件保持沉默。因此，我必须找到确切的词句，编写足够丰富的叙事，来再现历史参与者们的恶行、激情、英雄主义、卑劣或日常生活——不破坏、不贬低、不理想化、不撒谎、不"说出一切"。因此，需要找到一个平衡，而实现这种平衡的唯一方法就是像讲故事一样讲述历史：历史不是虚构的，但可以用写小说的方式讲述出来，就像虚构的一样。

同样，我倾向于认为，一篇文章越反犹，它的文学性就越弱[28]。这也许是因为，这样的文章往往会逃避现实，成为一种简单化的、封闭的意识形态的表达方式，而这恰恰与我所认为的文学的本质——文本的意义应该是多样的，可以有多种不同的解读方式——背道而驰。您本人已经证明了这一点，您是当代文学的忠实读者，尤其是阿尔托、巴塔耶、保罗·策兰、让·热内、弗朗西斯·蓬热、詹姆斯·乔伊斯、菲利普·索莱尔斯、埃莱娜·西苏、米歇尔·德吉等[29]。

因此，与我们时常认为的相反，我发现在塞利纳的小册子中[30]，他独特的风格消失了，而这种风格正是《长夜行》[31]的力量所在。他不过是一种已沦为简单意识形态的咒语式风格的冲动、癫狂的代言人。

德里达：您说要迫使作者们在公开场合"收敛症状的表现"。我不知道我会在多大程度上同意您的观点，因为这里又涉及了那些我们无法界定的问题：什么是症状？公共空间的边界在哪里？难道不正是文学——如果纯粹的文学（就像"美术"）真的存在——改变了这些概念的地位并赋予了它们全新的面貌吗？只要存在文学，公共空间的概念就会被改变，就像它今天又被传播和复制的"新技术"改变一样（印刷就是一项"新技术"，我所说的文学严格来说在印刷术出现之前并不存在）。

如何回应文学、文学的责任、这个被称作文学的新制度？这个制度是独一无二的，在原则、精神和文字上，它从不在其他制度面前承担责任。原则上，它拥有绝对的自由。矛盾的是，这种超脱使其更接近一种从行为上看（公共写作、出版机构和方式）是无制度的、近乎野蛮和无条件的制度。它不受任何人为法的约束。这不等于不负责任，而是责任概念的转变。

这种伦理和政治的变革会提高写作的责任，而不是使作家变得不负责任。发明文学就仿佛是在改变责任的根基，而这恰恰是在使用——甚至是故意滥用——和侵犯（这是一种要求获得权利甚至强加其特权和合法性的享乐）仿佛模式，从而为其发明一种新的元素，并揭示其无限性。这种无限性，或者说这种对政治历史性的无限开放，我总是将其与某种未来民主的概念联系在一起。

在西方历史上，民主、在公共空间说出一切的基本权利和文学的可能性之间也许存在一种同步性、一种系统的联系。从原则上来说，一旦存在文学，我们就应该有说出一切的权利（或者不说出一切的权利）。更确切地说，我们应该能够发表一切（不存在私人的文学），在公共空间展示一切，这符合欧洲定义中的文学的地位——欧洲是文学唯一的发源地。但是，问题的复杂性在于（我一直在为此展开讨论[32]），这种定义并没有确定一个本质（文学之所以为文学的文学性），而只是确定了一种受解释和（历史的、伦理的、法律的，等等）惯例制约的功能。因此，我们很难根据某个表述是否正当地要求其在功能和实用上属于"文学"——文学不是一种事物，而是一种称呼、一种特定的称呼方式——来对待这些表述。这种要求就是文学行为本身。它试图生成自己的规范，使自己合法化。因此，它创造了法律——它的法律，它希望不再作为文学作品出现在任何现有法律面前。它不承认任何法定的权限或所谓权限。

用"坏的情感"只能创作出"坏的文学"吗？我不像您那么肯定。应该根据具体的作品具体分析。在思想的体验中，在善与恶的深渊前，甚至在超越善与恶的地方（这也许是文学唯一的"国度"），永远不要犹豫。当然，反过来说，像有些人以为的那样仅仅依靠"坏的情感"并以微小的代价玩弄僭越、反传统、反传统的传统（反之亦然）、邪恶、恶魔等，是无法引起别人的兴趣并进入"文学"的。

由于文学是面向公众的，并且在本质上发挥着宣传作用，它始终受到媒体的监视。在这一点上，政客和作家比以往任何时候都更具相似性。

的确，我们两人都对某些出版物感到担忧和愤慨。在某种文学伦理，甚至是不容置疑的文学权利掩盖下的"仿佛"的庇护下，这些出版物被允许传播一种语言，而我们都知道这种语言的前提和最可能带来的最坏的后果是什么。无论是否有意而为之，这样的"文学"都在灌输、迎合、回应一种意识形态，而我们知道这种意识形态是有害的，我们必须与之斗争——比如种族主义和反犹主义。但是，我还是认为最好不要禁止。最好的办法是回应（有时予以应有的蔑视，有时保持沉默，这取决于具体情况和实际的危险）或反击、分析、讨论、评估、批判、反讽。

实际上，文学确实一直受到某种审查。这种审查的方式是多种多样的，包括外部审查和自我审查，命令来自教会、国家，以及民事公司、市场、媒体市场（换言之，"公民社会"）等。这些方式在不断演变，本质上是无法界定的。这是一个事实。

但从原则上来说，还是不应该对以虚构文学的形式发表的作品进行任何审查。只有在某个表述以不同于文学的姿态呈现出来的"时刻"，我们才可以对其进行评判、禁止或惩罚。而这种时刻总是很难"抓住"。

卢迪内斯库：在我们讨论的案例中，作者及其拥护者们声称他们有权说出一切，因为这部作品属于一种特殊的文学体裁：私人日记。然而，私人日记并不完全是虚构文学，因为讲述的人和其中涉及的人并不是虚构的人物，而是真实的人，因此也是法律主体，他可以要求获得权利——比如保护自己的隐私，也可以控诉那些种族主义、反犹主义或诽谤性的言论。

德里达：的确，但私人日记出版后又算什么呢？什么时候、在什么样的条件下，日记属于文学？是否只要有某个人的签名而其他人把他当作作者就足够了？更加复杂的情况是，这种私人日记试图超越虚构的范畴去讲述真人真事、评判社会或政治事件，其至还提出一些强硬的措施（比如建议重新分配国家公共广播电台记者团队中的"种族"比例）。

因此，最主要的问题仍然是责任问题。在原则上，虚构作品的作者或诗人当然在法律面前负有责任，因为他和出版商签订了合同，并承诺遵守一定的规则。他和出版商一样对出版这一事实负责，但他对所出版的东西、对文学的内容——虚构、小说或诗歌（如果我们至少可以确定文学的虚构性，或者让文学与其他艺术之间的关系处于不可确定的状态）——并不负责，至少不负有相同的责任。在虚构的世界里，小说或戏剧作品中的叙述者作为故事人物可以畅所欲言，因此作者作为公民的民事责任就被免除了。

一旦存在"文学"（如果真的存在纯粹的文学的话），讲话的"我"从法律上来说就变成了虚构的"我"。他不代表作者或真实的署名者，不是一个法律主体。作者可以让他或任由他畅所欲言，而不必受到法律的惩罚。我认为这种公开说出一切的权利意味着民主原则和文学原则之间存在本质的联系，但我并不是想把二者等同起来。法律主体——

作为公民的作者——不是幻想出来的虚构人物。民主不是一种文学现象，也不仅是一个"文学共和国"。然而，尽管这两种现象之间存在严格的区别，但它们从各自的角度、按照不同的方式确定了共同的可能性：

一方面，开放的历史性。文学自始至终都是历史性的，它有行为、诞生地、传统和遗产；民主是唯一在原则上接受自我批评并承认其无限的可完善性，通过承诺——根据其历史性和到来——来定义自我的"政体"。

另一方面，同样从历史的角度来看，虚构的合法化、作为虚构的合法化、法治国家的制度，以及公开说出一切的权利，都取决于虚构的力量和对某种虚构性的认可。蒙田和帕斯卡尔都思考并阐述过法律和虚构之间的这种深刻关系[33]。

卢迪内斯库：1993 年，您在《激情》一书中提到了这个问题："文学是一种现代发明，它从属的习俗和制度——仅就这一个特点而言——在原则上保证了它具有说出一切的权利。因此，文学把自己的命运和某种不受审查的属性、和民主自由（新闻自由、言论自由等）的空间联系在一起。没有文学就没有民主，没有民主就没有文学。"[34] 顺便说一句，这一观点同样适用于精神分析[35]。

德里达：如果文学作品本身始终属于公共空间，那么文学与非文学之间的分界线本质上就是不稳定的。同样的表述在某种情况下可能属于文学范畴，而在另一种情况下则可能属于非文学范畴。通过内部分析，我们无法判断某一表述——如反犹主义表述——到底属于文学（因此其"作者"可以免除罪责），还是属于意识形态新闻、政治修辞或竞选口号等（因此受到法国现行法律的制约）。

　　每一次都必须分析由法律定义的具体情况，实际上，是否属于文学作品，最终决定权在法律机构手中。然而，面对这些问题，从体系和规范的角度来看，现行的法律似乎比以往任何时候都显得无能为力（我认为，从定义上来说，法律在这个问题上始终是无能为力的——我指的是法律，而不是法学家）。最主要的原因在于新的技术和技术资本主义的力量：所有的表述都受到生产、传播的地点和场合的加速分化与扩张的影响。谁来决定网络上的某个表述到底是文学作品还是传单？立法者们将越来越难以区分虚构文学、杀人传单和劣质工艺品。尤其是未来许多被出版商拒绝的稿件将会在互联网上发表。只有经过极其细致的分析并随时进行辩论，我们才能重新塑造出版和法律的整个公共空间。

文学是一种全新的发明，它从一开始就面临来自自身的死亡威胁。它会思考，它思考自身的可能性，它从自身的终结中重复着自己的诞生，它的有限性不是在它面前，而是在它身上，就像它的源泉和幽灵一样。在我们身边，布朗肖以最严谨的态度对待这种前所未有的体验的思想和可能性[36]。

卢迪内斯库：回到说出一切——包括在今天和未来出版反犹主义作品——的权利问题上，我认为，只要有组织的极右翼势力在政治界仍占有一席之地，我们就不可能任由在纳粹之前就存在的法国反犹传统自由发展，尤其是在某些"知识阶层"。因此，我们受这种极右翼势力影响的危险是很大的。一个

"与众不同的"政党曾经在某种程度上掌控着整个社会对犹太人有意识或无意识的仇恨。然而，今天的情况已经发生了变化，我们必须警惕这种"时髦的"反犹主义那些狡猾而危险的新形式，哪怕是因为我们现在已经知道它最终导致了"最终方案"。

德里达：尽管反犹主义的回潮总是再现着同样的、一成不变的逻辑，但必须创造新的形象。这是取之不尽的源泉。因此，反犹主义和民主一样始终保存着某种到来。另外，民主——民主的这种阐释——常常为其提供矛盾的"场地"和难以辩驳的"借口"。我认为诺姆·乔姆斯基如果不是支持罗贝尔·福里松[37]其人的话，至少是支持他的公开表达权的。乔姆斯基是以言论自由和美国宪法第一修正案（言论自由权）的名义这样做的。以宪法原则为借口允许不可接受的行为存在，这是令人担忧的，就像一种悖论或反常。但我们绝不能屈服于这两项指令，即便它们看似互相矛盾。另外，名副其实的决定和责任只存在于持续的双重约束[38]中，在这种情况下，我们无法事先预知，没有任何预先的知识能够持续地、不间断地确保或指引我们在两个同样紧迫、同样合理的指令之间做出选择。这条可怕的法则本身就是法则，是法则的法则，它给责任和决定提供了机会——如果确实存在的话——却没有给良知留下任何余地。没有人能知道，没有人能通过理论性和决定性的判断来确定，曾经存在过负责任的决定，而且将是最好的决定。

当务之急是要在保留某些原则——辩论权、讨论权、不审查——的同时，打击、限制和谴责那些以此为幌子容忍反犹主义倾向的行为。这是非常困难的。不要忘了，乔姆斯基是永远不会接受您说他为福里松辩护的。在他眼里，他捍卫的是发表言论的权利。

卢迪内斯库：我们是否应该以自由的名义支持一个否定主义作家，而他的作品是如此疯狂，以至于引起了广泛的关注？真理越是被扭曲，谎言越是猖獗，骗子越是叫嚣，其追随者就越多，这是不争的事实。幻觉、否认、偏执……总之，否定主义作为反犹主义的极端表现的所有特征都是很容易被接受的，远比理性认识要容易扩散得多。否则，这些言论就不会引起如此强烈的反响，也就不会有那么多听众。

更笼统地说，我觉得非常荒谬的是，人们打着言论自由的旗号，不仅支持福里松，还支持任何"普通的"反犹主义作家，这些纯正的法国作家在我们这样的民主社会里受到法律保护，不会有任何危险，充其量就是被新闻界或其他作家批判一番。我对这类"思想不良者"没有任何同情。他们享受着民主赋予他们的一切特权。我们为什么还要可怜他们呢？

最后，我不禁要问，像乔姆斯基这样一位犹太知识分子，一位左派的自由主义者、抵制反犹主义人士、认知理性的专家、非理性的敌人、弗洛伊德理论的坚定反对者，是出于什么样的无意识原因才采取这样的立场的呢？

德里达：有一种假设是，我们欧洲知识分子与乔姆斯基（他的个人历史和经历也必须考虑在内）之间的差异部分来源于欧洲和美国之间的差异。当然，其中有这个国家的风俗习惯及其宪法的影响，但还有一个事实是，犹太人大屠杀——该事件发生在欧洲——对乔姆斯基的意义与它对我们的意义是不一样的。他与法国或欧洲公共空间的真实情况离得很远（但距离并不总是坏事），他呼吁的是一个本身无可非议的原则。这一切在我看来是值得尊敬的。

我认为，这一原则被提起和实施的方式，以及它产生的客观的内涵、联盟或共谋，这关系到人们所说的地点和习俗的背景。最复杂的讨论也是从这里开始的，即便是在同一个"阵营"内，在有着相同信仰的善意的人之间。在他发起的战斗中，尤其是在反对美国民主的堕落和虚伪时，乔姆斯基是美国人眼中的"激进主义者"。他处在属于他自己的"背景"中，批判一切形式的对言论自由权的限制。

我们为什么要禁止福里松的文章呢？这个问题很难回答，说实话，对我来说也是如此。我知道我们不应该任由否定主义或"煽动种族仇恨"的言论在公共空间大肆传播，但同时必须给人们在公共空间说话、写作和争取听众的机会。我承认这很矛盾。既要尊重自由，又要避免激怒那些认为自己受到审查的人，他们可能会像受害者那样团结起来理所当然地谴责他们所生活的民主社会。我不得不承认，《盖索法》的原则和规定让我无法平静。

的确，在美国，由于所谓的言论和表达自由，纳粹运动得以兴起，甚至进行游行示威。但还有其他的斗争方式。我最近看了一部优秀的美国电影，叫《死亡先生》（*Mr. Death*）。影片的主人公是一个男人，他狰狞的脸总是通过特写镜头出现在银幕上。他是注射死刑的倡导者，以"人道主义"的名义反对电椅、绞刑和毒气室等。他主张注射死刑，认为这是一种更为人道的处死方式，就像吉约坦医生发明的断头台那样。这一切的背景是美国于 1972 年恢复了死刑 [39]。*

因此，这个人物谈到了美国某些州选择用毒气室作为处死方式的问题，随后，他又自然而然地谈

---

* 据史实，美国最高法院于1972年做出裁决，使得死刑一度被暂停使用。1976 年，保守派压力和犯罪率的居高不下使得最高法院再次做出裁决，称死刑并不违反宪法，随后大部分州恢复死刑。——编者注

到了世界上其他地方的毒气室，其中就包括奥斯威辛。他问道："真的有毒气室吗？这是真的吗？"于是，他前往奥斯威辛"开展私人调查"。他自称是一名"工程师"，从石头上采集样本，然后送去实验室，最后得出结论说，石头样本的化验结果证明，这一切根本没有发生过。因此，他在倡导注射死刑之后，又成了一名否定主义者。他被美国、加拿大和英国所有否认大屠杀的团体奉为英雄，在世界各地发表演讲，解释说他已经进行了科学验证，因此他可以告诉大家：毒气室并不存在。

然而，这名男子最终因为在美国东北部一些州发表的演讲而被定罪。他被剥夺了工作，人们质疑他没有获得过工程师学位，还发现他根本不是真正的工程师。他为自己辩护称，在美国，"在一百个自称的工程师中，只有十个有学位证书"。就这样，美国认可了否定主义的言论。我还想到了另一个人，我曾经和他的团体打过交道，因为在美国，我有时会成为极右翼团体的猎物。

拉罗奇（Larouche）是个美国新纳粹分子——他所领导的运动的代表们曾经写过一本反对我的小

册子并四处散发，尤其是在我任教的大学里。有一次，我在纽约参加会议，这个团体的一个积极分子突然站出来攻击我，差点就动了手。

卢迪内斯库： 他把你当成什么？

德里达： 他把我当作马克思主义者、破坏者、虚无主义者和公敌，我不知道还有什么。我就是他们的眼中钉。我认为，这个拉罗奇被起诉并不是因为他的政治言论（他的言论在法律上无懈可击），而是和阿尔·卡彭一样因为逃税。所以人们不是因为他的文章才起诉他的，我想他现在还在监狱里。至于死亡先生，他说他失去了工作。他同意在镜头前安静地凭良心讲述自己的故事，但他被导演"陷害"了。因此，问题在于死亡先生被剥夺工作到底是因为他没有学位证书，还是因为他发表了否定主义言论。不管怎样，没有什么比在镜头前说出这一切更让他难以忍受的了。这仍然是最好的武器。

卢迪内斯库： 福里松同样是个伪造者。这个伪造者还把别人都当成伪造者。在成为否定主义者之前，他还发表过一些"文学"研究，指出兰波、奈瓦尔和洛特雷阿蒙等人的作品其实不是他们自己写的[40]。因此，他自称是研究"道理与悖理、真与假"以及"文本与文献批评"的专家。

至于《死亡先生》，"用清洁的溶液处死"（注射死刑）和纳粹的大规模屠杀之间存在一种联系，朗兹曼在他的电影里也暗示了这一点。可以说，纳粹同样使用了一种"清洁的方案"*。借助毒气室和焚烧炉，他们用工业化的方式消灭了一切生命，而且没有留下任何屠杀的痕迹。在这样的条件下处死，就同时抹去了杀人和生命的痕迹。通过注射，死刑的仪式消失了。不仅没有了残酷的场面，也没有了杀人机器：没有断头台，没有吊绳，也没有行刑队。这是一种零度的处决，从象征意义上来说是最可怕的，因为它将合法杀人变成一种近乎自然的行为，就像生命的自然终结、一种姑息疗法。

因此，这种死刑的执行是对其本身的否定，是

---

* 法语中"溶液"（solution）和"方案"是同一个词。——译者注

为了消除因想要维持死刑而产生的羞耻感。就算我们不把注射死刑和犹太人大屠杀相提并论，我们也应该记住，某些纳粹分子——尤其是大屠杀的直接责任人（比如阿道夫·艾希曼）——害怕鲜血、暴力和杀人行为，他们不愿看到鲜血、痛苦和死亡。

德里达：实际上，这是一种否认、一种对死亡的否定，一种在给予死亡的同时否认死亡的方式，或者说借助匿名的机器为杀戮开脱罪责的方式：注射死刑——一种净化了的处死手段——消灭了一切痕迹：没有鲜血，也没有痛苦（据说如此！）。然而，认真研究一下我们就会发现，注射死刑其实非常可怕。所有这一切背后是一段流血的历史，以及减少流血的历史、鲜血灌溉的祭祀剧场的历史，我们在我开设的关于死刑的研讨班上研究过这个问题[41]。断头台的问世加速了这一切，吉约坦说："只是脖子上稍微凉了一下。"[42] 就这样，手持斧头的刽子手被一台能够自行运作的机器淘汰了。

我想再谈谈在美国讨论否定主义的难点——如您所知，相关的争论已经持续了近十年，好的和坏的情况都有。近乎最坏的情况是（我说的是近乎最坏，而不是最坏），有些人怀着恐吓威胁或怂恿作恶的情绪试图操纵对否定主义的谴责，把它当作武器刺向那些对史实的建立和解释、对档案资料、对更广泛的历史和真理的意义等提出批判性、方法论或认识论问题——尤其是以"解构"的方式！——的人。我在《马克思的幽灵》中已经表达了我的担忧[43]，并举了几个例子。在此，我们必须毫不动摇地抵制这种蒙昧主义的攻势。

话虽如此，但我承认，我不"知道"应对"否定主义"言论或宣传要设置何种"法律"障碍。我不知道是否应该采取"措施"，也不知道"正确的措施"是什么。同样，这也要视具体情况而定，这不是什么相对主义。在安全的和平时期，当危险没有那么迫在眉睫但也许仍然存在的时候，我认为应该让人们表达自己的观点，进行讨论、争辩并提供证据。如同死刑一样，欧洲废除死刑并非仅仅出于原则上的原因，还因为我们相信当今的欧洲社会已不再需要死刑，它的威慑作用已不是必需的了。但只要再次出现严重的社会动乱，一部分人就会考虑恢复它。这是涉及废除主义原则基础的重大问题。只要我们还没有在无条件原则的层面上——超越目的性、典范性、实用性甚至"生命权"的问题——制定和传播（现在还没有）废除死刑主义的话语，我们就无法保证死刑不会重新恢复……

卢迪内斯库：我认为这是不可能的。废除死刑已被写入欧洲法律。在某种程度上，这已成为法律之外的东西，超越了法律的范围，因为它受到更高层面的国际公约的制约。

德里达：确实如此，除非出现类似内战的情况。在法国，议会于1981年投票废除了死刑，其中投赞成票的也包括右翼议员。然而在今天，如果进行全民公决的话，死刑也许会被恢复。大多数民众曾经希望，现在也许仍然希望保留死刑，议会是在违反公众意愿的情况下通过废除死刑的法案的。如果出现严重的内乱或政治动乱，废除死刑的原则也许就会被推翻。有不少人支持这样做，大多数声音总会被听见。这个问题的历史庞大且复杂：如何从原则角度，以一种普遍的、无条件的方式废除死刑，而不是因为它不仅残酷且毫无用处，起不到足够的示范作用？

卢迪内斯库：在直接讨论这个问题之前，我想再回到反犹主义和犹太人大屠杀的问题上。我想知道您是如何看待阿多诺提出的"奥斯威辛之后不能再写诗"[44]，这个观点后来又被许多人引用过。我一直觉得这句话很有争议，很值得商榷。

德里达：这是不可能的，我不能接受。我们不仅可以写作——这是事实，而且也许我们必须写作。这不是为了"记录"大屠杀，对其进行"哀悼"，也不是为了保留或传承这样的记忆，而是为了公正地思考发生的一切，以及没有名字、没有概念、像其他独一无二的悲剧（我刚才提到过，"悲剧"用在这里也许不太合适——这个词太希腊化了，而且还可以指悲剧艺术）一样独一无二的一切。

我所说的公正地思考是指在这种没有规范、没有概念的唯一性的基础上，创造出类似正义的东西。

需要发明正义。我们如何保留那种无法保留、无法吸收、无法内化、无法分类的东西？这是一个忠于他者的悖论：接纳和保留整个他者，同时避免使这个他者在自我身上消解或与自我认同。在奥斯威辛之后，我们需要重新开始思考，开始以另一种方式写作，而不是不再写作——不再写作是荒谬的，可能会导致最严重的背叛。总之，在这两种情况下，这是不可能的。我们被那里发生的事情影响，甚至无须决定让自己受到影响，我们见证了我们既无法忘记也无法记住的事情。为什么文学、虚构、诗歌和哲学必须消失呢？更难以理解的是，为什么要把这种见证当作死刑令——历史的终结、艺术的终结、文学或哲学的终结、沉默？我听到的，是一种"沉默的终结之声"在驱使我们以另一种方式重新开始。

注释

[1] 杰弗里·本宁顿和雅克·德里达合写了《雅克·德里达》(*Jacques Derrida*, par Geoffrey Bennington et Jacques Derrida, Paris, Seuil, 1991)。其中德里达写的部分为《割礼忏悔》(*Circonfession*),杰弗里·本宁顿写的部分为《德里达基准》(*Derridabase*)。

[2] 德里达出生在阿尔及尔近郊的比阿尔(El Biar),他于 1949 年来到法国。

[3] 马拉纳(marrane)在西班牙语里是"猪"的意思,从 15 世纪初开始,这个带有羞辱意味的词在西班牙和葡萄牙被用来指称那些被迫改信天主教的犹太人和他们的后代。他们过着双重的生活,一方面因受迫害而改信天主教,另一方面仍秘密地信奉自己的宗教。一旦有机会,他们便移居到别的国家,在被称为"荷兰的耶路撒冷"的阿姆斯特丹,许多马拉纳得以回归犹太教。

[4] 西格蒙德·弗洛伊德,《梦的解析》(Sigmund Freud, *L'interprétation des rêves* [1900], Paris, PUF, 1967, p. 174)。

[5] 关于"精神分析的汉尼拔式"解读和弗洛伊德对

闪米特人的认同，参见《法国精神分析史》第一卷（p. 107）。

[6] 参见卡尔·休斯克的《世纪末的维也纳》。

[7] 参见伊丽莎白·卢迪内斯库的《拉康传》。

[8] 参见《割礼忏悔》《他者的单语主义》《平行侧道》。另见《一只蚕》，《面纱》（与埃莱娜·西苏合著）。——德里达注

[9] 1956年由阿伦·雷乃（Alain Resnais）导演，让·凯罗尔（Jean Cayrol）解说。

[10] 极右党派"国民阵线"（Front national）由让－马利·勒庞（Jean-Marie Le Pen）组建，1981年占法国选民的1%，而1997年占15%。1999年12月，该党派内部发生分裂，从此不再在右翼和左翼的政治较量中扮演重要的角色。

[11] 关于雷诺·加缪事件，参见本书第二章《差异的政治》注释14。

[12] 这项调查由法国人权咨询委员会组织，结果于1999年3月15日发布。

[13] 奥克塔夫·曼诺尼，《想象的密钥或另外的场景》（Octave Mannoni, *Clefs pour l'imaginaire ou l'autre scène*, Paris, Seuil, 1969）。

[14] 关于这个问题，参加本章后文部分及注释27。

［15］ 雅克·德里达，《战争中的解释，康德、犹太人、德国人》，《现象学和政治》，献给雅克·塔米尼奥的文集（Jacques Derrida, « Interpretations at war, Kant, le Juif, l'Allemand », in *Phénoménologie et politique*, Mélanges offerts à Jacques Taminiaux, Bruxelles, Ousia, 1989）；《告别伊曼纽尔·列维纳斯》（*Adieu à Emmanuel Lévinas*）。

［16］ "犹太人自我仇恨"一词是特奥多尔·莱辛（Theodor Lessing）创造的，他于1930年发表了一篇文章：《犹太人的自我仇恨》（*Der Jüdische Selbsthass*）。参见雅克·勒里德的《维也纳现代性和身份危机》。

［17］ 参见《示播列：为了保罗·策兰》（*Shibboleth – pour Paul Celan*, Paris, Galilée, 1992）和《他者的单语主义》。

［18］ 奥瓦迪亚·约瑟夫（Ovadia Yossef）是以色列民族宗教政党沙斯党的领导人，他宣称犹太人大屠杀的受害者大部分是阿什肯纳兹犹太人，他们实际上是"劣等犹太人"的转世。

［19］ 埃丝特·本巴萨（Esther Benbassa）和莫里斯·沙弗兰（Maurice Szafran），2000年9月11日和16日的《解放报》。

[20] 爱德华·德吕蒙（Édouard Drumont, 1844—1917）是法国记者和抨击文作家，19 世纪末最坚定的反犹主义领袖。1886 年，他出版了《犹太法国》（*La France juive*），该书成为两次世界大战之间所有极右派反犹作家的圣经。

[21] 1972 年，法国对 1881 年颁布的关于言论自由的法律进行了新的补充。该法律规定："以出身、从属或非从属于某个民族、国家、人种或宗教为由煽动对某人或某个群体的歧视、仇恨或暴力，即属犯罪"（第 24 条）。另外，诽谤（第 32 条）和侮辱（第 33 条）也在禁止之列。

[22] 关于"政治正确"问题，参见本书第二章《差异的政治》。

[23] 我们将在本书第九章《精神分析赞歌》中讨论弗洛伊德概念的适用性。另见雅克·德里达《精神分析的心理状态》。

[24] 参见西格蒙德·弗洛伊德《文化的不安》（Sigmund Freud, *Malaise dans la culture* [1930], *Œuvres complètes*, XVIII, Paris, PUF, 1994, p. 245-333）。

[25] 我在很多地方讨论过这个话题，尤其是在《无条件的大学》中（*L'université sans condition*, Paris, Galilée, 2001）。——德里达注

[26] 关于雷诺·加缪事件，参见本书第二章《差异的政治》注释 14。

[27] 该法律于 1990 年 7 月 13 日通过，以提出该法案的共产党议员让 - 克洛德·盖索（Jean-Claude Gayssot）命名，它规定，任何"否认一项或多项危害人类罪的存在"——按照纽伦堡国际法庭的定义——的人都将受到惩罚。这项法律受到了许多知识分子的批评，他们认为历史真相不应该由立法者来裁定。正是由于这项法律的约束，罗杰·加洛蒂（Roger Garaudy）的反犹主义和否定主义作品《以色列政治的神话基础》（*Les mythes fondateurs de la politique israélienne*）于 1995 年在法国被禁止销售。这本书的观点在阿拉伯和伊斯兰国家——尤其是埃及——广泛传播。

[28] 我认为塞利纳就属于这种情况。参见《塞利纳和塞梅维什：医学、癫狂和死亡》，《精神分析学家谈死亡》（« Céline et Semmelweis. La médecine, le délire et la mort », in *Les psychanalystes parlent de la mort*, Paris, Tchou, 1979）。

[29] 雅克·德里达，《尤利西斯留声机：浅谈乔伊斯》（*Ulysse gramophone. Deux mots pour Joyce,*

Paris, Galilée, 1987）;《蓬热的签名》(*Signéponge*, Paris, Seuil, 1988）;《示播列: 为了保罗·策兰》。另见《一种无保留的黑格尔主义》(«Un hégélianisme sans réserve»),《书写与差异》;《播撒》;《如何命名》,《我想成为的诗人》(«Comment nommer», in *Le poète que je cherche à être*, Paris, Belin, 1990）;《永远的HC》,《埃莱娜·西苏: 作品的交会》(«HC pour la vie, c'est à dire», in *Hélène Cixous. Croisées d'une œuvre*, Paris, Galilée, 2000）。

［30］ 主要有《我错了》(*Mea Culpa*)、《屠杀琐记》(*Bagatelles pour un massacre*)、《死尸学校》(*L'école des cadavres*)、《进退维谷》(*Les beaux draps*)。

［31］ 路易-费迪南·塞利纳,《长夜行》(Louis-Ferdinand Céline, *Voyage au bout de la nuit* [1932], in *Romans*, t. 1, Paris, Gallimard, Bibliothèque de la Pléiade, 1981）。

［32］ 比如《双重会议》(«La double séance»),《播撒》;《这种被称为文学的奇怪制度》,与德里克·阿特里奇的对谈,参见雅克·德里达《文学的行为》(Jacques Derrida, *Acts of Literature*,

Londres, Routledge, 1992）。——德里达注

[33] 雅克·德里达，《法律的力量》。

[34] 雅克·德里达，《激情》（Jacques Derrida, *Passions*, Paris, Galilée, 1993, p. 64-65）。另见《文学的激情：和雅克·德里达对谈》，米歇尔·利斯指导（*Passions de la littérature. Avec Jacques Derrida*, sous la direction de Michel Lisse, Paris, Galilée, 1996）。

[35] 参见伊丽莎白·卢迪内斯库的《谱系》和本书第九章《精神分析赞歌》。

[36] 雅克·德里达，《持存：虚构和证词》（« Demeure. Fiction et témoignage »），《文学的激情：和雅克·德里达对谈》。另收录于《持存：莫里斯·布朗肖》（*Demeure. Maurice Blanchot*, Galilée, 1998）。

[37] 1978 年，里昂的文学教授罗贝尔·福里松（Robert Faurisson）在多家报纸上发表文章，谴责关于奥斯威辛的"谎言"，坚称毒气室是不存在的，并把自己的观点称作修正主义，而根据十年后亨利·鲁索的研究以及其他所有历史学家支持的观点，他的做法实际上是否定主义。塞尔日·蒂昂（Serge Thion）是福里松的追随者，也是极左团

328

体"老鼹鼠"（La Vieille Taupe）的成员，本身也是个否定主义者，他向他的朋友诺姆·乔姆斯基（Noam Chomsky）求助，请他帮忙签署一份请愿书支持自己的前驱者。乔姆斯基并不赞同福里松的观点，但为了言论自由，他于1980年同意撰写一篇题为《关于言论自由权的几点评论》的文章，这篇文章后来成为福里松的一本书的序言：《驳斥那些指责我篡改历史的人：关于毒气室的问题》（*Mémoire en défense contre ceux qui m'accusent de falsifier l'histoire : la question des chambres à gaz*, Paris, La Vieille Taupe, 1980）。乔姆斯基后来撤回了使用这篇文章的授权，他在文章中写道："福里松究竟是不是反犹或纳粹分子，这一点值得商榷。我说过，我不太了解他的作品。但从我读到的内容来看——我开始读他的作品很大程度上是由于他受到了这样的攻击——我没有找到任何支持这种结论的证据。在有关他的书面材料中——包括公开发表的文章和私人信件——我也没有发现任何有说服力的证据。据我所知，福里松是一个相对没有政治倾向的自由主义者。"参见皮埃尔·维达尔－纳凯《记忆杀手》（Pierre Vidal-Naquet, *Les assassins de la mémoire*,

Paris, La Découverte, 1987），以及罗伯特·F. 巴斯基《诺姆·乔姆斯基：不和谐的声音》（Robert F. Barsky, *Noam Chomsky : une voix discordante*, Paris, Odile Jacob, 1998）。

［38］ 双重约束（double bind），美国精神病学家和人类学家格雷戈里·贝特森（Gregory Bateson，1904—1980）于 1956 年创造的词，用来描述精神分裂症患者无法对同时发出的两条相互矛盾的命令做出一致反应时所处的两难境地。

［39］ 关于这个问题，参见本书第八章《死刑》。关于断头台，参见本书第六章《大革命的精神》，以及本章注释 44。

［40］ 参见纳迪娜·弗雷斯科《死亡修复者，毒气室：好消息。如何修正历史》，《现代》，1980 年 6 月刊（Nadine Fresco, « Les redresseurs de morts. Chambres à gaz : la bonne nouvelle. Comment on révise l'histoire », *Les Temps modernes*, juin, 1980）。

［41］ 德里达在法国社会科学高等研究院（EHESS）、加利福尼亚大学欧文分校和新学院开设了该研讨班，作为"责任问题"课程的一部分。

［42］ 约瑟夫·伊尼亚斯·吉约坦（Joseph Ignace Guillotin，1738—1814）是一名法国医生和议员，1789 年，他推动制宪会议通过了对所有人执行同一刑罚的原则："同样的罪行将受到同样的刑罚，无论罪犯的地位和身份如何。"路易医生根据他的指示研制了这台杀人机器，"断头台"最初以路易的名字命名（Louison），后来又以吉约坦的姓氏命名（guillotine）。

[43] 参见《马克思的幽灵》。那一年，在《纽约时报》上、德博拉·利普斯塔特（Deborah Lipstadt）的作品《否认大屠杀》（*Denying the Holocaust*）中，甚至在他周围，都出现了丑恶和荒谬的猜疑。当然，解构没有被怀疑成"否定主义"，而是被怀疑通过在"对史实的质疑"中营造"放纵的氛围"来为自己铺垫，或者引发"怀疑论"。我认为完全相反，是这种教条主义引发了怀疑论，乃至"否定主义"的倾向。只有什么都没读过、什么都不懂的顽固的无知者才会提出这种无端的、带有强烈侮辱性的质疑。——德里达注

[44] 阿多诺于 1949 年提出了这个观点："在奥斯威辛之后，写诗是野蛮的，这一事实甚至影响了解释为什么今天已无法写诗的认识"，参见《棱镜：文化与社会批评》（*Prismes. Critique de la*

culture et de la société, Paris, Payot, 1986）。布朗肖改编了这个观点："不可能存在关于奥斯威辛的虚构故事""无论写于何时，所有故事都在奥斯威辛之前"，参见《事后》（*Après coup*, Paris, Minuit, 1983）。另见让－皮埃尔·萨尔加斯《大屠杀或消失》，收录于德尼·霍利尔编，《法国文学》（Jean-Pierre Salgas, « Shoah ou la disparition », in Denis Hollier [éd.], *De la littérature française*, Paris, Bordas, 1993, p. 1005-1013）。

死
刑

VIII

卢迪内斯库: 讨论完犹太性和反犹主义之后,我们来聊聊死刑的问题吧,自 1999 年以来,这一直是您开设的一个研讨班的主题。在法国废除死刑的是个犹太人,也许这并非偶然。罗贝尔·巴丹特尔的父亲就死于集中营。然而,他曾经说过,他之所以成为坚定的废除死刑主义者,是因为他对未能保住罗杰·邦当的性命怀有负罪感[1],而他在占领期间遭受的痛苦又加剧了这件事带给他的煎熬。

德里达: 确实。但我不知道一个犹太人是否会,以及在多大程度上或者为什么(至少在 20 世纪)支持废除死刑。这需要我们同时从几个方面慢慢地、谨慎地进行研究。不管怎样,您关注这个问题是对的。我还发现,许多美国犹太律师也是坚定的废除死刑主义者,这个国家是最后一个仍然大规模保留和执行死刑的西方基督教——甚至犹太-基督教——"民主"国家。尽管出现了一些新的不安或

335

动乱的迹象，即便在美国最"死寂"的州，情况也比过去更加严重。

继续您提到的问题和我们在上一章中讨论的反犹主义，请记住，从密特朗当选总统开始[2]，一些人就开始计算政府中的犹太人人数。几年前，允许在特定条件下堕胎的法案获得通过[3]，引起了围绕西蒙娜·韦伊的轩然大波。在《废除》[4]中，巴丹特尔描述了通过该法案之前在议会发生的唇枪舌剑。仇恨和混乱如洪流般倾泻而出，矛头尤其指向西蒙娜·韦伊，一个似是而非的观点也逐渐显露出来，并且被广泛地利用——而且不只是在法国：您怎么能既主张废除死刑，又推行自愿终止妊娠呢，这不是自相矛盾吗？

除了可以对这种"比较"提出的各种异议之外（我们在您刚刚提到的研讨班上经常探讨这个话题），有一个"事实"似乎同样令人不安，而且很能说明问题：几乎所有的统计数据都显示，那些极力反对自愿终止妊娠的人，那些以"生命权"的名义试图杀害产科医生的人，往往都是死刑的狂热支持者。

卢迪内斯库：是的，确实如此。曾经被关进集中营的西蒙娜·韦伊被反对堕胎的人大肆辱骂，他们谴责她是在纵容一场新的大屠杀。至于罗贝尔·巴丹特尔，他被当作"肮脏的犹太人"和"儿童杀手"的朋友。他们二人的境遇让人再次想起爱德华·德吕蒙的《犹太法国》中的反犹论调：是犹太人把死亡的病毒植入善良的法国人民中间。

德里达：尤其是在美国，"武装"反堕胎运动（如果可以这么说的话）往往很容易与狂热的反对废除死刑运动——甚至反对因为最近发现的大量误判事件而暂缓执行死刑——联系起来。这些所谓的生命的无条件捍卫者往往也是死亡的卫士。他们有时是一些基督教原教旨主义者，把反对堕胎的斗争和反对废除或中止死刑的斗争联系在一起[5]。

卢迪内斯库：如何调和这两种立场？我经常听到一些狂热的天主教徒宣称以生命权的名义既反对堕胎，也反对死刑。

德里达：这是一个重要的问题。我想在这里多花些篇幅讨论，我也会引用我开设的研讨班上的一些尚未公开的资料。这里似乎存在一个矛盾，这个问题的内在张力几乎贯穿了西方死刑的整个历史。直到 21 世纪，天主教会都几乎无一例外地支持死刑，有时甚至非常积极、狂热和激进。它一直拥护国家法律，就像拥护国家主权一样，因为没有主权，死刑就无从谈起。圣托马斯*不是唯一极力倡导死刑的人，此外还有传统天主教的那些"系统"理论家，其中最具代表性的就是多诺索·科尔特斯[6]，他经常被施米特引用和称赞。科尔特斯阐述了天主教教义和死刑理论之间的联系，他激烈的言辞既显得神志不清又非常理性，有时甚至被"合理化"了。另外，他还把这个体系（天主教＋死刑）与对血腥献祭（从该隐和亚伯到基督等）的一般性解释结合起来[7]。我认为最有趣、最富有启发性和代表性的是，这种极端反动、夸张和略显疯狂的理论研究却有一套极

---

* 即中世纪经院哲学家托马斯·阿奎那。——编者注

其严谨的方法。

一方面，虽然从严格意义上来说，死刑并不是献祭，虽然不是所有的献祭文化（我指的是所有的文化）都催生了严格意义上的刑法，并在刑法中赋予死刑这种合理性计算的价值，但我仍然认为科尔特斯将死刑置于献祭的历史中并没有错。甚至是血腥献祭的历史。虽然鲜血——至少是那种流动的鲜血、肉眼可见地倾泻而出的鲜血——在逐渐消失，死刑却依然存在，而且也许会在未来很长一段时间内继续存在，尽管在全世界范围内有减少的趋势。这就是我们在我刚才提到的研讨班上所要讨论的一系列问题。我很清楚，我所说的献祭指的不仅是一个清晰明确的概念，更是一个需要彻彻底底重新研究的巨大的问题，它处在所有生命——不管是人类还是其他生命——体验中最模糊、最根本和最难以界定的地带。

另一方面（就像瓦尔特·本雅明在《暴力批判》[8]中提到的"重罪犯人"，他们令人害怕，同时却又令人着迷，因为他们挑战了国家对授权暴力[Gewalt]的垄断），科尔特斯深刻地认识到，普通犯罪和政治犯罪之间的分界线仍然是不稳定的，废除政治犯罪的死刑（他和马克思一样举了1848年法国的例子）必然会导致所有死刑被废除，他甚至还和康德一样认为所有刑法都会消失，这正是哲学真正要讨论的问题。如果没有死刑，任何法律，尤其是刑法，都将不复存在，因此死刑是法律可能性的条件，或者可以说是其先验性——既被包含在内部（死刑是刑法的一部分，是其中一种惩罚，当然比其他的更严重一些），又被排除在外部（它是根基，是可能性的条件，是起源，是超群的、夸张的典范，它不同于一般的刑罚）。

真正地废除死刑主义需要攻击的正是死刑的这种矛盾的先验性。为了对此有所贡献，我试图构建一种鲜血的历史，在例外概念（没有例外权，没有施米特所说的中止法律的权力——比如赦免权，就没有主权）的历史中，也在残忍的历史中——规范地使用或滥用这个词的历史、这个概念的历史，有时是规范地使用或滥用没有"残忍"概念的词的历史，无论残忍是否可见、是否具有戏剧性。

当然，并不是所有的残忍都是血腥的、可见的、外在的；它可以是且本质上是精神的（从承受痛苦之中获得快乐，从为了制造痛苦而制造痛苦、为了看见痛苦而制造痛苦之中获得快乐；德语中的残忍［grausam］和鲜血并没有关系）。然而，cruor*确实指流动的鲜血，指倾泻而出的、外在的、可见的红色血液，一种向外的表达。红色充斥着维克多·雨果所有反对死刑的文章，不管是断头台——"古老的吸血鬼"[9]"可怕的猩红色机器"[10]——流出的红色鲜血，还是悬挂着断头刀的红色木制立架（"两根长长的托梁被染成红色，一架梯子被染成红色，一只篮子被染成红色，一根沉重的横梁被染成红色，其中一侧镶嵌着一个厚重而巨大的三角形刀片……文明以断头台的样子来到阿尔及尔"[11]）。

回到"天主教问题"。尽管约翰·保罗二世一直呼吁人们忏悔和宽恕，尽管他毫不避讳谈论宗教裁判所和教会过去犯下的错误，尽管他在最近访问美国时发表了反对残酷死刑的言论，尽管梵蒂冈在二十多年前就废除了死刑，但据我所知，他和他的

---

* 法语中意为"血块"，是"残忍"（crualté）的词根。——编者注

前任们一样，从来没有郑重地支持过教会和梵蒂冈参与废除死刑的斗争。只有少数几名主教——其中大部分是法国的主教——公开表示过反对死刑，至少反对在法国执行死刑[12]。

这该如何解释呢？我们需要花时间重新仔细研究。因为这个不容置疑的事实（教会在政治上从未反对过死刑）似乎与另一种基督教、另一种基督教精神相矛盾。看看维克多·雨果的例子。为了支持废除死刑，为了"完完全全地"，即无条件地废除死刑，他始终以"人类生命不可侵犯"的名义进行了那么多斗争，写下了那么多精彩的文章。

然而，也许是出于战略、机会主义或修辞上的原因，雨果也声称自己受到了福音书和耶稣受难的启发，比如他在谴责神父和教会"政治"时就是如此（他以法国大革命及其"真理"、记忆和精神——法国大革命本应如此——的名义抨击恐怖时代，谴责断头台，死刑仍然是"革命未能根除的最后一棵树"[13]："我可不是你们这些戴着红色帽子、痴迷于断头台的人中间的一员。"再强调一下这里的红色）。

在谴责建立于"神父、国王和刽子手这三根

支柱"之上的"旧社会大厦"时，雨果提到了"耶稣温柔的律法"，有朝一日它将"穿透法典普照世界"。[14] 他希望"尽一切努力拓宽六十六年前贝卡利亚在挺立于基督教世界上千年的古老绞刑架上开辟的裂口"[15]。正因如此，阿尔贝·加缪在这一点上稍微简化了一些事情，他这样做没有错，在其出色而大胆的《关于断头台的思考》（*Réflexions sur la guillotine*）[16] 中，他指出死刑无法在世俗化的世界中继续存在，或者说废除死刑需要一种人文主义和无神论的内在论[17]。基督教还有其他内部"分裂"、自我挑战和自我解构的源头[18]。

　　不考虑政治神学话语，我们就无法在西方讨论死刑问题（也许严格意义上的刑法概念只存在于欧洲，也许死刑不是一种普通的"刑罚"，也不是一种普通的法律，因此也不是刑法的一部分），也无法认识其更深层次的内涵，因为政治神学一直是死刑问题的根基。因为死刑始终是宗教和国家主权之间联盟的产物（关于此处的联盟，假设国家概念在本质上不具有宗教性）。

　　无论我们谈论的是不是苏格拉底、基督、圣女贞德或真主安拉等典型案例，一切都是由宗教指控（亵渎或背叛神圣法律）决定的。宗教权威机构提出或煽动这项指控，再由国家决定处死并执行死刑。无论是君主、人民、总统还是总督，国家主权都体现在决定人的生或死的权力上，也体现为例外权和凌驾于法律之上的权力。施米特就是这样定义君主的：能够决定例外，有权力中止法律。在总统身上，这一权力依然存在，但由于总统是通过选举产生的，而且任期有限，总统赦免权的自由度和宽松度会受到选民意见和公众舆论的影响，而世袭的神圣君主则不会出现这样的情况。

总之，如果不挑战或限制君主的权力，我们就无法从根本上、原则上、无条件地质疑死刑。伟大的贝卡利亚曾尝试过这样做[19]，这是他关注的众多矛盾中的一个。

卢迪内斯库：这就是路易十六被处死的原因。必须消灭君权才能建立国家主权。因此，新的主权原则取代了旧原则。

德里达：但是，我们重新建立的主权，从"公民"到"人民"，至少可以说，其原则从未被彻底抛弃。这主要体现在恐怖时代。我们已经提到过，尽管废除死刑主义者罗伯斯庇尔转而支持死刑，尽管废除死刑的决定被一再否决和拖延，尽管孔多塞发表了慷慨激昂的辩词，制宪会议还是在 1795 年底承诺在恢复和平之日（"全面和平"！）废除死刑，并公开宣布："从宣布全面和平之日起，法兰西共和国将废除死刑。"

这足足花了两个多世纪。从事件的重要性和症状的出现来看，这个过程既长又短，取决于我们选择的尺度，简单地说，是欧洲和平的历史尺度——一个后革命时代相对和平、稳定和安全的欧洲，一个正在艰难建立起民主的欧洲。因为欧洲共同体内部已经废除死刑的所有国家——废除死刑现已成为欧共体的条件——都受到了来自国际社会的压力，必须限制主权。即便在议会制国家，从表面来看，废除死刑也依然是一个国家内部的、自发的、独立的决定，法国的情况就是如此。顶着公众舆论的压力——当时大部分民众都支持死刑，也许现在仍然如此——法国议员们（包括希拉克等右派议员）在1981年废除死刑，我相信此举并非只是为了听从内心的声音或为了遵守原则。他们知道，这一趋势在欧洲和国际社会已经不可阻挡了。只有中国和美国，以及一些阿拉伯和伊斯兰国家仍然在抵抗。

总之，在死刑问题上，我们不可能不讨论宗教，以及法律和宗教之间以主权概念为媒介产生的联系。我把神学－政治或者说神学－法律－政治之间的联盟作为死刑和执行死刑的基础或原则，我提到主权的概念（决定生物或主体的生死，包括赦免权），这并不意味着我依赖于一个已经存在的政治神学概念并简单地将其运用于死刑，仿佛死刑是一个"案例"或样本。不，恰恰相反，我想说的是，我们只有在死刑这一刑法现象的基础上，才可能讨论政治神学，乃至政治神学本体论。

事实上，这与其说是刑法的一种现象或一个条款，不如说是传统中刑法和一般法律的先验条件。简而言之，我想从一直以来对我而言是西方哲学史上最重要、最令人吃惊的事实说起：据我所知，从来没有一位哲学家本身利用其严谨而系统的哲学话语，从来没有一种哲学本身，对死刑的合法性提出过任何质疑。从柏拉图到黑格尔，从卢梭到康德（康德也许是最严谨的一位），他们都以各自的方式明确地、有时含蓄且略带歉意地（卢梭）表示过支持死刑。

在后黑格尔时代，情况仍未改变，要么表现为明确的话语（跟波德莱尔一样，马克思怀疑那些废除死刑的倡导者是想要保住自己的脑袋，无论是在废除政治罪死刑的 1848 年短暂革命中——雨果本人也提出了这样的怀疑——还是在雨果曾积极参与过的废除死刑的大规模示威游行中 [20]），要么表现为令人不安的沉默和遗忘，就好像这称不上是个真正的哲学问题。在这里，我们不把海德格尔（据我所知，作为向死而生的思想家，他从未谈论过死刑问题，他肯定认为不应该反对死刑）、萨特、福柯等其他许多人的沉默包括在内，他们的沉默在其隐性层面也许有所不同。

据我所知，在法国废除死刑后，列维纳斯仅在 1987 年说了这样一句话："我不知道你们是否接受这个稍微有些复杂的制度，即根据真相进行审判，并用爱对待受到审判的人。在我看来，为了让仁爱与正义并存，废除死刑是必要的。"[21] 但是，与康德和黑格尔一样，他试图将《圣经》和罗马法中的同态复仇法则与其惯常的解释——《马太福音》（5: 38-44）所反对的复仇、报复等——剥离开来，并像康德一样，将其视为刑事司法的起源和理性基础[22]。

他们中的一些人也许在内心深处对死刑感到恐惧，认为没必要对此展开哲学论述；我认为列维纳斯就属于这种情况。另一些人则不管对错地把死刑看作刑罚甚至一般监狱体系中的一种特殊现象或更为严重的形式，又或者是法律系统的上层结构，必须将其置于下层结构的基础和（社会－经济－政治）"终审"的利益之上。据我所知（这是我的一个临时的假设），那些公开反对死刑的人从未从严格意义上的哲学角度发表过反对死刑的言论。这些人要么是作家（法国的伏尔泰、雨果、加缪），要么是法学家或律师（其中最重要的是贝卡利亚——他在20世纪的影响力是巨大且决定性的，之后我还会再提到他，以便能把问题说清楚——当然还有罗贝尔·巴丹特尔等）。

既然这一至关重要的"事实"可以被证实，那么我们就应该思考，是什么将哲学——更确切地说是本体论——的本质或霸权传统（两者是一回事）与死刑的政治神学及以各种形式占据至高统治地位的主权原则焊接在一起。

这种本体论与死刑的政治神学的焊接，既强大又脆弱，既有历史性又有非自然性（这也是我想到冶金技术的原因），它同样把哲学（形而上学或本体神学）、政治（至少是城邦或主权国家思想主导下的政治）和某种"人类本性"概念置于同一个空间内并使其紧紧联系在一起。人类的本性在于能够为献祭"付出生命"，能够超越生命，在尊严中获得比生命更重要的价值，通过死亡走向一种比生命更有价值的"生命"。这是柏拉图的"épimeleia tou thanatou"，即要求我们练习死亡的哲学；是人类无与伦比的尊严（Würde）——康德认为，作为自身的目的而非工具，人超越了他的生存条件，因此将死刑写入法律是一种荣耀；是为了承认自己的信仰而进行的斗争——黑格尔认为这种斗争必须冒生命危险；是此在的向死而生——海德格尔认为，只有此在才可以真正地死亡，而动物只能说结束生命或断气……

因此，死刑和死亡本身一样，是严格意义上的"人类本性"。虽然可能会再一次冒犯到一些人，但我还是想说，死刑始终是符合深层次的"人道主义"诉求的。在欧洲法律中是如此（尽管欧洲以外存在各种符合情理的大规模甚至仪式化杀戮现象，但我不确定，从严格意义上来说，在欧洲法律以外是否存在真正的"死刑"）。在两种传统的交会中——欧洲本身——也是如此，一种是《圣经》的传统（在"不许杀人"之后，上帝在"审判"——一部真正的刑法——中命令处死那些违反戒律的人，这就不得不再一次提到极具争议性的同态复仇法则），另一种是我刚才提到的本体神学的传统。

因此，长期以来，我一直深信，对支撑死刑的哲学话语的思辨框架（避免说脚手架˙）进行解构，并非只是诸多必要中的又一项，并非只是一个特殊

---

* 法语中"脚手架"（échafaud）和"断头台"是同一个词。——译者注

的应用点。假如我们可以在这个话题上谈论建筑原理和建筑物的话，死刑大概就是我刚才所说的本体神学政治的拱心石，或者说是水泥和焊接，是以自然和技术之间的区分以及由此产生的一切（自然／技艺、自然／法律、自然／人为）使某种非自然的东西，某种历史的法律，某种人类特有的、所谓合理的法律得以站立的假体。

我想再回到康德身上。他认为他在刑法中找到了一个"绝对命令"和纯粹理性的先验观念，而如果没有死刑，如果没有需要重新解释的报复法（jus talionis）的命令，刑法就无从谈起。当我说"死刑的哲学话语"，也就是"需要解构"的话语时，我考虑的不仅是那种在大多数直到大约1990年还保留死刑的民族国家中盛行的"死寂"话语（过去十年间，大多数民族国家通过各种方式结束了死刑，因此"解构"的进程正以一种关键且意义重大的方式加速，这关乎主权、民族国家、宗教等）。

当然，我也在思考支持废除死刑的话语（如您所知，我对此深信不疑），但这绝不是为了找平衡。我认为，就其现状而言，这种话语在很大程度上是可以完善的，从哲学和政治角度来看都是脆弱的，或者说是可以解构的。至少有三个原因：

A

首先，每当借鉴贝卡利亚的逻辑时（几乎总是如此），支持废除死刑的论述就显得很脆弱。话虽如此，我们仍要向贝卡利亚这位伟人及其历史性贡献致以崇高的敬意，这也是自18世纪末以来人们一直在做的事。如果我们严格地执行贝卡利亚列出的中止死刑的例外情况清单，那么几乎每天都会有人被执行死刑。在贝卡利亚看来，一旦一个社会的秩序受到威胁，或者说当这个秩序还没有得到保障时，对公民执行死刑就是可以接受的，尽管死刑对公民来说不是一项"权利"。换句话说（这里涉及问题最模糊的一个方面），只要我们还没有明确地界定战争的概念，以及内战、国民战争、党派战争、"恐怖主义"（无论是内部的还是外部的）等之间的严格差异（所有这些概念不管过去还是现在都是可疑的、模糊的、教条的、可操纵的），在一个繁荣且和平的国家的安全边界内废除死刑，就仍然是一件有限的、方便的、暂时的、有条件的事，也就是说不是原则性的。废除死刑将受到自由市场正常运作的制约[23]，贝卡利亚本人也清晰地看到了这一点——这仍然值得今天的我们深思。

随后，贝卡利亚注重树立威慑性的典范，认为死刑没有必要，与其说是不公正的，不如说是无用的，而且不够残酷，起不到威慑作用[24]。他认为，终身强制苦役更可怕、更残酷，因此此在威慑方面更有效。康德对这种功利主义或"典范主义"进行了强烈的批判，矛头指向两个方面（如果可以这样说的话），一方面是那些认为死刑是用来达成某个目的——社群或国家的安全、和平、福祉等——的有效手段的人，另一方面是那些大多数像贝卡利亚一样持反对意见的废除死刑主义者。为了反对这一支配着双方（支持或反对死刑）辩论的手段和目的论，康德提出了正义理念和刑法的"绝对命令"，呼吁将人类视作具有"尊严"（Würde）的自身的目的。

这种尊严要求罪犯受到惩罚，因为他就应该被惩罚，不必考虑任何功利性，也不必考虑是否起到某种社会政治作用。只要我们不把这种论述的漏洞从内部、从概念的严密性中揭露出来，只要我们还没有解构康德式或黑格尔式的话语——这种话语试图从原则上证明死刑的合理性，不考虑任何利益，不涉及任何功利——我们就将一直停留在一种不稳定地、有限地支持废除死刑的话语中，它受制于某个背景的经验主义的、本质上是临时的条件，遵循目的和手段的逻辑，以及严格的法律理性。在我开设的关于死刑的研讨班上，我尝试的正是这种艰难的"解构"。我无法在此重复这一过程。简单地说，这种解构将从内部攻破以下内容：

一、康德的"惩罚"概念中的根本区分，即自然惩罚（poena naturalis）和法律惩罚（poena forensis）之间的差别，前者指的是罪犯先于法律和制度对自身施加的内部的、私人的惩罚，后者指的是社会通过其司法机构和历史制度从外部实施的严格意义上的惩罚；

二、自我惩罚和外界惩罚的区分：康德认为，罪犯作为有理性的人和主体，应当理解、认可甚至要求惩罚，哪怕是最高的惩罚；这就把一切来自外部的制度性和理性的惩罚转化为处于内在惩罚难以确定的边界内部或边界上的自动和自主的惩罚；罪犯应当承认判决是合理的，应当承认制服他——并导致他为自己判处死刑——的法律理性是合理的。为了达成这个结果，罪犯象征性地亲自执行判决，就像是在自杀（suicide）[25]。对于法律理性的自主性，只存在自我处决。"就仿佛罪犯自杀了"。

由此，我们再也不能严格地划分出纯粹、免疫[26]、安全的法律领域——不受一切用来净化它的东西的污染，包括利益、激情、复仇、报复、牺牲的冲动（康德认为，道德和法律理性在本质上就是明确的牺牲）、有意识或无意识冲动的逻辑，以及弗洛伊德和赖克列在最古老、最坚不可摧的"同态复仇法则"名下的一切。

我并不是想说康德认为死刑就是自杀。这和简单地把死刑说成谋杀一样愚蠢。所有这些草图、假设、疑难和悖论的目的或作用不是混淆那些完全不同的事物，推翻那些对立或用其他的对立取代它们，而是要中止、指明或提醒人们有必要中止我们天真的信心，即我们的常识、我们对一些区别或对立的有意识的信仰，比如内部／外部、自然与内在／非自然与外在（自然惩罚／法律惩罚）、自我和外界、自我惩罚和外界惩罚、处决和谋杀或自杀。

对我来说，重要的是这些边界受到了撼动，变得可以渗透、无法确定，而不是要建立新的令人信服的区别和对立，为了可以说：是的，这就是自杀，那就是处决和／或谋杀。或者，这是处决或谋杀而不是自杀，那是自杀而不是处决或谋杀。

三、康德对同态复仇的重新阐释，他通过迁移有力地唤醒了《圣经》和罗马的传统。这是一个巨大的问题，一个文本的巨大荆棘丛，我们无法在此详细讨论。康德更接近纯粹的犹太或罗马传统，而不是某种福音精神（正如我刚才所说，马太谴责同态复仇法则）。我认为，在和性有关的例子上，在性犯罪——鸡奸、强奸、兽奸——方面，康德未能提出等价原则，因此也未能提出可计算性原则。另外，对康德和黑格尔来说，这种对（不仅是字面上的或数量上的，更是精神上的和象征性的：不可形象化的形象）等价性的关注与我们刚才所说的外界惩罚转变为自我惩罚的过程交织在一起：平等

（Gleichheit）调节着同态复仇的绝对命令，它首先取决于这样一个事实：我把对他人造成的痛苦同样先验地施加到我自己身上。康德直截了当地说："你给人民中的某个人施加了他不该承受的（不恰当的）痛苦，你同时也把痛苦施加在了自己身上……如果你把他杀了，你就把自己也杀了。"或者说，我还记得有这样一句话：如果你偷了别人的东西，你就破坏了所有权原则，你等于在偷自己的东西。

死刑问题不仅是主权的政治本体神学问题，围绕着罪与罚之间不可能的等价性的计算、它们的不可通约性、围绕着难以估价的债务，它还是理性原则、将理性解释为"理性原则"、将理性原则解释为可计算性原则的问题。这个关于"核算"、算账和"交代清楚"（reddere rationem）的问题，必须与其他问题一起讨论，不过我认为，必须首先在海德格尔和康德对理性的阐释之间进行讨论，他们两人都以各自的方式试图让理性既逃脱又服从它的计算的命运。请原谅我没有在此深入探索这条路，因为这太长也太难了，但我还是想说明一下这在原则上是必要的。

四、使君主或立法者（康德尤其提到了查理一世和路易十六）能够合理地免于一切审判和处决的例外原则；这和恐怖时代一样败坏了法国大革命，您知道，康德曾经把法国大革命赞誉为展示、提醒和宣告人类历史进步可能性的一个迹象。这种君主的例外权和绝对豁免权，正是许多国家的法律和部分国际法艰难地、不惜引发各种矛盾试图质疑的问题。也许这个事实并非偶然：就在国家元首或军队首脑的豁免权受到国际刑事法庭的质疑——谨慎些说——的同时，无论被指控犯有何种严重的罪行，罪犯都不会再被判处死刑。

五、一切死刑的不适用性，而康德认为有必要把死刑的理性原则纳入真正的、无愧于人、无愧于作为自身的目的之人的刑法中。因为康德极力坚持这条命令，即出于对犯人本人的尊重，不应对其施加任何"虐待"，也不应使用有损"人"的本质的、不可剥夺的"天赋人格"（这是永远不能失去的，哪怕失去了"公民人格"）的一切暴力；然而，谁都无法证明执行死刑不会涉及任何"虐待"。同样，我们也无法按照康德的逻辑证明罪犯是自由地、负责任地犯下罪行，而不是通过康德和一般人所理解的"病态"的方式犯罪的。

B

如果正如我刚才所说，就其现状而言，支持废除死刑的话语是可以完善的、脆弱的，或者说是可以解构的，那是因为它将尊重生命和禁止杀戮局限在和平时期的国内法律和国家领土范围内。然而，在今天，没有什么比一般的分界线，或者是战争与和平、国内战争与国际战争、战争与非政府组织开展的所谓"人道主义"行动这些概念之间的分界线更难以确定、更漏洞百出的了。未被殖民国家合法化的独立战争、"恐怖主义"、施米特所说的"党派战争"——所有这些现象模糊了"公敌"的概念（卢梭）。

这些现象使所谓的"正当防卫"和无"死刑"的快速处死（没有审判、没有判决、没有公开处死等）成为可能，它们让大家意识到，这个刑罚问题不在于生死之间，而在其他地方。死刑的问题不只是一个简单的生与死的问题。

C

正因如此，"二战"以后的许多国际宣言往往非常微妙，至少从字面上来看如此。而且是有意这样的。我们无法在此详细研究，但简而言之，它们所依据的"生命权"（人权之一）的概念和原理是存在问题的；它们提倡避免酷刑和残忍的虐待（我已经说过这个概念非常模糊）；更重要的是，它们避免做出任何有约束力的决定，而总是提出一些不具备"法律效力"的建议，这些建议的出发点是极好的，但因为国家的主权原则和例外权被拒于门外——只是建议国家保护被告的权利，并且只在特殊情况下按照法律程序执行死刑。来自美国的压力（通常以罗斯福夫人为代表）在尊重主权方面发挥了重要的作用。但是，我们无法在此重现"二战"之后出现的辩论、纽伦堡审判、危害人类罪和种族大屠杀概念的确立等，这是一段丰富的历史。

卢迪内斯库：从这个角度看，难道不应该重新审视犹太人大屠杀吗？

德里达：严格来说，犹太人大屠杀并不属于死刑。它从来不指望具备什么合法性，甚至连合法性的幌子都没有。没有审判，没有罪犯，没有指控，也没有辩护。这种大规模的杀戮（种族灭绝或大屠杀）与死刑不属同一范畴。这就解释了（但并不能证明是合理的）为什么有些人认为（我认为是错误的），相比那些重大的危害人类罪、种族大屠杀、战争罪、未能向数以亿计的处于危险中（营养不良、艾滋病等）的人提供援助的否认行为，更不用说大规模的监禁（美国在这方面也保持着纪录），关于死刑（往往是个别的现象，仅针对某个可以被指名道姓的公民）的辩论相对而言或者说在统计学上可被看作微不足道。

但是，我们必须考虑到所有那些依据简易审判[*]甚至秘密审判便执行死刑的"不洁"现象。原则上，

---

[*] 简易审判是英美法系中特有的制度，指当当事人对案件中的主要事实不存在真正的争议或案件仅涉及法律问题时，法院不经开庭审理而及早解决案件的一种方式。——编者注

按照欧洲法律，死刑必须在审判、判决和执行过程中向公众公开，必须是一项官方的信息（这是执行的先决条件）。如果不是这样的话（似乎中国和日本就不是这样的，也许还有世界上其他许多地方和历史上的其他时期），就无法确定我们真的可以严格地讨论"死刑"。

卢迪内斯库: 所以才会出现我们刚才提到的"清洁"，尤其是消除痕迹的做法。我说要重新审视犹太人大屠杀，我想到的就是死刑实施方法的这种演变，即越来越倾向于消除这种合法死亡的痕迹。当今美国处决死刑犯的方式主张消除一切形式的痛苦，但它仍然是病态的，它使得死刑更加难以忍受，因为它试图否认的不是处决本身，而是痛苦，或者说是与从生到死这个痛苦过程有关的痕迹。

过去曾经存在过一种死刑犯的英雄主义。用斧头处决的方式让人联想到国王的两个身体理论，在某个瞬间，死刑犯就如同一位被粗暴地砍去头颅的君主。纵观死刑的历史，我们已从观看酷刑场景获得无尽快感发展到消灭痛苦（断头台），又从消灭痛苦发展到消除死亡过程的一切痕迹。直接观看行刑已被禁止，不过人们正在认真考虑通过电视恢复这个场景，这也说明偷窥癖和暴露癖是无穷无尽的。但更重要的是，杀戮行为现在正逐渐淡去，取而代之的是一种临终关怀，因此，杀人过程不可避免的恐怖也随之消失。从某种程度上说，人们对处死的暴力感到羞耻。

德里达： 您说的"消除痕迹"……这是一个关于下葬的大问题。比如，在古希腊，在死刑完全合法的时代——苏格拉底或柏拉图时期，还有比处死德高望重的公民更可怕的事。对于某些特别严重的罪行，死刑犯的尸体会被扔到城墙上，他们会失去下葬的权利。在今天的美国，情况可以说正相反。人们宣称要尊重被处死的人，尤其在得克萨斯等大规模执行死刑的州。死刑犯在行刑前可以留下遗言，他们的话会被打印出来，然后在网络上传播。这样，就形成了一套完整的最后陈述（last statements）语料库，并且被呈现在网络上（on line）。死刑犯所说的话会得到尊重，他们的尸体会被归还给家人，痕迹也没有被掩盖。关于美国处决死刑犯的声像档案，还有很多值得讨论的问题。

卢迪内斯库：在我看来，死刑仍然是人们所期望的，它令人着迷，不过它现在与某种社会病症联系在一起。另外，在那些实施死刑的国家，越来越多的"无辜犯人"被判处死刑，而没有任何证据可以证明他们犯了罪。在美国，误判死刑的情况比比皆是，这正说明了死刑是"不正常的"。我认为，假如美国废除死刑，如您所说，也一定不是出于原则性原因，而是出于偶然的原因。这将是一种实用主义而非原则性的废除，是虚伪的废除，它与对处决无辜者、精神病患者或犯谋杀罪但属于受歧视的少数群体（黑人、跨性别、同性恋者等）的恐惧联系在一起。罗贝尔·巴丹特尔在1981年关于废除死刑的讲话中指出，第五共和国最后一批被处死的人本不应该被处死：其中有一个可能是无辜的，另一个有精神障碍，还有一个是残疾人……

德里达：确实，美国出现的越来越多的焦虑情绪更多是和大量的"误判"有关，而非与死刑的原则有关，这些误判导致许多人在极不公平的情况下不明不白地被处死。也许有必要列举几个数字。截至今天，已有73个国家完全废除了死刑，13个国家废除了普通法犯罪的死刑，即所谓的非政治罪死刑（这又涉及那个老问题：是否并非所有的罪行都在本质上是政治的，就像瓦尔特·本雅明所说的犯下"重罪"的"重罪犯人"，他们威胁国家法律的基础，想要垄断暴力——我还想到了穆米亚·阿布－贾迈尔的例子 [27]，他一直声称自己是政治犯）；22个国家在事实上而非法律上废除了死刑（区分的标准是：连续十年没有执行死刑）。总体而言，大多数国家（108个）已在法律上或在实际中废除了死刑，87个国家仍保留着死刑。

自1979年以来，每年都有两三个国家废除死刑，这个队伍正在不断地壮大。1999年，东帝汶、乌克兰和土库曼斯坦废除了对所有罪行的死刑，拉脱维亚废除了普通法犯罪的死刑。1999年，31个国家的1813人被处决，63个国家的近4000人被判处死刑。国际组织通报了这些数据，并从地缘政治的角度补充了一个对我们来说比其他任何数据都更重要的细节（这里的定量不仅是一串数字，它还是一种动态的定量，请允许我在这里套用康德对"崇高"这个主题提出的区分，死刑问题与"崇高"甚至崇高化问题有某种联系）：

因此，全世界 85% 的死刑集中在四个国家。首先是中国，在绝对数量上遥遥领先其他国家（至少有 1077 例[*]）。其次是伊朗（至少有 165 例）和沙特阿拉伯（103 例），最后是美国（98 例）。另外也不要忘了刚果民主共和国（约 100 例）和伊拉克（数百例，不过有些未经审判）。目前，除许多阿拉伯国家外，只有两个"大国"仍保留着死刑——大规模实施死刑的中国和从 19 世纪起就一直流传着废除死刑声音的美国。

您知道，1972 年，美国联邦最高法院认为死刑与宪法的两项修正案相悖：一项是关于歧视的，另一项涉及非常规酷刑（unusual and cruel punish-

---

[*] 中国的死刑人数属于国家机密，无法判定德里达这个数字的来源及来源的可靠性。可以查到的事实是，直到 2007 年中国最高人民法院才收回死刑复核权，1997 年到 2011 年间我国的死刑罪名达 68 种。——编者注

ment）。从那时起，最高法院就把实施死刑等同于"非常规酷刑"。于是，死刑实际上就被中止了。

因此，美国没有废除死刑原则，而只是暂停执行死刑。从 1972 年到 1977 年，美国没有执行过一例死刑。没有任何一个州得以违反联邦最高法院的这条禁令（不过有些州对这条禁令的民主性提出过质疑，因为那些法官是被任命的，而不是选举产生的。芝加哥的一位法学教授就提出了这样的观点，他认为民主政府不应该违背"民意"，而"民意"中支持死刑的声音占大多数。我反对这些观点，即议会民主不服从民意而服从选举产生的多数，法国议会在违背多数民意或在全民公决可能产生相反结果的情况下废除死刑，因此，我认为有必要问他一句：您如何解释最高法院在 1972 年中止了死刑呢？这难道不是一项民主制度吗？答案是"不"，这引发了我很多思考。其实，我的想法是，如果美国有一天废除了死刑，那一定是一场渐进式运动的结果，事实上，必须一个州接一个州、一次中止接一次中止地推进，不可能仅仅依靠联邦政府单独的决定）。

1977 年以后，一些州认为，与电椅、绞刑架和毒气室相反，注射死刑既不算残忍，也不算非常规。于是，死刑又恢复了，最高法院不得不低头。在得克萨斯等州，死刑犯数量急剧攀升，尤其是在共和党总统候选人小布什担任州长期间[28]。

回到您刚才说的病症的问题，在美国人的意识中，一场真正的危机正不断显露出症状，这主要是因为来自国际社会的压力。

举个例子，在伊利诺伊州，有十三名被关押在看守严密的死囚区（death rows）长达几十年的死刑犯最后被发现是无辜的。之所以发现这一点是因为，在埃文斯顿的一所新闻学院，好像是在芝加哥附近的西北大学，几个教授和学生偶然发现其中存在严重的违规现象，于是案件就被重审了，那十三个死刑犯最终被无罪释放！伊利诺伊州州长是一位受人尊敬的共和党人，但支持死刑原则，他在这起事件后立即发布了暂停令："如果有那么多无辜的人，那么多死刑犯最后被发现是误判的受害者，那么我将暂停死刑的判决。"

最近，在一次访问美国期间，我看了那十三个被无罪释放的死刑犯参加的一档电视节目，其中十二个是黑人，一个是白人。他们讲述了自己在监狱中度过的漫长岁月，以及最后的无罪释放。没有任何补偿！只有一个人通过法律程序成功地获得了赔偿！他们都找不到工作，尽管已经被证明是清白的，但他们仍然是嫌疑犯。如今，DNA 检测能够为严重误判死刑的情况提供更多的证据。目前，正在"受到审查"的是美国整个司法体系。

小布什出了名的从不赦免任何人。就在那档电视节目中，有人问他："您认为在得克萨斯州，所有您拒绝赦免的人都是有罪的吗？"他平静地回答："是的，在得克萨斯州，他们都有罪。"

每天，在纽约、芝加哥或加利福尼亚州的欧文开设研讨班期间，我们总是在课堂开始时分析有关这一主题的报刊文章和电视新闻。我还记得一个很有名的案例，一名护士模仿合法处死的方式（注射死刑）杀死了自己的两个孩子。为了能"与两个孩子会合"，她拒绝接受赦免，并要求自己也获得注射死刑。这个女人最后被处决了。也许经过判定，她是神志清醒的。

卢迪内斯库：不过，美国有一条和我国《刑法典》第 122.1 条（原第 64 条）类似的规定，即免除精神病患者的死刑。您刚才提到的那个处死案例反映了一种严重的倒退。因为在已经废除死刑的国家，有关在精神错乱状态下所犯罪行的规定都已做了修改。原第 64 条的目的是通过消除犯罪的痕迹使精神病罪犯免上断头台[29]。如今，这已经没有必要了，第 64 条也已不复存在。于是，我们试图通过各种治疗（包括精神分析）来让精神失常的杀人犯负起责任，从而让他意识到自己行为的严重性。因此，虽然精神病罪犯不必承担刑事责任，但他的行为不会像废除死刑之前那样从他的意识中消失。治疗和恢复理智就是可能的。

德里达：无论是"精神障碍"问题还是年龄问题（但究竟什么是年龄呢？是心理年龄吗？一个人可能有多个年龄，取决于专家选择的角度；我们在研讨班上对此进行了大量讨论），美国的做法都趋向于越来越严格，有时甚至违反了国际法的建议。他们越来越不重视被告身上可能的精神障碍和低龄因素。

关于"是否观看处死或残酷场面"的问题，福柯说这种惨状的可见性正在逐步褪去。这是事实，但与此同时，通过电视和电影，人们可以看到越来越多的影视作品打着支持废除死刑的幌子，不仅把死刑的判决搬上屏幕，还展示了直至最后一刻的处决全过程。因此，可见性是被延迟了。媒体的变革意味着我们不能只讨论不可见性，还应讨论可见领域的变革。今天，世界空间中的事物比以往任何时候都更加"可见"；这甚至是问题——和斗争——的一个基本事实。幽灵的逻辑侵袭了一切，它无处不在，在哀悼工作和图像技艺（tekhnè）交织的任何地方。（正是这种交织让我对《马克思的幽灵》产生了浓厚的兴趣。从最早的时候开始，鬼魂或者说还魂者的主题 [30] 就贯穿了我的大部分文章，并且很快就会与痕迹的主题融为一体……）

卢迪内斯库：确实，我们的思想世界被大量呈现鬼魂、幽灵和还魂者的作品侵袭着 [31]。仿佛幽灵是我们全球化世界的症状。我觉得这很令人振奋，因为哀悼工作就意味着永远不要忘记从遗产中和从死者身上继承下来的东西，但这也同样令人恐惧，我们好像被降临到我们身上的死者附身了，它们就像拉康所说的"现实"：一种死亡的现实、一种永恒的哀悼。

德里达：的确，对某种幽灵逻辑的关注在今天似乎正呈现出一种异常坚决的形态，几乎无处不在。当然，这关系到一般的技术（本质上与技术假体有关）和哀悼工作的必然性——哀悼工作不是一项普通的工作，而是所有工作的决定性标志。这也关系到哀悼的不可能性。哀悼必须是不可能的。成功的哀悼就是失败的哀悼。在成功的哀悼中，我合并了死者，我与死者同化了，我与死亡和解了，因此，我否认了死亡和他者死亡的相异性。所以我是不忠的。哀悼的向内投射一旦成功，哀悼便取消他者。我把它带到自己身上，因此我否认或限制了它的无限相异性 [32]。

这就和移民的融入、外国人的同化一样。因此，不一定必须等到死亡才有"哀悼效应"。我们不必等到他者的死亡才抑制他的相异性。忠实为我规定了哀悼的必要性和不可能性。它命令我将他者带到我自己身上，使其在我身上生存，将其理想化、内在化，但同时要求我不要真正做成哀悼工作：他者必须始终是他者。他现在确实已经不可否认地死了，但如果我把他当作我的一部分带到我自己身上，并因此通过成功的哀悼工作将他者的死亡"自恋化"，那么我就消灭了他者，我减轻或否认了他的死亡。不忠就从这里开始，除非它继续这样下去，甚至变得更糟。

卢迪内斯库：相反，我认为，成功的哀悼工作不是一种不忠。它使你投入一个新的对象，从而延续对旧对象的记忆。我们对所爱之人的哀悼胜过对所恨之人的哀悼。在第一种情况下，我们爱另一个对象，而同时又忠于对逝者的爱；在另一种情况下，我们忠实于对逝者的恨，同时将这种恨向内投射并使其转移到另一个对象身上。

德里达：是的，但我们是通过背叛和遗忘来使所爱对象永存的。必须好好忘记死者，就像我曾经说过的那样——这本质上是同一种变体，"必须好好吃饭"[33]。忠实是不忠的。

卢迪内斯库： "不忠的忠实"和"作为不可能的哀悼的成功的哀悼"这样的说法很好地揭示了忧郁的双重特性：它既是创造也是破坏的源泉。但我也想到了您所说的宽恕。为什么必须"宽恕那些不可宽恕之人"，即便他本人并不请求宽恕[34]？

德里达： 我没有说必须宽恕不可宽恕之人，我只是建议对我们所继承的宽恕概念进行分析。这仍然是一个关于遗产的问题。这里的遗产既有犹太教的，也有基督教的，还有伊斯兰教的，其中基督教留下的印记最深。有两种相互矛盾的逻辑在争夺这一遗产。占上风的逻辑规定了一个条件：只有当罪犯请求宽恕时，宽恕才有意义。罪犯承认自己的过错，并且已经走上了忏悔和自我改造的道路。从某种程度上来说，他已经是另一个人了。在这种情况下，宽恕是为了换取忏悔和改造。这是有条件的宽恕。

第二种逻辑也是存在的，但较少体现，甚至可以说是"例外"（它承认宽恕本质上的例外性），即一种仁慈的、无条件的宽恕：无论罪犯是什么态度，即便罪犯没有请求宽恕，即便他没有忏悔，我也要宽恕他。我宽恕作为罪犯的他，目前、现在是有罪的他，我宽恕他是因为他（她）有罪，甚至只要他（她）仍然有罪。这两种逻辑相互竞争、相互矛盾，但都活跃在我们的遗产话语中。正如我所说，其中一种更占优势，另一种则更为隐蔽，几乎看不见。

　　但是，在关于纯粹宽恕的分析中，就像纯粹好客一样，我认为纯粹的宽恕是要宽恕那些不可宽恕的人。如果我宽恕的是可宽恕的人，那么我就不是在宽恕，这太简单了。如果我宽恕的是忏悔者的错误（"什么"）或忏悔者本身（"谁"），那么我宽恕的就是犯罪或罪犯以外的事或人。因此，宽恕的真正"意义"是宽恕不可宽恕的、没有请求宽恕的人。这是对宽恕的概念，以及宽恕为了忠实于它的使命、它的召唤和它非同寻常的过渡性尺度而必须面临的困局的逻辑分析。

卢迪内斯库: 关于有条件的宽恕,您说得没错,另外,死刑废除后,这种宽恕在某种程度上就变得必要了,不仅是针对精神失常的罪犯,而且是针对其他所有的罪犯。我认为,未来某一天,我们必须考虑废除死刑所带来的结果,即"无期的无期"徒刑,再无回头可能的终身监禁。也许不一定必须在实际中废除,但应该把废除作为一种原则上的可能性。无期徒刑处罚的主要是某些杀人惯犯或那些被无法控制的、无意识的杀人冲动支配的,被认定为具有必然危险性的人。但我认为,如果死刑不复存在,那么这种无期徒刑即便不能在事实上废除,至少也应在原则上废除。无论如何,我们都应该重新考虑这种刑罚。而现实的情况并非如此。死刑的废除强化了无期徒刑的原则。我不知道在未来的某一天,我们的社会是否能够直面这样一种事实(这几乎是不可接受的,甚至难以容忍),即零风险是不可能的,再犯罪的风险必然会一直存在,哪怕微乎其微。即便罪犯在狱中服刑很长一段时间后已经变成了另一个人,即便他已经有意识地承认了自己所犯的可怕罪行,即便他确信自己不会再犯,风险也依然存在。

在我看来，要想让惩罚具有意义，就必须接受您所说的无条件宽恕的概念。

我想到了艾希曼案[35]。阿道夫·艾希曼可以被宽恕吗？

德里达： 在法律和政治领域，宽恕的概念仍然格格不入。在审判过程中，我们完全可以判处某个人死刑，不予赦免，毫不留情；而另一方面，在审判之外，我们可以宽恕他，宽恕他犯下的罪行。这是两回事。艾希曼被判处死刑，这在以色列历史上是个例外，因为在审判时以色列已经废除了死刑。关于这个国家的法律史，有许多可以讨论的地方。据我所知，这是唯一允许国家最高机关官方在特定条件下实施酷刑的国家，尽管他们的说法很含蓄，但骗不了任何人。

卢迪内斯库： 您应该知道，艾希曼身上不可宽恕的不是杀了人，而是给那些人施加了不必要的痛苦。这里又涉及了"清洁的死亡"的问题。因此，在耶路撒冷审判期间，当证人提到党卫军犯下的暴行时，他感到非常愤怒。看了罗尼·布劳曼（Rony Brauman）和埃亚尔·希瓦尔（Eyal Sival）的电影《专家》（*Le Spécialiste*）之后，我惊奇地发现，艾希曼身上有一种出奇的正常——汉娜·阿伦特称之为"恶之平庸"，这种正常近乎疯狂。事实上，当人们听到艾希曼说他谴责纳粹，同时宣誓效忠于这项把他打造成可怕罪行的奴仆的制度时，就会感到惊恐万分。

与阿伦特之后的普遍观点相反，我不认为艾希曼是个平平无奇的小官，也不认为任何人都可能变成艾希曼或纳粹分子。他的"疯狂"，也就是他极端的正常，与纳粹的论调如出一辙——纳粹自称是最理性、最"正常"的科学，却为了追求绝对（最终方案）犯下了最可怕、最"出格"的罪行。也许，只有弗洛伊德和拉康的研究才能让我们理解这种近乎疯狂的正常、这种将规范颠倒为病症的现象。因此，我认为这个案件的核心问题在于检察官吉迪恩·霍斯纳（Gideon Hausner）。他完全没有理解这个罪犯是谁，也没有认识到他那荒谬却合乎逻辑且正常的话语的真正含义，反而以某种方式将艾希曼从人类秩序中驱逐出去，把他变成了一个怪物，一个不能按照人类法律进行审判的下等人。在这样的情况下，对于这个并不请求宽恕且知道自己已被定罪的人来说，宽恕是不可能的。在我看来，当我们面对一个实施种族大屠杀的直接责任人时，我们应该牢记，一个人不管干了什么事，都从属于人类秩序，不必被当作非人类驱逐出去。残酷、毁灭的冲动、规范的疯狂，这些都是人类的核心。这正是问题所在。

德里达：原则上，法律是一种人类的制度。它理应如此，虽然最初是某种神圣性许可它、建立它、使它合法化，无论这一点是否得到明确的承认。在基督教教义中，宽恕人类的不是人类，只有上帝可以宽恕。人类请求上帝的宽恕，或请求上帝宽恕他人。想一想法国基督教会在犹太人面前发表的宣言吧。它让犹太人群体做证以请求上帝的宽恕，却没有直接请求犹太人本身的宽恕。是上帝宽恕了他们，他们请求的是上帝的宽恕。宽恕的权力——无论是有条件还是无条件的宽恕——在本质上始终是神性的，尽管它看起来由人类行使。而人们认为的却恰恰相反，即只有有限的生命会被损伤、侵害甚至杀死，因而必须宽恕或者被宽恕。

正因如此，宽恕的人性维度的问题很难解决。我很难在这里即兴展开，比如说像我在其他地方所做的那样探讨弗拉基米尔·扬科列维奇[36]或汉娜·阿伦特在这个问题上的看法。在阿伦特看来，宽恕是一种纯粹的人类经验，即便对基督来说也是如此，她总是把他称作拿撒勒的耶稣，以强调他在大地上的起源，强调他的出生、他的话语和他的话语的行动所在的人类地点。确切地说，她是在《人的境况》（*The Human Condition*）的《行动》一章中这样写的。在这本书中，她分析了社会联系的两个条件，即宽恕和承诺[37]。她说，为了让社会生活不被中断，必须有惩罚和宽恕。因此，她提出了一个原则，即只有在可以行使惩罚权的情况下，宽恕才有意义[38]。我觉得这很值得商榷。

卢迪内斯库：您不同意她的观点吗？

380

德里达：我觉得她似乎把事情简单化了。我倾向于认为，只有宽恕了不可宽恕的事物，从而超越了法律，超越了一切可计算的惩罚，宽恕才能履行其纯粹的使命。宽恕是且必须是在法律空间之外的。就像赦免一样：赦免权不是一种普通的权力。宽恕与惩罚之间不存在任何对称性和互补关系。事实上，它与惩罚毫无"共同之处"。我们可以以完全不同的方式解读她引用的文本——我们不在这里一一展开，所有这些文本都直接且明确地把宽恕的最高权力归于上帝。显然，这不可能是一个纯粹以人类为中心的问题。宽恕的概念中蕴含着某种超人类的东西。我们不需要上帝来讨论超人类或非人类。无条件宽恕的概念中存在着不可能，因为宽恕不可宽恕之事的宽恕是一种不可能的宽恕。它创造了不可能，它给予了不可能，它宽恕了不可宽恕的事。

因此，宽恕不可宽恕的，就是打破人类的理性，或者至少是打破被解释为可计算性的理性原则。它指向的是人类开始宣布自己的无内在性的地方。在宽恕概念中，存在着超越的概念。也许我们不需要宽恕，也不需要相信这种东西可能是存在的；但这里涉及的恰恰就是不可能的可能性，如果我们想讨论这个问题，如果我们想连贯地使用这个词，我们就必须承认，宽恕不可宽恕之事就是完成了一项不再属于人类内在性的行动。这就是宗教的源头。在这种不可能的概念中，在宽恕的这种"欲望"或"思想"中，在这种不可知和超现象的思想中，我们完全可以尝试找到宗教的起源。

卢迪内斯库： 难道您不认为，我们在这里未指名道姓地谈及的，就是犹太－基督教的遗产，一方面是为了与科学主义、某种无神论和全球化抗衡——它们将人类限制在一种激进的积极性中，另一方面是为了与教派的危险和非理性的话语（比如某些教派或原教旨主义的话语）抗衡——它们试图为人类带来一种新的精神？

德里达： 我无法在这里给出一个简单的答案。我尽可能追求一种超非神学（hyper-athéologique）话语的必要性，但与此同时，我也从未停止对（犹太教、基督教、伊斯兰教）亚伯拉罕文化[39] 的思考，丝毫没有想过要摧毁它或质疑它。为了解释我的这种双重姿态，或者说为了证明其合理性——虽然从表面上来看它似乎是一致的，是既分裂又不可分割的——我必须阅读、书写或重写我已经写过的一切。在此，如果只用一句话概括的话，我想说：多年来，在许多文章中（比如《触感：让－吕克·南希》，但不仅限于此），我一直强调这种海德格尔式的解构（Destruktion）有着直接的路德式起源。我一生都在探索这种解构，这正是我们谈论的遗产之一，是需要既忠实又不忠地接受、破坏、讨论、过滤、转化的遗产[40]。

一直以来，对我来说重要的是对这种解构、这种解构的基督教"景观"的解构。因此必须穿过这个地方。可以从这里穿过吗？仅仅是穿过？"穿过"意味着什么？是超越？是踏出脚步？这个脚步可以不被永远地踏出吗？我们永远不能——这是遗产的命运，我们永远不应该试图避免被置于错误的步伐中。甚至避免自己进入。那样我们就再也无法前进了，一切都无法再前进。

注释

[1]　1971 年 9 月，罗杰·邦当（Roger Bontemps）和克洛德·比费（Claude Buffet）一起参与了克莱尔沃监狱囚犯的暴动，导致两名人质被杀害。1972 年 11 月 28 日，邦当和比费一同被处决，然而他并未犯下任何罪行。罗贝尔·巴丹特尔是他的律师。比费拒绝了总统特赦："如果我得到赦免，我就会再次杀人。不管把我关在哪个监狱，我都会再犯下别的谋杀罪。"为了能够直面死亡，他要求仰面朝天接受死刑，但遭到了拒绝。参见罗贝尔·巴丹特尔《处决》（Robert Badinter, *L'exécution* [1973], Paris, Fayard, 1998），以及阿兰·蒙内斯捷《犯罪大事件》（Alain Monestier, *Les grandes affaires criminelles*, Paris, Bordas, 1988）。

[2]　弗朗索瓦·密特朗于 1981 年至 1995 年任法国总统。

[3]　该法案于 1974 年 11 月 28 日通过，其草案由瓦莱里·吉斯卡尔·德斯坦（Valéry Giscard d'Estaing）右翼政府的卫生部长西蒙娜·韦伊（Simone Veil）提出，1920 年禁止堕胎的法律——违者将受到刑事起诉——因此被废除。

[4]　罗贝尔·巴丹特尔，《废除》。

[5]　德里达经常讨论死亡，尤其是在《丧钟》一书中
（如 20 世纪 60 年代的许多研讨班一样，该书也
涉及了死刑问题）；在《持存》中，他评论了布
朗肖的《我死亡的时刻》（*L'instant de ma mort*,
Paris, Gallimard, 1994）；在《赠予死亡》（*Donner
la mort*, Paris, Galilée, 1999）中，他分析了亚伯拉
罕在摩利亚山上的处境：亚伯拉罕知道必须在天
使打断他杀死以撒献给上帝之前保持沉默。我们
每天都在经历这样的考验：选择一个他者并忽略
其他的他者。它象征着一种不可能的体验。

[6]　胡安·多诺索·科尔特斯（Juan Donoso Cortés,
1809—1853）是瓦尔德加马斯侯爵，西班牙法学
家和哲学家，著有多部关于如何治理人民的政治
学著作。科尔特斯曾是自由主义者，崇拜法国大
革命和启蒙精神，后来逐渐演变为高调的保守主
义者和虔诚的天主教徒。在 1851 年出版的《天
主教、自由主义和社会主义论》（*Essai sur le
catholicisme, le libéralisme et le socialisme*, [1851],
Grez-en-Bouère, Dominique Martin Morin, 1986）
中，他认为世界被分成了两种完全不同的文明：
天主教和哲学（其中包括社会主义和自由主义）。

科尔特斯选择了天主教，他蔑视自由主义但尊重社会主义，把它视作致命的敌人，承认它有着无穷的力量。参见下一条注释。

[7] 多诺索·科尔特斯，《天主教、自由主义和社会主义论》。参见该书第三卷第六章："与团结教义相关的教义——血腥献祭。理性主义学派关于死刑的理论。""……天主教是一个完整的综合体，所有事物都处在秩序和统一中，形成一种至高无上的和谐。我们可以说，天主教教义尽管多种多样，但都属于同一条教义……是一个非凡的统一体……因此，天主教的话语是战无不胜的……没有任何东西能削弱其至高无上的美德。"在讨论了归罪（imputation）和替代（substitution，马西尼翁和列维纳斯都使用过这个词和概念，虽然用法不同，但我认为不无关联）的双重教义以及从该隐和亚伯到俄狄浦斯的血腥献祭的普遍制度之后，科尔特斯提出："……没有赎罪者的鲜血，人类就永远无法偿还亚当对上帝欠下的债务；不流血就不存在真正的赎罪，这是千真万确的：Sine sanguinis effusione non fit remissio（《希伯来书》9:22）；同样，人类的鲜血可以赎罪，它当然也可以赎某些个人犯下的罪。由此可见，死刑

386

不仅是合理的，而且是必要的。这种刑罚在所有民族中都已确立，其制度的普遍性证明了全体人类对流血的效率、流血的赎罪功能和用鲜血赎罪的必要性已产生了普遍的信仰。"（p. 346-347-348-357）

因此，科尔特斯强烈谴责法兰西共和国临时政府在 1848 年废除了政治罪的死刑，还宣称"6 月那些可怕的日子将永远伴随着恐怖留在人们的记忆中"。——德里达注

[8] 瓦尔特·本雅明，《暴力批判》，《神话和暴力》（Walter Benjamin, « Pour une critique de la violence » [1921], in *Œuvres, 1. Mythe et violence* [Francfort, 1955], Paris, Denoël, 1971）。莫里斯·德·冈迪亚克（Maurice de Gandillac）将其翻译成法语并作序。参见雅克·德里达《法律的力量》。

[9] 维克多·雨果，《论死刑》（p. 37）。

[10] 《一个死刑犯的最后一天》序言（Préface à *Le dernier jour d'un condamné*），《论死刑》（p. 15）。

[11] 《所见之物》（*Choses vues*），1842 年 10 月 20 日，参见维克多·雨果《论死刑》（p. 53）。

[12] 罗贝尔·巴丹特尔在《废除》（p. 163-164）中

指出了这一点。1978年，法国主教团社会委员会发表官方文件《关于死刑的思考》（*Éléments de réflexion sur la peine de mort*），对天主教会历来支持死刑表示了遗憾，并明确提出（不过仅对签署方具有约束力，而且仅限于其本国范围内）："经过慎重考虑，签署方认为法国应废除死刑。"尽管《罗马观察报》（*L'Osservatore romano*）在一年前就采取了类似的立场，但我认为这还不算是天主教会和梵蒂冈的普遍且无条件的主张。事实上，这与性、生育和堕胎方面的规定或禁令没有任何可比性（又一个比较）。——德里达注

[13] 《一个死刑犯的最后一天》序言，《论死刑》（p. 12）："……断头台是革命者们唯一没有摧毁的建筑。确实，革命从不吝惜人类的鲜血。革命就是为了修理、破坏和摧毁社会，而死刑就是革命者们最不愿放弃的砍刀。"——德里达注

[14] "人类秩序不会随着刽子手消失……文明不过是一连串接续不断的变革……耶稣温柔的律法终有一天会穿透法典普照世界。犯罪将被视为一种疾病，为了治好疾病，应该由医生取代你们的法官，由医院取代你们的监狱。自由与健康将同在。我们将用香料和圣油取代武器和火焰，面对罪恶，

我们用仁慈取代愤怒。这将是简单而崇高的。十字架将取代绞刑架。就是这样。"（*Ibid.*, p. 38）

更简单地说，通过设想这样一个将罪恶视作疾病的未来，我认为他实际上预示着未来所有的惩罚会普遍消失。当人类像弗洛伊德一样或通过弗洛伊德认识到无意识的罪恶感先于犯罪时，这样的情况就会发生。那时候，一般的（精神分析式）忏悔将会取代刑法。在书的最后（《承认的需要》），赖克经弗洛伊德授权，以他的名义表达了对死刑的反对："我申明，我坚决反对谋杀，无论是个人的犯罪还是国家的报复。"（p. 401）在我的研讨班上，我尽可能关注赖克和弗洛伊德这些文章的价值和观点，以及精神分析和犯罪学之间的关系问题。——德里达注

关于这些问题，另见第六章《大革命的精神》。

[15] *Ibid.*, p. 12.

[16] 首次发表于 1957 年 6 月—7 月的《新法兰西评论》（*Nouvelle Revue française*），后收录于《关于死刑的思考》（*Réflexions sur la peine capitale* [en collaboration avec A. Koestler], Paris, Calm-ann-Lévy, 1957）。如今还收录于《加缪全集》

的《随笔卷》（*Œuvres*, Paris, Gallimard, Biblio-thèque de la Pléiade, 1965）。——德里达注

[17] "事实上，几个世纪以来，这种终极惩罚一直是宗教的惩罚……因此，宗教价值——尤其是对永生的信仰——是唯一能够证明终极惩罚合理性的价值，因为根据其自身的逻辑，宗教避免了终极惩罚的确定性和不可弥补性。因此，只有当它不再是终极的时候，它才变得合理。比如，天主教会一直以来都认为死刑是必要的……然而，在我们所处的制度和习俗都已世俗化的社会中，这种合理性又意味着什么呢？"阿尔贝·加缪，《关于死刑的思考》。——德里达注

[18] 参见让－吕克·南希《基督教的解构》，《哲学研究》（Jean-Luc Nancy, « La déconstruction du christianisme », in *Les études philosophiques*, 4, 1998），以及雅克·德里达《触感：让－吕克·南希》（p. 68 et *passim*）。——德里达注

[19] "人类有什么权利杀死自己的同胞？这种权利显然不是主权和法律所依据的权利"，切萨雷·贝卡利亚，《论犯罪与刑罚》，罗贝尔·巴丹特尔作序（p. 126）。——德里达注

[20] 夏尔·波德莱尔，《可怜的比利时人！》："（废

除死刑。维克多·雨果和库尔贝一样占据着主导地位。听说巴黎有三万人在请愿废除死刑。这三万人罪有应得。你们颤抖了，所以你们已经有罪了。至少，这个问题关系到你们自身。过分热爱生命就会堕落为动物）"，《波德莱尔全集》（« Pauvre Belgique! », *Œuvres complètes*, Paris, Gallimard, Bibliothèque de la Pléiade, t. 2, 1976, p. 899）。"关系"一词承担了很大一部分责任（和指控——在其原则或形式上是康德式的，以及我们在研讨班上系统研究的问题）："死刑的废除者们——也许有很大关系"（*ibid.*, p. 1494）。尽管变态的残忍、可怕的反犹主义（我在《赠予时间》[p. 166-167] 中提到过）、历史的洞察力、反基督教的基督教强迫等混杂在一起，但在我看来，波德莱尔和科尔特斯一样，没有忽略死刑的献祭本质。"死刑是一种神秘观念的产物，今天我们完全无法理解。死刑并不是为了拯救社会，至少不是物质上的拯救。它的目的是（在精神上）拯救社会和罪犯。为了实现完美的献祭，受害者必须同意（还是康德的观点！）并感到快乐。让死刑犯服用氯仿是一种亵渎行为，因为这剥夺了他见证自己成为伟大的受害者并到达天堂的机会。"（*ibid.*, t. L, p. 683）感谢詹妮弗·巴乔雷克（Jennifer Barjorek）给我推荐了波德莱尔的这两段文字。——德里达注

[21] 《伊曼纽尔·列维纳斯，您是谁？》，与弗朗索瓦·普瓦利耶的对谈（*Emmanuel Lévinas, Qui êtes-vous* ? Entretien avec F. Poirié, Lyon, La Manufacture, 1987, p. 97）。为了充分理解这一观点的全部内涵，按照我有待核实的假设，即哲学本身和死刑之间存在本质上的联系，我们要记住两点。一方面，列维纳斯的话并不是在司法或法律领域，而是在基督教的仁爱概念中（见上文）提出的哲学论证。列维纳斯还在下一页引用了《马太福音》。爱和仁爱是列维纳斯对话内容的核心，他只是顺便提到了死刑。另一方面，列维纳斯所论述的话语并不希望成为本体论的一部分，而是希望超越作为希腊传统本体论的哲学。在《关于〈塔木德〉的四种解读》（*Quatre leçons talmudiques*, Minuit, 1968, p. 158）的最后一章，列维纳斯指出："犹太教法律不允许以多数票通过为依据判处死刑。"——德里达注

[22] 列维纳斯不仅为同态复仇法则辩护，而且认为这就是司法的起源。同态复仇法则传递的是"普适

性价值"，"所有人共享同一条法律"。这绝不是"耽于复仇和残忍。这样的做法不属于《旧约》，它来自异教徒（马太认为同态复仇是异教徒的东西）。它来自马基雅维利。它来自尼采……《圣经》在此陈述的看似残酷的原则只追求正义……拉比们从未领悟或运用过这段文字的字面意思。他们是从整部《圣经》的精神的角度来理解的……《圣经》教导我们要温和"，《同态复仇法则》，《艰难的自由》（« La loi du talion », in *Difficile Liberté*, Paris, Albin Michel, 1963, p. 178-179）。

在这里，我无法对这一话语进行必要的解读，我只想强调一点：这种对文字和精神的区分不仅是拉比们的做法，实际上也是康德和黑格尔为同态复仇法则以及与之密不可分的死刑辩护的基本论点。——德里达注

[23] "只有在两种情况下，公民的死亡才可以被认为是有用的：第一，他虽然被剥夺了自由，但仍然拥有关系和权利，从而对国家的自由构成威胁，他的存在可能会引发一场危险的革命，从而威胁既定的政府形式。因此，当国家处在恢复自由或失去自由的进程中时，在无政府状态下，当混乱

393

成为法律时，公民的死亡就变得必要了。然而，在合法性的和平统治下，当政府得到整个国家认可，对内和对外都受到很好的武力和舆论——也许比武力更有效——保护时，当权力只属于真正的君主，财富可以买到快乐而不是权威时，就没有必要杀死一个公民，除非他的死是阻止其他人犯罪的最好或唯一的办法，这是死刑可以变得公正且必要的第二种情况"，切萨雷·贝卡利亚（*op. cit.*, p. 127）。难道我们不能把这几句话理解为支持死刑最有效的辩词之一吗？ —— 德里达注

[24] "但如果我证明死刑既没有用也没有必要，我将使人类的事业取得胜利"（*op. cit.*, p. 126，罗贝尔·巴丹特尔将这句话作为题词放在《废除》一书的开头）。两页之后，贝卡利亚开始论证终身强制苦役的优势，它比死刑更加残酷，因此更能"让最坚定的心灵远离犯罪"："……在镣铐和锁链下，在棍棒和枷锁下，在铁制的笼子里，任何妄想和虚荣都会泯灭，可怜人的不幸没有消失，而是刚刚开始"（p. 129-130）。——德里达注

[25] "suicide"一词由拉丁语中的 sui（自己）和 caedes（谋杀）结合而来，1636 年被引入英语，1734 年被引入法语。

［26］ 我在这里提到了自我免疫，我在其他地方也使用过这个概念，尤其在《信仰和知识》（Foi et savoir）中。——德里达注

［27］ 穆米亚·阿布－贾迈尔（Mumia Abu Jamal）本名韦斯利·库克（Wesley Cook），1982年7月5日，经过草率的审判，他因谋杀警察丹尼尔·福克纳（Daniel Faulkner）被判处死刑。他被关押在宾夕法尼亚州的格林监狱，由于处决被一再"推迟"，他在"死囚牢房"里度过了十九年。他在狱中写书谴责美国僵化的司法制度和监狱系统，德里达为其中一本书作了序。

［28］ 小布什支持严格执行死刑，他于2000年12月18日当选美国总统。

［29］ 1810年被引入《刑法典》的第64条规定："如果被告在行为时处于精神错乱状态，则不构成刑事犯罪。"1992年，第64条被第122.1条取代："如果一个人在实施行为时患有精神或神经精神障碍，从而丧失了辨别能力或对自己行为的控制能力，则不承担刑事责任。"

［30］ 我越来越坚持幽灵（spectre）或鬼魂（fantôme）和还魂者（revenant）之间的区别。像"幻影"（fantasme）一样，"幽灵"和"鬼魂"在词源

上与可见性、与在光亮中显现有关。从这个意义上来说，它们似乎预设了一条地平线，以此为背景，人们看到即将到来或返回的事物来临，人们摧毁、支配、中止或抑制事件的突然来袭和不可预见性。相反，事件发生在没有地平线的地方，它垂直地、从很高的地方、从后面或从下面向我们袭来，它不允许自己被目光或一般的有意识感知支配，也不允许自己被述行语言的行为支配（这种行为通常被认为产生了事件，而事实上，它只是在"合法化的惯例""我可以""我有资格"等制度性权威的条件下才产生了事件）。"还魂者"像一个没有地平线的事件的"谁"来临又返回（表面上是单数形式，却包含着重复）。就像死亡本身。因此，把事件和游荡放在一起思考，就是在思考还魂者，而非幽灵或鬼魂。——德里达注

[31] 比如在电影《第六感》中，一个孩子成了生者对死者施同情的可怕责任的工具，他的心理医生只能听到他的声音，因为他已经死了。

[32] 德里达在此处提到了弗洛伊德的合并（incorporation）和桑多尔·费伦齐（Sandor Ferenczi）的向内投射（introjection）之间的对立。合并指的

是一个主体通过幻想使一个对象进入自己身体的过程，而向内投射描述的是主体按照一种与（妄想性）投射相反的（神经）机制，使外部对象进入自己的利益范围的方式。

[33] 《必须好好吃饭或主体的计算》（与让－吕克·南希的对谈），《支点》。

[34] 这是德里达于 1996 年至 1999 年间在法国社会科学高等研究院开设研讨班的主题。参见《宽恕的世纪：与迈克尔·威维尔卡的对谈》（« Le siècle du pardon. Entretien avec Michel Wieviorka »），《信仰和知识》。

[35] 参见汉娜·阿伦特《艾希曼在耶路撒冷》（Hannah Arendt, *Eichmann à Jérusalem* [1963], Paris, Gallimard, 1966）。

[36] 弗拉基米尔·扬科列维奇，《不受时限。宽恕？在荣誉和尊严中》（Vladimir Jankélévitch, *L'imprescriptible. Pardonner ? Dans l'honneur et la dignité*, Paris, Seuil, 1986）。

[37] "是拿撒勒的耶稣发现了宽恕在人类事务中的作用。尽管他是在宗教背景下发现这一点的，尽管他是用宗教语言表达的，但我们没有理由不在严格的世俗意义上认真对待这个发现……耶稣教义

的某些方面与基督教信息并无本质联系，而是源
于由那些藐视以色列当局的门徒组成的小而紧密
的团体的生活，这些方面当然属于这种经验，却
因为所谓的纯粹宗教性被忽视了"，《人的境况》
（*La condition de l'homme moderne* [1961], Paris,
Calmann-Lévy, 1983, p. 304-305），强调字体是
我后设的。从她引用的所有福音文本（《马太福
音》《马可福音》《路加福音》）中，我认为我
们能得出与阿伦特完全相反的结论，她总结道：
"在所有这些例子中，宽恕的权力首先是一种人
类权力：上帝'免除了我们的债务，就像我们自
己免除我们的债务人的债务一样'。"强调字
体是我后设的。同往常一样，"就像"、一个"就
像"的"就像这样"承担了阐释的全部责任。——
德里达注

[38]　"惩罚是另一种可能性，绝不是相互矛盾的：它
与宽恕的共同之处在于，它试图终结某些事情，
而如果没有干预，这些事情可能会无限期地持续
下去。因此，人类无法宽恕他们无法惩罚的东
西，也无法惩罚不可宽恕的东西，这是非常重要
的，也是人类事务的一个结构性要素"（*ibid.*, p.
307）。强调字体是我后设的。阿伦特和扬科列

维奇的观点也许是一致的，他在犹太人大屠杀问题上说了类似的话：这是不可宽恕的，因为它超越了可能的惩罚范畴。——德里达注

[39] 关于这个话题，参见本书第九章《精神分析赞歌》。

[40] "永远不要忘记，海德格尔式解构的基督教记忆实际上是路德记忆（Destruktion 首先是路德的 destructio，他关注的是通过解构神学遗产来复活福音书的原始意义）。如果不想把这个时代及这个世界上的所有'解构'混淆在一起，就永远不能忘记这一点……因此，'解构基督教'如果可能的话，必须首先从摆脱 destructio 的基督教传统开始"，雅克·德里达，《触感：让－吕克·南希》（p.74）。

Éloge de la psychanalyse

✦

精神分析赞歌

IX

卢迪内斯库： 现在，我们来聊聊贯穿了我们整个对话且远不止于这次对话的共同话题吧，也就是精神分析。一说到这个词，我就会立刻想到桑多尔·费伦齐的绝妙想法，他想成立一个精神分析之友协会，将对这门学科感兴趣的作家、艺术家、哲学家和法学家聚集在一起[1]。这个想法是受到了弗洛伊德的启发，弗洛伊德于 20 世纪初在维也纳成立了星期三心理学会（Société psychologique du mercredi），在身边聚集了一批知识分子。费伦齐认为，精神分析绝不应该是一群医生的专利。

1964 年，拉康采纳了这个方案，成立了巴黎弗洛伊德学院（EFP，1964—1980），吸引了一些非精神分析学家成员的加入。1969 年，我进入这个学会的时候，还没有接受过精神分析[2]。多亏了我的母亲热妮·奥布里（Jenny Aubry）——她是学会的创始人之一，也是拉康的密友——我享有一种特殊的地位：我从小就受到了这一运动文化的熏陶。

您的生活和作品都深受精神分析的影响。您的妻子玛格丽特·德里达是一位精神分析学家，也曾翻译过梅拉妮·克莱恩（Melanie Klein）的一些作品；您的一位好友尼古拉·亚伯拉罕[3]也是精神分析学家，三十多年前，他介绍您认识了勒内·马约尔。您和他一起在法国精神分析史上扮演了重要的角色。如果可以这么说的话，通过他，我本人也在1977年"重新认识"了您。当时，受您工作的启发，他"解构"了主流精神分析思想的教条和僵化，并将法国所有年轻一代的精神分析学家聚集在一个名为"对峙"的空间里。这些年轻人苦于缺乏制度，我也是其中一员，他们一方面要面对国际精神分析协会的官僚主义，另一方面还要面对精神分析最后一位大师雅克·拉康的老去。

勒内·马约尔帮助了我很多，他鼓励我写下了法国精神分析的历史。他在精神分析领域一直代表着一种抵抗和宽容精神，他反对精神分析学家与纳粹、酷刑和独裁政权之间的各种形式的——不管是过去的还是现在的——合作与勾结[4]。

作为国际弗洛伊德学界的道德标杆，马约尔总是强调您对他在理论上的帮助 [5]，您也在这场斗争中支持过他，而我就是在这场斗争中认识他的，后来又促成了在 2000 年 7 月召开的精神分析大会 [6]。

德里达：我很喜欢"精神分析之友"这个说法。它表达了一种联盟的自由，一种并无制度性质的承诺。朋友保留着批评、讨论、相互质疑——有时是最激进的质疑——所必需的审慎或保守。然而，和友爱一样，这种对存在本身的承诺，这种处在经验——思想的经验和经验本身——核心的承诺，是以一种无法逆转的认可为前提的，是对存在或事件——不仅是某种东西（精神分析），更是那些以思想的欲望标志其起源和历史的人的存在或事件——的同意。它也将为这种承诺付出代价。

总之，这种友爱的"同意"的前提是，我们确信精神分析仍然是一个不可磨灭的历史事件，确信它是一件好事，必须得到爱护和支持，即便它从未被制度化运用——既没有被分析也没有作为分析工具，即便在大量"精神分析"现象中，不管是理论、制度、法律、伦理还是政治，都存在着最为严重的问题。"朋友"向一种弗洛伊德式的革命致敬，它认为这种革命已经在我们生活、思考、工作、写作、教学等的空间中留下印记，并且还将继续以不同的方式留下印记。当然，如果我告诉您，我将我的《友爱的政治学》中的所有担忧、问题、确认、转变都隐晦地附加到友爱这个词上，您也不会感到惊讶，因为这本书本身就是以某种精神分析"遗产"为前提的，没有这种遗产，它就不可能问世（尤其是对博爱主义特权的解构），但这本书也没有放过弗洛伊德和他的门徒（此处指荣格或费伦齐），尤其是在其中一章，当然还有对"直至今日"[7]的遗产和世代的精神分析阐释。某种"直至今日"标志着我们所讨论的友爱——"精神分析之友"的友爱——的门槛和界限。尽管看起来有些困难和矛盾，但以精神分析本身的名义，朋友意味着精神分析已经发生了，但还没有发生："直至今日"。"直至今日"是什么意思？这就是问题所在。

因此，朋友也是保持警惕并在一定距离之外保持警惕的人。总是需要调整，需要移动。精神分析之友并不是一个行业组织，但它主张向那些在行业组织内部工作或受苦的人说出真相的权利，即便不是义务。我说，即便不是义务，也是权利。必须比以往任何时候都更加关注这条漏洞百出的、不稳定的分界线，它既保障又阻止了精神分析与法律、所有法律问题之间的过渡。今天，正如您所知，这条分界线正处于巨大的动荡之中。"朋友"是赞同、接受、肯定精神分析（即精神分析的到来）不可抹杀的必要性的人，但他也对精神分析与其法律之间那种可疑的，有时是人为的、人造的，因此是可解构的、可完善的关系感兴趣，就像理论与实践、知识的必要性与其制度化、精神分析的公共空间与其"秘密"空间——排斥一切"公开性"，甚至超越了人们在"专业秘密"（医学、法律等）概念下所承认和合理化的东西——的绝对创新性之间的关系。这另一种"秘密"远非要准许一切，而是同样严格地呼唤另一种伦理、另一种法律、另一种政治。简而言之，是另一种法则（当然，是他者的法则，另一种他律）。

卢迪内斯库：您与弗洛伊德的作品保持着一种非常

私人的关系。我尤其想到了您在 1966 年的讲座《弗洛伊德与书写舞台》，以及您与让·伯恩鲍姆在电台里的那次对谈，您谈到了您关于弗洛伊德的解读的合理性："我已准备好接受这样一个假设，即如果一个人没有被精神分析过，那么一切都是不可能的。"您这样回应那些我觉得带有某种"宗教性"的精神分析师，他们认为只有精神分析学家或被分析过的人才有资格阅读精神分析作品。从某种意义上来说，这是一种迁移性的阅读，专属于内行人。我完全不同意这个观点，您也对此做出了回应："我也接触过一些病人，有时候，我觉得自己比那些拿着工资的人更像一个精神分析师。"[8]

至于拉康，您认识他，也读过他的作品，不像在您之前的其他知识分子，他们虽然认识拉康，但与他的作品没有如此紧密的联系，其中包括乔治·巴塔耶、莫里斯·梅洛－庞蒂、克洛德·列维－斯特劳斯、罗曼·雅各布森。他们是拉康的朋友，但觉得他的思想太过晦涩难懂。应该说，在 1966 年《文选》出版之前，人们仅仅通过一些打字稿或发表在一些专业且难以接触到的期刊上的文章来了解这种思想，因此是非常碎片化的。就我而言，虽然通过我的母亲，我从九岁起就非常熟悉拉康，但我是在《文选》出版后才了解到他的思想的重要性的，当时我正在索邦大学学习语言学。

拉康的朋友们不理解他，没有读过他的作品，这让他很痛苦[9]。因此，你们这一代哲学家在1964年至1970年开始阅读他的作品，而他并不承认你们的重要性。我记得在那个时候，拉康变得非常小心眼，您在"拉康与哲学家"研讨会上的演讲中也提到了这一点，1985年，您也向我透露过[10]。

德里达：我以一种非常零碎、不充分且传统的方式阅读弗洛伊德的作品，我阅读拉康的方式则更加碎片化，仅仅是一种初步的阅读。那时，在1964年到1965年间，《论文字学》的"模型"——如果可以这么说的话——正在形成，这本书后来影响了我的所有研究。

但既然您提议了，我就先谈谈拉康吧。在我写《论文字学》的时候，我还不认识拉康。我只是粗略地浏览了《无意识中文字的动因》（« L'instance

de la lettre dans l'inconscient »），读了一部分
《精神分析中话语和语言的功能与场域》（« Fonction
et champ de la parole et du langage en psychanalyse »)[11]。
从 1963 年到 1965 年，我提出了"痕迹"的问题，
这需要对逻各斯中心主义和菲勒斯中心主义进行解
构。正是从那时起，我开始意识到并研究形而上学
对弗洛伊德的影响。如果说我们无法在这一哲学传
统之外考虑精神分析，那么这一传统则使精神分析
成为可能，但同时也限制了精神分析。简而言之，
这种情况经常发生，也许一直都会发生——X 使 Y
成为可能，同时也使 Y 成为不可能。

1965 年以前，我一直没有意识到精神分析对于
我的哲学研究的必要性。从《论文字学》开始，我
感觉到了解构的必要，必须对现在、完全的在场、
自我在场和意识的主导地位提出疑问，因此必须利
用精神分析的资源。当然，在那之前，我并不是完
全一窍不通，但我对精神分析的了解并没有形成完
整的体系，甚至没有真正和我"自己的"问题联系
在一起。

然而，尚未出现的东西已经"隐约"出现了轮

廓。痕迹的问题是争议的大原则、解构的战略杠杆，必须将其置于精神分析的内部和边缘。在《论文字学》和《延异》中，我试着至少找到重新阐释尼采和弗洛伊德的某种轨迹的必要性。延异或痕迹的问题不能从自我意识或自我在场的角度，也不能一般性地从现在的完全在场的角度来思考。我强烈地感觉到，弗洛伊德身上隐秘地存在着一种对痕迹和书写的有力反思。还有对时间的反思。我想，其他人也敏锐地察觉到了我的作品和精神分析之间这种紧密的联系。应安德烈·格林的邀请，我在巴黎精神分析学会做了一次讲座，因此写了这篇关于"魔法书写板"的文章，如果没记错的话，这篇文章首先受到了《原样》杂志的欢迎和赞赏[12]。您看，通过这一句话，我就说出并留下了不知道多少历史线索，这就像误解组成的一整张蜘蛛网，从那时开始编织，甚至开始谋划。再也不会结束。（我在此搁置或者说保留了整个档案、历史和社会学的——思想和人类的——工作。所有这些都已经出版了，感兴趣且有办法找到的人可以自己阅读。[13]）

正是从那时起——大约是在 1968 年到 1971 年，

我开始阅读一些拉康的文章，并在其中发现了许多令人着迷的东西，还有许多抵抗的地点或形而上学的残余。从此，我开始充分地进行解释，无论是关于"真正的话语"或"充实话语"的某种概念，还是关于一种"能指的逻辑"，抑或是关于对海德格尔的引用。在那之后，由于不想把拉康的研究简单概括为那场著名的"关于《失窃的信》的研讨会"，在1975年，我在一篇题为《真理的邮差》（《Le facteur de la vérité》）[14] 的文章中提出要对拉康进行所谓的分析。您知道，这篇文章引发了大量争论，许多人发表了自己的意见，尤其是在美国。据我所知，拉康本人和他的亲友从未对此公开回应过。

回到弗洛伊德：我关注的是在"无意识的逻辑"（我从未把这个表达当成我自己的）中找到某种东西，用来支持我从另一个地方、用另一种方法感受到其必要性的话语。这是事后的动机，是"原始的"推迟或延异，是一切破坏或威胁"活生生的现在"在时间化运动和自我或另我的构成运动中的绝对现象学权威的东西，是意义、生命和现在在现象学中的呈现——对当时的我来说，这是思想和话语的元素，虽然我与胡塞尔的现象学之间的关系也是解构性问题的重要场所。

但是，面对弗洛伊德或拉康作品中如此多的形而上学构想，"精神分析之友"仍然保持着警惕。因此，它始终采取一种双重姿态：在弗洛伊德身上标记或觉察出一种尚未被解读的资源——我认为这是应该做的，但同时要对弗洛伊德的"文本"（理论和制度）进行解构性的阅读。没有任何一个文本是均质的（对我而言，这已成为一种绝对公理，是我所有阐释的规则），对其进行分化的、不同的，甚至看似矛盾的解读是合理的，甚至始终是必要的。这种主动的、解释性的、表演性的、被打上印记的解读应该是且不可能不是一种重写的发明。

卢迪内斯库：您没有直接研究弗洛伊德的元心理学文本。您要么通过所谓的思辨性作品（比如《超越快乐原则》），要么通过一些边缘性文本——比如关于"令人不安的陌生感"或心灵感应的文本 [15]——来了解他。

德里达：我一直都是这么做的，不只是针对弗洛伊德。

卢迪内斯库：弗洛伊德认为，他所谓的元心理学是一种将精神分析从心理学中剥离出来并防止精神分析成为哲学附庸的方法。由于未能将精神分析纳入自然科学的范畴，他发明了元心理学[16]，即一种思辨模型，为的是将精神分析置于自然科学与思辨研究的交叉点。因此，他提出要把形而上学转化为元心理学，也就是说，要放弃关于存在的研究，转而思考无意识的过程。

我惊讶地发现，他的方法类似于一种回归运动，就像19世纪末的尼采那样，要回归前苏格拉底时代，回归到那些古希腊哲学家身上，在他们看来，自然界充满了伟大的神话。您自己也曾多次研究过这个问题。弗洛伊德多次向恩培多克勒致敬，尽管他有时将哲学话语纳入偏执狂的范畴，但他也将其视为高度文明的典范。在《摩西与一神教》中，他把哲学比作一神教。您为什么不把元心理学的概念作为您的研究对象呢？

德里达：将弗洛伊德的重要理论概念化也许是必要的，对此我完全同意。为了在科学史的特定背景下与心理学决裂，这是必要的。但我对这个概念装置能否长久地存在表示疑问。也许我是错的，但在我看来，本我、自我、超我、理想自我、自我的理想、压抑的次级过程与初级过程等——简而言之，弗洛伊德的重要理论机器（包括"无意识"一词和概念！）——不过是一些临时的武器，甚至是拼凑起来的修辞工具，用来反对意识哲学，反对透明的、完全负责任的意向性哲学。我对它们的未来并没有什么信心。我认为元心理学经不起长时间的检验。今天，我们几乎已经不再谈论它了。

在弗洛伊德的作品中，我更喜欢那些片段的、局部的、次要的分析，那些最富冒险精神的探索。这些突破有时重组了整个知识领域，至少在理论上如此。像往常一样，我们必须做好准备投入其中，必须能够让它们重新焕发出革命性的力量。不可战胜的力量。最后，无论发展如何不平衡、"科学"如何不完整、哲学有何预设，这种力量始终坚持重建一种不含神学或形而上学"借口"的理性。这种对理性的重建可能违背理性的某种状态或某种历史概念[17]，这种力量可以引导我们超越"权力"和弗洛伊德提出的"权力冲动"，从而超越主权的冲动去思考[18]。

但是，精神分析革命的目标——我说的就是目标——是唯一没有在我所称的神学或人文主义借口中寻求安逸和庇护的目标。正因如此，它看起来令人恐惧、残酷无情。即便对精神分析学家，即便对那些坐在沙发两侧伴装信任精神分析的人来说也是如此[19]。所有的哲学、形而上学、神学和人文科学在传播其思想或知识时都会诉诸这样的借口[20]。

能够说服我且真正地吸引我的，就包括思想的这种不可或缺的胆识，我毫不犹豫地称之为勇气：这里指的就是以不含借口（因此最"实证"）的知识的名义书写、铭刻和签署理论的"虚构"。因此，我们同时认识到了两件事：一方面，在知识、定理、真理的立场、它的展示、它的"让人知道"或"让人听到"中，策略、交易、谈判是必不可少的；另一方面，每一种理论（以及法律、伦理、政治）

立场都依赖于一种由虚构和形象发明构建的行为力量。因为保障所有行为的惯例本身就包含了对虚构的信任。比如，在《超越快乐原则》——我经常提到这本书（最近在精神分析大会上，我又提到了它的超越的超越，提到了死亡、破坏和残酷的冲动的超越[21]）——中最"思辨"的地方，我们可以证明（弗洛伊德自己也这么说过）现实原则和快乐原则之间的对立及其无限的结果是一种理论的虚构。弗洛伊德的作品中还有许多类似的例子。

在我看来，"精神分析之友"怀疑的不是实证的知识，而是实证主义和形而上学或元心理学实例的实体化。我认为，那些重要的实体（自我、本我、超我等），以及在弗洛伊德之后出现的那些重要的概念"对立"——过于坚固因而非常脆弱，如真实、想象和象征，"向内投射"与"合并"，都被某种"延异"的不可避免的必要性攻占了（我不止一次想要证明这一点），这种延异抹去或转移了它们的分界线，剥夺了它们的严密性。因此，我从来没有想过要追随弗洛伊德和他的门徒，去操作他们巨大的理论机器，去实现它们的功能。

卢迪内斯库：相反，在我看来，我们需要重视弗洛伊德所做的突破，并继续与元心理学合作。因为如果让步于您所说的巨大的理论机器，我们就有可能抹杀弗洛伊德的"颠覆"原则和创新原则，重新回到旧的无意识概念（大脑、神经元、认知、潜意识等 [22]）中去，这些概念在过去非常有意义，但与弗洛伊德研究体系的创造力相比显得极为贫乏，而弗洛伊德则为我们带来了其他任何地方都找不到的丰富的解释力。我觉得在哲学领域，我们面临的这种倒退的风险要小得多。精神分析有一种特有的脆弱性，这种脆弱性源于其对象本身：弗洛伊德意义上的无意识始终是可以避免和驳回的，可以被判定为"危险的"，并因此被排除在意识和理性之外，等等。因此，为了保持创造力，我们必须不断地回归弗洛伊德的原始姿态，以对抗精神分析本身在试图"超越"（即"埋葬"）弗洛伊德的过程中产生的教条……

德里达：也许是这样。但由弗洛伊德领导的斗争的特殊性还有待进一步探究。从历史的角度来看，我完全理解我们可以为弗洛伊德话语的"建构"辩护。但前提是我们要知道，他的研究所处的场域已不再属于我们。某些因素依然存在，但我不会把"无意识"和第二拓扑论中的实例变成科学的、有科学依据的概念 [23]。我不介意在特定的战略性情况下引用和使用它们，但我不认为它们在这个战场之外还有什么价值或影响。现在需要的是其他的"理论虚构"。这不是我的一种相对主义或机会主义的反应。相反，这是对科学真理的尊重，也是从科学史和科学共同体——同样是"生产的"、"行为的"、解释的共同体——的生命和进步的历史中汲取的教训。

未来，精神分析遗产中的精华将能够脱离元心理学，甚至也许可以脱离我刚刚提到的所有概念而生存。由此便产生了令人不安和焦虑的战略性困难。话虽如此，但人们始终有可能跑去救助那些想要"抹杀"精神分析的人。我不是说弗洛伊德的作品会"过时"，但我希望在我说出我现在正在说的话时，不用贸然得出战斗已经停止的结论。

卢迪内斯库：您没有写过"弗洛伊德的幽灵"，但我深信《马克思的幽灵》是一本关于弗洛伊德的深刻的书，而且毫无疑问，比您写过的所有明确关于精神分析的文章都更加弗洛伊德。我越是确信必须在共产主义受挫之后保持大革命的精神或革命的欲望，就越想知道如何才能保持弗洛伊德式颠覆的精神，这正是因为，不管人们怎么说，精神分析作为一种治疗方法都没有失败。然而，尽管在临床医学中发挥了巨大的作用，但由于其制度上的僵化（我不否认这种制度的实用性），精神分析已经陷入了某种学院派的桎梏。我相信，通过您的研究，还有文学家、历史学家、作家和科学家的努力，只要你们不再将这门学科禁锢在证据、核算或无法与之适配的测定的实验主义牢笼中，创造力一定会从外界回到它身上。

就我个人而言，我发现自己处于一种外部性和内部性并存的奇怪境地。我已经说过，因为我的出身和我受到的教育，我是"精神分析的女儿"，但我越来越觉得自己处于"朋友"的地位，因为在内部的临床实践和我所属的外部的知识生产之间出现了对立。未来，匿名的医生和患者所代表的真实的临床能量与越来越多地在弗洛伊德学派之外表现出来的理论思考的创造力之间必须建立起联系。

德里达：我也许只有一点不同意见：哲学也面临着至少类似的情况和挑战。解构不是简单的、毫无风险的进步。我们始终需要重建过去的某些东西，以避免出现更严重的倒退。因此，战略问题是至关重要的，而且在哲学上一直是不可避免的。一个概念、一句话、一次讲话、一种哲学论证，这些始终也是策略。

您把马克思和弗洛伊德的两个为时过早的"讣告"和两种所谓的死亡放在一起比较，这样做是有道理的。它们反映了一种同样的冲动，即活埋不受欢迎的麻烦制造者并进行不可能的哀悼。不过，这两种"死亡"的残余并不是完全等同的。其中一个影响着世界历史的整个地缘政治场域，另一个则只将其"半哀悼"的阴影延伸到所谓的法治国家、欧洲和犹太－基督教的民主国家，就像人们通常认为的那样——而不是信奉亚伯拉罕宗教的民主国家，因为伊斯兰教一直是一个精神分析无法触及的巨大问题，我在《精神分析的心理状态》中也讨论过。

您问我如何继续保持弗洛伊德的颠覆性品质。如您所说，我在专门论述精神分析的文章和其他文章中都试图这样做。当务之急难道不是将精神分析引入它迄今为止从未出现过——或者说活跃过——的领域吗？

再强调一次，对我来说最重要的不是弗洛伊德的理论，而是弗洛伊德引导我们对法律、权利、宗教、父权制权威等诸多事物提出疑问的方式。比如，得益于弗洛伊德的开拓，我们可以重新探讨责任的问题：与有自我意识、在法律面前对自身负责的主体相反，我们可以提出一个分裂的、差异性的"主体"概念，它无法被概括为一种意识的、自我的意向性。在他律的永无止境的、不可战胜的背景下，这个"主体"逐步地、艰难地、始终不完善地建立起它的自主性的趋于稳定的——非自然的，本质上且永远不稳定的——条件。弗洛伊德帮助我们对责任的可靠性提出疑问。在我已经开设了十二年的"责任问题"研讨班上，我们讨论诸如见证、秘密、好客、宽恕等问题，现在还讨论死刑。我试着从我们所说的"无意识"[24] 的角度来理解"对……负责"（répondre devant）、"回应"（répondre à）、"为……负责"（répondre de）、"为自我负责"（répondre de soi）等表达的含义。

卢迪内斯库： 就我而言，我想试着分析一下您在 1981 年所说的"地缘精神分析"（géopsychanalyse）。您在勒内·马约尔于巴黎组织的一次法国和拉美学者的聚会上使用了这个词，那次会议的目的是谴责拉美独裁政权以及某些精神分析学家与这种政权的合作[25]。

您当时指出，1977 年在耶路撒冷召开的第三十届大会上，国际精神分析协会的领导人们将精神分析分散在三个区域：一、墨西哥边境以北的所有地区；二、墨西哥边境以南的所有地区；三、世界其他地区。仔细想想，这种划分方式真是闻所未闻，因为这个世界其他地区包括欧洲（精神分析的摇篮，如果没有欧洲，精神分析就不可能在其他地方存在）和世界的其他地方——一个非犹太-基督教的世界，精神分析在其中只是一块飞地（印度和日本），但有朝一日，它注定会在那里得到发展，这一点从这些国家表现出的阅读和翻译相关作品的兴趣就可以看出——主要有中国、韩国等。

您的发言让我很受触动，就我而言，我想说明精神分析只能扎根于法治国家，也就是人们通常所说的"西方社会"。今天，随着共产主义的受挫，精神分析在那些曾因政治原因而被禁止的国家重新建立起来：俄罗斯、波兰、罗马尼亚等。但随着全球化的发展，我们正在见证一个"交钥匙"出口的过程。国际精神分析协会输出它的标准，就像在国外建立工厂和输出技术人员一样，但并没有考虑当地的实际情况、"售后服务"、当地劳动者和消费者的心态。

比如，它强迫东欧那些想获得学习集团标识[26]的精神分析师建立起一套不符合当地实际情况的治疗体系。虽然无意识、疯狂和欲望具有普适性，但这并不意味着，为了了解它们是如何起作用的，我们就必须把不符合当地患者实际需求的沙发、训练、治疗时间或疗程等都强加给那些刚刚觉醒的土地。

另外，即便是在精神分析取得巨大成功的国家，也始终有人在攻击、嘲笑、威胁和讽刺精神分析。人们总是宣告它的终结，声称它注定会被超越，它无法"治愈"精神疾病，还不停地预言弗洛伊德的死亡（就像马克思的死亡一样）。而且，精神分析并没有被视作一门独立于临床培训学校的完整意义上的学科，法国的情况就是如此。尽管已经进行了种种斗争，而且您最近也参加了这些斗争，但精神分析仍被"禁止"进入共和国教育体系的最高层：法国社会科学高等研究院和法兰西公学院都没有精神分析的教授席位。

德里达：一般来说，通过帝国主义、殖民主义或西方思想的其他传播方式输出的不仅是标准、成果和立场，还有危机和令人不安的疑问，"主体"在其中受到考验。今天，我们同时见证的是：一方面，将法律、政治、公民身份与"主体"的主权联系在一起的一切正在不断巩固；另一方面，"主体"的自我解构和被解构成为可能。这两种运动是密不可分的。因此便产生了这一悖论：全球化就是欧洲化。然而，欧洲正在撤退、分裂和转变。以欧洲的语言输出的一切会立刻因为这份欧洲遗产中潜在的东西和一种自我－他者－解构——或者说自我免疫——的可能性而受到质疑。在我看来，欧洲就是最漂亮的例子，是自我免疫的寓言。我之所以说"漂亮的例子"，是因为如果说欧洲是漂亮的，那一定是一种奇怪的漂亮：作为生存的自我免疫、作为自我免疫的不可战胜性。那是关于漂亮的自杀的巨大悲剧……

因此，欧洲遗产并不是一整套价值观和精神财富，也不是动产或不动产的遗产。相反，它是一种无穷无尽的危机和解构的潜力。今天，正是由于这个原因，由于制服自身的理性的双重原因，我们很难去思考欧洲和其他（即欧洲以外的）"文化区域"之间的关系。这些"文化区域"在向欧洲中心主义发起强有力的、不容置疑的挑战的同时，也在以不同于我们所熟悉的帝国主义或殖民主义的方式使自己被欧洲化。因此，无论我们是否愿意，我们正在见证和参与这场双重运动：欧洲性的全球化和对欧洲中心主义的反抗。无论我们是不是欧洲人，我们都必须对这两股力量展开思考。

至于精神分析，我们必须承认，正如您所说，它在欧洲扎根并被限制于欧洲传统的世界，这个世界也包括南美洲和北美洲。尽管如此，在这个世界上，它仍然面临着巨大的阻力，这意味着它不得不秘密地或通过边缘的方式渗透到某些制度中。其实，它在大学里的影响力很小。就算有，也不是通过直接的教学，而是通过旁门左道、文学或其他方式实现的。即便在它的发源地，在它的文化土壤中，精神分析的立足之地也相当狭窄！

卢迪内斯库：这是因为无意识的概念让人感到恐惧。

德里达：一个"主体"，无论它是什么（个体、公民、国家），都是从这种"恐惧"中建立起来的，并且它始终具有屏障的力量或保护。这个屏障阻断然后积聚和引导能量。因为尽管存在如此多永远无法忘却的差异，我们的欧洲社会仍然被某种类似于一个伦理、法律和政治"体系"，一种关于善、法律和城市（公民身份或国家）的理念支配。被我简单地称作"体系"和"理念"的东西仍然需要保护，以防精神分析可能带来的影响——然而，精神分析已经在欧洲发展壮大，并且通过弗洛伊德这个人，持续培育着文化、文明和进步的欧洲模式。

这个"体系"和这种"理念"首先是为了抵御被视为威胁的东西而产生的结构。因为"无意识的逻辑"不仅在概念上，而且在制度上，因而也在人类的经验中，都与定义道德、政治和法律身份的东西相抵触。如果我们严肃地、真正地、切实地考虑精神分析，那将是一场几乎难以想象的地震。无法形容的地震。即便对精神分析学家来说也是如此。

有时候，这种地震的威胁来自我们自身，来自每一个个体的内部。在我们的生活中，我们很清楚，我们太清楚了，我们说的话都是模棱两可和虚伪的，最好也只是讽刺性的，是结构性的讽刺。我们假装精神分析从未存在过。即便是那些像我们一样深信精神分析革命——至少精神分析问题——具有不可避免的必要性的人，在他们的生活中，在他们的日常用语中，在他们的社会经验中，他们表现得就好像什么都没有发生过一样，如果可以这么说的话，就好像他们还活在 19 世纪一样。在我们生活的整个领域，我们表现得就好像我们相信自我、意识等的最高权威，我们说着这种"自主性"的语言。当然，我们知道，我们同时在说几种语言。但这几乎改变不了什么，改变不了灵魂或肉体，改变不了每个人的肉体和社会的肉体、民族的肉体、话语和法律政治机构的肉体。

1981 年，当我写到"地缘精神分析"时，让我印象深刻的是，精神分析的那些重要的国家和国际机构是建立在本身就处于危机甚至废墟中的政治模式——国家、某种国际法——之上的，这些模式本身并不是精神分析的模式。当然，弗洛伊德的影响还是存在的，但总体而言，这些精神分析机构所遵循的章程本身并不是精神分析的。早在弗洛伊德时期，这些模式就已经过时了，已无法满足精神分析革命的要求。也许这在战略上是不可避免的。但是今天呢？大部分精神分析学家并没有考虑到国内法和国际法中的那些新问题（"危害人类罪"、"种族大屠杀"、主权限制、国际刑事法庭计划、废除死刑的问题或进展，等等）。从这个角度来看，尽管有例外情况，精神分析的制度话语似乎已经过时了。有时甚至到了滑稽的地步。

机构的形式多种多样，从整体上来看，我认为国际精神分析协会是最陈旧的。但在其他的组织中，我也看不到更多关于"全球化"带来的新的法律、伦理和政治现实的有组织的和根本性的（甚至重新建立的）思考。

卢迪内斯库：主要有两种模式。第一种是弗洛伊德在维也纳的星期三心理学会开创的，是柏拉图的模式，与该运动的贵族式组织相吻合。此外，它还参考了古希腊文化：主人坐在中间，门徒围绕在四周。第二种模式在第一种之后产生，并为国际精神分析协会所采用，是一种行业协会性质的团体模式，它有意识地让每个人放弃占据主人位置的权利。为了维护弗洛伊德在历史上作为"唯一"创始人（即一门学科的创始人）的地位，他的继承者们创建了国际精神分析协会，通过这样一种团体模式来避免成员们把自己当成一名魅力无穷的领袖。

对最初的弗洛伊德主义者来说[27]，精神分析是其创始人的私人财产，这位创始人可以随意指派自己的追随者，就像面对一个"野蛮部落"那样。那些离开他的人自视为异端分子，不再属于这个被选中的人组成的圈子。从1910年开始，弗洛伊德便将这种最高职权移交给了国际精神分析协会。在将近二十年的时间里，这是精神分析学界唯一合法的，甚至是法定的机构，领导它的不再是那位创始人——弗洛伊德作为"不再发号施令的主人"[28]仍然代表着创造力——而是他的第一代信徒。从1927年开始，随着接连不断的分裂，国际精神分析协会逐渐失去了精神分析主权所在地的地位，但在一段时间内仍然是唯一的合法机构。实际上，那些分裂者并没有离开这个共同体——弗洛伊德仍然健在，他仍是主帅——而是试图在这个共同体内部创立一些新的流派。在两次世界大战期间，这种分裂表明精神分析不可能由一个政府完全代表。它还反映了弗洛伊德的创造的本质：主体的去中心化、统治的废除、君主专制的衰退。

正因如此，第二次世界大战后，国际精神分析协会不再被视为唯一能够将精神分析的所有流派团结成一个不可分割的共同体的机构。因此，不仅出现了试图占据统一帝国核心位置的新组织，还出现了一些拒绝隶属于一个单一组织的团体。他们时而主张追随已故的精神分析之父及其学说，时而又试图超越或放弃他的思想体系。这种分裂主义是精神分析转变为群众运动的标志。

随着时间的推移，国际精神分析协会已成为一个官僚主义和行业协会性质的组织，它遭到内部人士的抛弃或抵制，他们想要唤醒创造精神并进行理论革新。当然，必须指出的是，除了自身的原因外，它也受到了来自"市场"（以及今天的全球化）的约束，尤其是在美国，精神分析师们被迫屈从于金融集团的野蛮要求，这些金融集团负责他们自己和患者们的保险，更关心的是获取利益而不是促进知识和思想的发展。简而言之，精神分析的"重商主义化"，以及在竞争思维越来越成熟的背景下——这将精神分析引入了商业竞争的道路，对手时而是精神药理学实验室，时而是各种各样的精神疗法——精神分析不得不为争取地位或拒绝任何地位（这是一回事）而进行毫无结果的斗争，所有这一切使我们忘记了弗洛伊德在 20 世纪初精心策划的这场柏拉图式盛宴最初的辉煌。

1964 年，被迫离开国际精神分析协会后，拉康试着回到柏拉图模式，回到源自维也纳的盛宴。因此，"学院"一词也象征着古希腊的哲学学园。在弗洛伊德的继承人中，拉康是唯一真正想建立一个既非行业协会也非党派，既非教派也非官僚机构的精神分析学院的人。他在这个问题上思考得非常深入，而我从 1969 年起就作为巴黎弗洛伊德学院的成员参与了这场冒险，我可以为他做证。

然而，我一直认为，这种体验只能是短暂的。在最初的柏拉图模式中，主人是真实存在的，他创造出革新的作品，而团体模式中有一种永恒性。一方面是颠覆性事件的力量，该事件与命运的特殊性联系在一起，在时间上必然是有限的；另一方面是长期的制度保护（即我们所说的"刺猬"模式）。

当前的形势反映了我们继承的这段历史。我们已经知道，没有任何一个国际组织能够宣称自己代表了精神分析的正统地位。因此，所有的机构都在为永远消失的主权而哀悼，或者说都是从对这个主人的无休止的哀悼中产生的——每一个机构都希望忠实于这个主人，不惜为他重建一个复制品。

德里达：我和您一样相信，拉康也许是极少数试图改变制度的人之一。也和您一样，我认为我们需要制度。话虽如此，我也没有一个理想的"解决方案"，我指的是一种话语或一种机制，能够像雅典娜一样从父亲的头颅里全副武装地出现。我们不能被动地等待新宪法、新章程或新制度的到来。比如说，指望在精神分析大会结束之后就能成立一个新的国际或国家精神分析机构，这是不严肃的。机构是移动的，哪怕那些最古老的机构也是如此。无论如何，我希望国际精神分析协会能够意识到，一些重要的事情已经发生了。

　　全球化不仅使各种边界变得更加漏洞百出，而且改变了交流的方式以及知识和规范的传播。我认为，精神分析大会能够在互联网上筹备是非常重要的。这意味着高效和信息的多样性，也体现着一种去等级化的过程，即一种绕过官僚机构与精神分析界打交道的新方式。一旦触及等级化，就会触及整个制度。从精神分析的角度来看，什么是等级？您谈到了主人和门徒。是的，这当然很重要，但还存在其他形式的等级化。

　　精神分析机构对等级地位的高度关注一直让我很震惊。我所知道的那些机构至少和最传统的大学一样注重地位和等级制度。它们类似于医疗行会，老板像主人一样凌驾于顺服的助手们之上。我不是说要彻底摧毁这一切——我赞成一定的等级制度，但这些模式需要改变，需要在改变自身的过程中从精神分析教学里汲取灵感。据我所知，这还从未发生过。

　　当我们谈论拉康、空间或拉康遗产时，我们必须小心谨慎，不要过分地将事物等同起来。任何事物都是相互冲突的、异质的。只有在产生分裂的地方，我才能看到生命，这有时比中心化更有趣。这块拉康学派的飞地在法国和拉丁美洲都相当宽阔，一些偶然的力量和运动在争夺对它的控制权。相较而言，关于需要控制的飞地和需要行使的主权，我们可以在很大程度上将其与巴尔干化以及前南斯拉夫地区最近发生或正在发生的悲剧进行类比。

卢迪内斯库：在拉康场域的中心，不仅每周五次计时治疗的僵化模式受到质疑，而且对同性恋、种族主义和所有屈从于医学等级制度的最传统形式——必须指出，20世纪末，弗洛伊德在维也纳就成了受害者——的不容忍也受到了质疑。拉康开启了一场对弗洛伊德主义的复兴，我认为这场复兴是"正统的"，因为它的目的不是超越弗洛伊德，而是要回归这一发现"最初的辉煌"。然而，与其他的弗洛伊德主义者相比，他对各种解放运动的态度要开放得多，至少在法国是如此。

德里达：这绝非偶然。拉康对文化的符号空间表现出在他那个时代的精神分析学家中极少存在的兴趣：一种对法律、政治和文学的明智的兴趣。因此，在那些新拉康、泛拉康和后拉康的空间中，相比于其他地方，这些变革具有某种公开性。

我不知道这一切会向何处发展。我甚至无法勾勒出将要发生的事情的轮廓。无论是在所谓的精神分析共同体、行业协会或机构的内部，还是在精神分析的边缘地带，如精神病学、"治疗"的领域、治疗问题之外的领域（如果存在的话）、一般文化、媒体和法律，一个复杂的过程显然正在进行。在这些流动的、不稳定的、漏洞百出的分界线上，改变将继续加速，并影响到这些分界线本身的形态和存在。去向何处？我不知道。我们需要知道，我们需要知道这一点，但我们还需要知道，如果没有"不知道"，就不可能发生任何值得被称为"事件"的事情。

卢迪内斯库：事实上，我可以看到在年轻的精神分析学家身上发生了真正的改变，他们更渴望横向性和民主。

德里达：关于它们的章程，关于它们的社会政治运作模式，精神分析机构需要重新考虑的首先是与国家之间的关系。在每个国家，机构都是依据与国家的关系来定义的，在法国尤其如此。然而，国家主权危机将使精神分析机构不得不调整它与国家以外的其他事物之间的关系——不一定是某个政府的（简而言之就是超级国家）或非政府的国际机构——

与公民主权以外的其他事物之间的关系。换句话说，是"主体"以外的事物，但仍然属于法律秩序之内。不过，这一法律将有效地考虑到精神分析革命。这不是一朝一夕就能实现的。但如果有什么东西即将到来，如果还有未来，如果还有即将到来的事件，超越了所有的行为主权和可预见性，超越了一切我们以为可以看到未来的地平线，那么它就会到来，就会在这个条件下到来……

卢迪内斯库：回到拉康和我们关心的话题，我想再谈谈勒内·马约尔十年前组织的"拉康与哲学家"研讨会[29]。当时，大家发表了关于拉康作品的不同看法，引起了一场争论。事后看来，这场争论充满了生机和活力[30]。我在想，即便是在庆祝拉康诞辰一百周年的今天，我们是否也可以组织一次类似的会议。

1993 年，我出版了一本关于拉康的书[31]，这本书同时得罪了我的拉康派朋友和反拉康人士。前者指责我犯了大不敬之罪，后者则更加恼羞成怒，声称我讲述了拉康做得过分的地方，尤其是将诊疗时间缩短到接近于零，从而剥夺了他们的厌恶对象。但我这样做并没有任何贬低拉康的意思。在书的扉页上，我还引用了马克·布洛赫的一句话："罗伯斯庇尔主义者们，反罗伯斯庇尔主义者们，我们向你们求饶：发发慈悲吧，告诉我们谁是罗伯斯庇尔吧。"我记得，在书出版之后不久，您在飞往美国的飞机上让我"停一停"，因为炮弹会从四面八方向我投来。从那时起，我就从未停止过思考您在圣父街和格勒内勒街拐角处突然对我说的那些话。在此后的数年中，我参加了无数次讨论、交锋和辩论。但当我读到我们这一代精神分析学家写的一些关于拉康的书时，我有时不得不承认，其中很少有能与1990年那次研讨会上的辩论相提并论的。幸运的是，也有一些值得注意的例外，它们以各自的方式见证了时代的变迁。尽管如此，当代关于拉康的作品仍难以跳出这两大主流范畴：教理性与反教理性 / 虔诚或破坏性的话语。

我还发现，人们害怕讨论和思考拉康童年的精神残酷——毫无疑问，这是他能够以如此现代的方式抓住人类疯癫的本质和 20 世纪的一些丑恶现象的原因。我这样说并没有恶意，另外，我认为我的拉康派朋友们确实正在进行我刚才提到的哀悼，这让我充满了希望。

德里达： 在拉康逝世九年后的那次研讨会上，是时候直接讲述一些关于我和他之间私人关系的逸事了。那篇文章并没有添加任何真的新"内容"，我只是讲述了一个私人故事，同时回顾了一些理论探讨的要素。如果说有什么新东西的话，也许就是在已经改变的背景下向拉康致敬的必要性。精神分析似乎已经陷入了衰退。那个时候，和其他人一样，我意识到与拉康的要求相比已经出现了倒退。从这个角度来看，在这个短暂的时刻，与拉康的联盟在我看来是正确的。

另外，无论出现何种分歧，所有发言者都表示他们非常重视拉康的思想。即便在与拉康的争论和分歧中也不乏巨大的哲学和理论需求。而在其他地方，这种需求正在消逝。甚至遭到谴责。当我们在对话开始时谈到的这种保守的哲学话语开始重建之时，我认为有必要提醒自己并提醒人们，最好阅读或重读那个时期的文本。

卢迪内斯库：还有一次"会见"让我印象深刻，就是您与约瑟夫·哈伊姆·耶鲁沙利米错过但又成功的对话。1994 年 6 月，勒内·马约尔和我在伦敦弗洛伊德博物馆组织了一次题为 "记忆：档案问题" （*Memory : The Question of Archives*）的研讨会 [32]。耶鲁沙利米因病未能出席，所以当时无法与您对话。他的发言稿由他人代读，是关于《弗洛伊德档案》的 [33]，您的发言则"阐释"了他写的一本关于弗洛伊德的摩西的书 [34]。后来，您在纽约见到了耶鲁沙利米，但他从未对您的评论做出过任何回应，至少据我所知是这样。

很长一段时间以来，我一直希望让一位伟大的犹太教历史学家和一位伟大的哲学家对话，他们两人都是弗洛伊德作品的杰出鉴赏家，都关注奥斯威辛集中营后世界的记忆、历史和对犹太性的诠释等问题。由于我发现自己始终处于多个学科，尤其是哲学、文本科学和历史学之间的"分裂"状态，所以我对这样的会面就越发感兴趣。哲学家指责历史学家是历史主义者，历史学家又指责哲学家不考虑档案文件，过分依赖抽象的解释，文学家则不愿听人们讲思想史。

然而，在我看来，没有关于历史的哲学理论，就不可能有"好"历史，而没有扎实的历史和史学研究方法，就不可能有"好"哲学。至于对文本的文学分析，如果想避免意识形态、目的论或量化的历史，这是必不可少的。在这个领域，我想做出些改变。我还想补充一点，我很关注档案问题，因为在我撰写关于拉康的书时，我几乎找不到关于他的童年、手稿等的资料[35]。关于拉康的口述证词很多，但书面文件很少，书信就更少了。影像资料极少，只有两部黑白电影，他留下的照片也很少，其中只有几张是彩色的[36]。

在您的《档案热》中，您提出了档案在历史中的执政权力[37]的问题，还谈到了弗洛伊德的犹太性，不少人曾研究过这个问题。我想再聊聊这一点。在这个方面出现了三个方向：第一个方向（大卫·巴克坎）旨在将弗洛伊德学说置于犹太神秘主义的世俗化传统中；第二个方向，也是最普遍的一个方向，指出弗洛伊德已摆脱了犹太性，受困于斯宾诺莎式分裂和对德国及希腊拉丁文化的融入的双重问题[38]；第三个方向是耶鲁沙利米的方向，他将弗洛伊德重新纳入犹太教历史，但不否认他的无神论和对德国文化的融入。从这个角度来看，精神分析成了一种不信上帝的犹太教——因此也是永无止境的犹太性——的延伸。

虽然我并不赞同耶鲁沙利米的所有观点，但他重新开启了关于精神分析的犹太性、档案和弗洛伊德文本解读的辩论，这一点非常吸引人。

您指责耶鲁沙利米根据安娜·弗洛伊德1977年的一次讲座[39]便确信弗洛伊德会接受精神分析是一门"犹太科学"的观点——不是纳粹所理解的贬义的犹太，而是弗洛伊德心目中的一种新的联盟。因此，您批评耶鲁沙利米使用档案的方式。他提到了雅各布·弗洛伊德——您称他为"精神分析的老族长"——在一本《圣经》上用希伯来文写给他儿子西格蒙德的献词，从而为自己的主张提供了档案证明。他认为，这份献词表明弗洛伊德比他自己所说的更熟悉这门神圣的语言，他的《摩西与一神教》

则是对他父亲要求他忠实于祖先信仰的命令的迟来的回应。

在您看来，耶鲁沙利米似乎把自己放在了档案执政官的位置上，以便对弗洛伊德进行第二次"割礼"[40]，让他回归犹太教。您还指出，您对这位历史学家的做法十分敏感，因为您自己的父亲就叫哈伊姆，您自己也曾受到割礼问题的影响……

德里达：按照耶鲁沙利米的说法，我们不需要通过精神分析来理解摩西故事中父亲被谋杀的问题。就好像这一企图无法被我们考虑在内，因为谋杀并没有在现实中"真正地"（actually）实现[41]。在一次讨论中——我不在这里重述，我们发现弗洛伊德区分了"历史真相"和"物质真相"。弗洛伊德的论证基于两类历史在概念上的区别：一种建立在真实的档案之上，即已经发生并公开记录的事实；另一种建立在心理真相之上，可以从症状中辨别出来，比如说谋杀的诱惑是可以等同于谋杀的。更不用说谋杀未遂了，即真实的谋杀企图，已经开始付诸行动。然而，作为一名历史学家，耶鲁沙利米通过引证档案资料不得不承认，至少存在这样一种谋杀的企图。这已被他所称的"米德拉什的拉比"证实并考虑在内 [42]。

在我看来，耶鲁沙利米没有足够重视弗洛伊德关于压抑、症状形成以及"历史真相"和"物质真相"之间区别的理论，虽然他确实对此有所提及 [43]。

我也在思考犹太性和犹太教之间的区别 [44]。实际上，耶鲁沙利米似乎准备放弃犹太教。这并不是出于对犹太教的不忠，而是出于对犹太性的忠诚，在他看来，犹太性有两个基本的使命：承诺的体验（未来）和记忆的指令（过去）。谨慎地说，这让我感到担忧 [45]。任何非犹太文化和群体都会宣称自己具有这两个基本特征。

我向耶鲁沙利米提出了一些问题，我想我明白了，说到底，在摩西问题上，他想要抹去精神分析解释的独创性或必要性。在犹太的解释传统中，蕴含着大量早于精神分析而存在的资源，因此从本质上来说，精神分析的贡献微乎其微。总之，在他看来，在某种犹太传统中，那些解释者早已是敏锐的精神分析学家了。

这种对"犹太特性"（关于记忆、未来、对精神分析的预言等）的颂扬不仅在内容上让我感到怀疑（不过我还是避免重述已公开发表过的观点，这样做既困难又浪费时间；我更想让感兴趣的读者自行参阅），我还在想，耶鲁沙利米是否有意无意地赋予了如此严肃（且如此难以解释）的选择问题——更确切地说，是"被选中的人"的问题——以政治色彩。

卢迪内斯库：我同意您的观点，我对一切美化某种特性或某个被选中的民族的行为都保持警惕。但我认为，确实存在着一种几乎无法形容的特殊性。您知道，纳粹想要根除作为"犹太科学"的精神分析。他们不仅迫害了一门学科的犹太人代表，而且试图"消灭"这门学说本身：烧毁书籍、废除词汇、删除概念，等等。然而，他们对阿尔弗雷德·阿德勒（Alfred Adler）创立的个体心理学派却没有采取同样的行动，而阿德勒和弗洛伊德一样都是犹太人。在所有的心理学说中，只有精神分析被纳粹称为"犹太科学"，并因此被消灭[46]。

我由此得出结论，精神分析中存在某种特质，与纳粹主义发生了正面冲突。我在想，弗洛伊德意义上的无意识——这种看不见的、无形的、具有普遍性的东西，对纳粹来说，是否就等同于这种犹太性，因为犹太性是无形的，只能被视为一种抽象的身份或实体，脱离一切真正的归属和一切种族，所以它就显得更加危险。我们在前一章中已经强调过，未来的反犹主义只能通过某种风格、语言、修辞和否认性的表达来识别。我在想，犹太性是否会因为它的不可见性而显得更加危险，以至于反犹主义者只能以间接和否认的方式来识别它。

福柯在1976年指出，弗洛伊德刚刚与遗传退化理论决裂，为了应对与他同时代的种族主义的兴起，便将"法则——联盟、禁止近亲繁殖、圣父的法则"作为性行为的原则。简而言之，他使欲望问题与整个旧的权力秩序联系起来。他还补充道："为此，除少数例外，在大部分情况下，精神分析在理论和实践上都必须站在法西斯的对立面。"[47]

我同意福柯的这一判断，他针对的是这门学科本身。正是作为一门学科，精神分析在本质上与法西斯的独裁统治以及与之相关的一切歧视（种族主义、反犹主义、仇外心理等）是不相容的，这和那些与这种政权合作的精神分析师无关。我认为，弗洛伊德从原则上反对死刑，并将精神分析本身作为反对死刑的一种手段，他看到了这一现实，但并没有将其理论化。他明白——也许是在无意识中——精神分析本身就是与一切可以被称为"犯罪行业"的东西相对立的。我想起了托马斯·曼关于德奥合并的那句话："那个人（希特勒）该有多痛恨精神分析啊！我暗自猜想，他对某个首都的愤怒实际上是针对居住在那里的老分析师的，那是他真正的、最根本的敌人，是揭开神经症面纱的哲学家，伟大的幻灭者，懂得应付自如、对天赋了如指掌的人。"[48]

德里达：我认为，纳粹也想在某种程度上消灭科学本身，消灭科学的"普遍"和"抽象"原则。

卢迪内斯库：但为什么是这门科学，而不是其他犹太人创立的其他心理学理论呢？在弗洛伊德的无意识概念中，难道不存在某种触及无形的普遍性，且以犹太性为镜像表达的东西吗？我们可以从中找到弗洛伊德的观点，即犹太性是"通过神经和血液"传递的，换句话说，是通过一种遗传无意识，因此是一种系统发育遗产传递的。

简而言之，在弗洛伊德看来，犹太性成了某种人类永恒记忆的象征，弗洛伊德用达尔文或拉马克的观点来看待这种记忆，但我们今天可以用其他方式、其他概念来诠释。这种记忆并不局限于犹太人身份，而是延伸到整个人类。因此，在（弗洛伊德的）无意识和犹太性之间，存在着一个特殊的等式，它使人类无法被简化为一个种族或一个原型，而且其代价是利用象征性的法律（战败和受辱的父亲的法律）来取代旧的（暴君的）专制主权。当然，这只是一种假设，但它与您所说的弗洛伊德意义上的档案有些相似。就像在法律领域一样，您建议将弗洛伊德的维度引入我们对历史的理解中。

对您来说，档案不仅是一份文件，更是一种"印记"，一种支配着记忆与知识之间关系的"激进的非思想的重量"：正如您所说，是一种"弗洛伊德印象"。这份大写的档案（Archive）将不断颠覆父权制国家（父权制主权国家）的权威，因为它认为自己才是档案执政权力的持有者。

德里达：我认为，这门被称为"犹太"的科学蕴含着一个关于首领和政治组织的巨大问题。弗洛伊德的重要政治著作对纳粹组织构成了威胁。但在我看来，精神分析在共产主义政权下也没能幸存下来。

卢迪内斯库：同样，纳粹主义和共产主义之间并不是对称的。只有在 1947 年至 1949 年间，精神分析才在苏联被谴责为资产阶级科学，当时苏联已经没有精神分析学家了。另外，它还因与美帝国主义同流合污而受到谴责。

德里达：难道谴责一门科学为"资产阶级科学"就没那么严重了吗？

卢迪内斯库：不，当然不是，但所有其他的心理学理论都遭遇了同样的命运，因为当时该领域唯一的参考资料就是巴甫洛夫关于条件反射的研究。另外，就日丹诺夫主义而言，"资产阶级"这个形容词随处可见，如资产阶级文学、资产阶级哲学等。

德里达：在纳粹统治下，人们谈论堕落的科学、堕落的犹太艺术、堕落的文学等。至于作为犹太科学的精神分析，我无法重建其中的论证逻辑。但您很清楚，弗洛伊德本人并没有将某些犹太人的东西排除在精神分析之外[49]。

卢迪内斯库：弗洛伊德在两种立场之间摇摆不定，和您一样，我的看法与耶鲁沙利米相反，我认为他从未把精神分析视作一门真正的犹太科学。最初，出于战略原因，他想避免这种同化。作为一名犹太学者、哈斯卡拉的继承人，他希望使精神分析去犹太化，使其成为普遍无意识的普遍理论。因此，他任命非犹太人卡尔·荣格为其运动（国际精神分析协会）的领导人。

从 1913 年起，在与荣格决裂（他认为这是一种背叛）之后，弗洛伊德退居到了他的犹太和维也纳信徒的聚居区。这一时期被称为"秘密委员会"

时期，在此期间，欧内斯特·琼斯（Ernest Jones）作为这个小团体的唯一非犹太人，感到自己成了某种反异教徒主义的受害者。可以肯定的是，此时的弗洛伊德梦想着精神分析能够"犹太化"，但他并不对这个梦想抱有希望。此后，他再也没有屈服于任何对犹太宗教或种族身份的回归。他仍然是一个启蒙运动者，一个世俗主义者和无神论者，但从不回避对启蒙运动的批判，就像一个阴郁的德国启蒙运动（Aufklärung）思想家那样。因此，他只有在面对反犹主义时才强调自己的犹太性。这就像是您所说的不忠的忠实。在《摩西与一神教》中，他"解构"了他所拒绝的"被选中的人"的概念。

德里达：独立与矛盾，没有什么比这更能让我理解了。尽管我已经脱离了根系，但无论对错，我都没有为重新扎根做出过足够的努力，事实上，我已习惯了退缩，我甚至对一切犹太群体都保持警惕。然而，面对任何反犹主义的迹象，我绝不会否认或放弃我的犹太性，这是我在自己身上寻求的犹太性——这可以从许多迹象中看出，也是人们认为可以赋予我的犹太性。

很久以前萨特就说过，犹太人是由反犹主义产生的[50]。如果这是真的，如果真的是他人的产物，如果犹太人真的是由反犹主义投射出来的，那么我们不必首先成为犹太人，就可以被他者——无论是不是反犹主义者——创造。（萨特似乎在他生命的尽头承认了他对传统和犹太传统的无知，或者说缺乏认识。他的书在战争结束后很快就证实了这一点。）然而，对一个人来说，生为犹太人，接受割礼，这永远无法被简化为他者——无论是不是反犹主义者——的投射。这份遗产既不能否认也不能回避。它是不对称的、异质的，先于语言、誓言和契约。

您与其他天主教公民不一样，虽然您受过洗礼。甚至在反犹主义在您身上刻上这一标记之前，您就被动地感受到了这一标记。甚至在反犹主义在您身上产生或改变身份之前，您就已经受到了犹太教的影响。对您来说，这种身份与比如说某个布列塔尼人 * 的身份是不同的。

---

* 布列塔尼是位于法国西北部的大区，有自己的语言和较强的独立倾向。——编者注

我对选择的"学说"不敢苟同。我可以对它提出最严重的质疑，但无论我愿意与否，在我出生之前，在我得以做出任何选择之前，我就已经被指定、分配、签署了。异质选择存在着一个普遍的"结构"：我是唯一被要求做这件事或那件事的人，我在这个决定的位置上是不可替代的，我必须回答"我来了""我在这里"，如此等等。在我看来，这种每个人的选择赋予了任何名副其实的责任以机会和条件——如果这种责任确实存在的话。

至于"天生的"犹太性，那是另一种形式的选择（你可以祝福，也可以不祝福，这是次要的），许多犹太思想家都想把它与我刚才提到的普遍选择重新联系起来。对我来说，这就是问题和联系所在的地方，但无论如何，某种东西、某个人甚至在我开口说话之前就已经标记了我的命运。这就是我所说的"割礼"——无论是字面意义还是比喻意义的割礼。在我学会说话之前，我就已经被标记了。对女人来说也是一样。您没有受过割礼，但您知道，有一个标记事先就贯穿了您的天主教信仰。

卢迪内斯库：您受过割礼，所以这个标记就被刻在了您的身体上？

德里达：我不敢称其为隐喻。但无论我在哪里谈及它（从《丧钟》到《明信片》，从《示播列》到《割礼忏悔》，以及最近的萨法·法蒂的电影[51]），我都会涉及一种修辞，以探究割礼的字面意义或象征价值：性的割礼、心的割礼、唇舌的割礼，等等。

卢迪内斯库：但就算您没有受过割礼，您也会像这样感觉到自己是犹太人！

德里达：如果有人以某种方式告诉我，我出生在一个犹太家庭，那么结果就是一样的。对女孩来说也是如此。我这么说并不是要抹去一个真实存在的标记。我坚持认为，我感兴趣的是所有关于割礼的形象，是使人们不必真的接受割礼，甚至不需要是一个人，就能让这个标记先于语言而存在的东西。

然而，我们都知道，字面意义上的、"肉体的"、"创伤性的"割礼会带来特殊的影响。关于这个话题，有太多的话可以说。与女性的割礼一样（女性割礼在全世界范围内大规模实施，我认为它是一种更加暴力的侵犯行为，其致命后果无论如何都是不可逆转的，比男性割礼要严重得多，二者根本无法相提并论），这个问题将会越来越多地成为"全球化"辩论的议题，就像死刑那样。因此，我试着在自己身上和在其他地方关注割礼的这种一般性和普遍性，以及身体上的所有这些民族和宗教标记[52]。这些印记并不是随处可见的。

卢迪内斯库：割礼并不是犹太人特有的，但如果是弗洛伊德主义者，我们就必须放弃这种标记。弗洛伊德不想让他的儿子们接受割礼，因为他反对那些身体上的标记。他接受犹太教的思想遗产，从不讳言自己的犹太性，但他也想做一个"不忠的犹太人"。

德里达：许多犹太人，无论是忠实的还是不忠的，都谈到过割礼，尤其是斯宾诺莎。他强调，割礼确保了犹太民族的延续和生存。我在《割礼忏悔》中提到过这一点[53]。

卢迪内斯库：但在当今社会，我们还应该支持这样的观点吗？

德里达：正统的犹太人——而且不一定是其中最不讲究的那一部分——会告诉你，如果放弃割礼，犹太教就有可能失去一些根本性的东西。更广泛地说，如果放弃割礼（字面意义或比喻意义上的割礼，但一切都是围绕文字的，不管是在犹太教还是伊斯兰教中），我们就走上了放弃菲勒斯中心主义的道路。对于女性割礼更是如此。这种放弃同样适用于基督教，因为这三种宗教都具有强烈的菲勒斯中心主义倾向，尽管它们之间存在差异。不管怎么说，菲勒斯中心主义和割礼将伊斯兰教和犹太教联系在了一起。我经常强调，犹太教和伊斯兰教之间具有深刻的不可分割性，甚至比犹太教和基督教这对深入人心的组合更加紧密，而这往往遭到人们的否认 [54]。

卢迪内斯库：我倾向于认为，我们可以放弃割礼，但不能放弃菲勒斯中心主义，因为弗洛伊德把它变成了父法——一种源于衰败的主权的法律，这种主权不再属于暴政，而是已经转移到了象征性和性差异的普遍性上。换句话说，为了比"后现代主义"——它希望通过一种无限制的解构来废除一切形式的象征功能——更现代，我认为，激进的反菲勒斯中心主义虽然本意是好的，却往往被谴责是在宣扬母性中心主义——或虚无主义——而这和它宣称要废除的菲勒斯中心主义一样可怕。因此，我们需要摆脱这种对称性，而不是将反菲勒斯中心主义与菲勒斯中心主义对立起来。

宁愿要一个被剥夺了专制权力、被解构和被羞辱的父亲，一个意识到有必要削弱自己曾经拥有但已不再可能的主权的父亲，也不应该将绝对的且必然是至高无上的权力赋予母亲：这种权力更为"菲勒斯"，因为人们把它当作一种报复，一种假想的女性气质或无限快感的征服，而女性自身最终可能变成这种征服的首要受害者。

从这个角度来说，回到您对犹太教－伊斯兰教组合（被否认）和犹太教－基督教组合（被肯定）的比较，我想指出的是，在阿拉伯－伊斯兰世界（即在伊斯兰教）中，精神分析目前是被禁止的，虽然有少数精神分析师还在从事这个行业，并且尝试将其制度化（尤其在摩洛哥和黎巴嫩）。在这个世界中，与犹太-基督教世界不同的是，父法仍然是压迫性的，而非"俄狄浦斯的"、被解构的、衰败的。虽然如您所说，我们不应该将伊斯兰教和伊斯兰主义混为一谈[55]，但在当今的伊斯兰教中，女性的身体仍然受到这种专制的压迫，尤其表现在"面纱"上——在我看来，这在象征意义上阻碍了她们以自己的名义发声。另外，正是出于这个原因，许多女性摘下了面纱，或者正在为摘下面纱而斗争。事实上，这种异化是无意识的，这使它变得更加可怕。然而，我们知道，以自己的名义发声的自由，以及对自身异化的本质提出疑问的自由，是与自由联想密不可分的，而自由联想正是弗洛伊德疗法的特征，后者是由一位女性"发明"的[56]。

德里达：您比我更像一位拉康主义者。但事实上，如果我们把等级颠倒过来，将父亲曾经拥有的权力赋予母亲，这改变不了什么。

卢迪内斯库：我们为平等和解放而斗争。但精神分析的经验表明，从心理的角度来看，母亲对孩子和婴儿施加的权力可能具有同样的破坏性，甚至比暴虐的父亲更加可怕。我希望即将在民主社会中成为全能者的妇女们，能够为那些接受了这种分割旧时特权的自恋创伤的父亲找到一个新的位置。否则，她们会怎么样呢？男人们会怎么样？

德里达：要不我们暂停关于这个问题——您的问题——的对话？这样实际上很有意思，而且可能比我的回答更能引发思考。

注释

[1]   西格蒙德·弗洛伊德、桑多尔·费伦齐，《通信集：1920—1933，痛苦的岁月》，第三卷（Sigmund Freud, Sandor Ferenczi, *Correspondance, 1920-1933, Les années douloureuses*, t. 3, Paris, Calmann-Lévy, 2000）。

[2]   参见伊丽莎白·卢迪内斯库《谱系》。

[3]   参见尼古拉·亚伯拉罕、玛丽亚·图尔克《隐名：狼人的魔法词》，雅克·德里达作序《献给 》（Nicolas Abraham et Maria Tork, *Cryptonymie. Le verbier de l'homme aux loups*, précédé de *Fors* par Jacques Derrida, Paris, Aubier-Flammarion, 1976）。

[4]   勒内·马约尔是将有关精神分析与纳粹关系的德语著作介绍到法国的第一人。参见《褐色年代：第三帝国下的精神分析》，由让-吕克·埃瓦尔德翻译和介绍（*Les années brunes. La psychanalyse sous le IIIe Reich*, textes traduits et présentés par Jean-Luc Evard, Paris, Confrontation, [1984]）。[1997] 年，他请人将海伦娜·贝瑟曼·维亚纳的书翻译成法语，将巴西某些精神分析学家在 [1973]

年与独裁政权的合作以及法国精神分析学家、当时的国际精神分析协会主席塞尔日·勒博维奇（Serge Lebovici, [1915]—[2000]）在其中扮演的可疑角色公之于众。参见海伦娜·贝瑟曼·维亚纳《面对独裁和酷刑的精神分析政治：别告诉任何人》，勒内·马约尔作序《序言和公开信》（Helena Besserman Vianna, *Politique de la psychanalyse face à la dictature et à la torture. N'en parlez à personne*, accompagné de « Préface et lettre ouverte » par René Major, Paris, L'Harmattan, [1997]）。

[5] 勒内·马约尔，《开端：生命和死亡》（René Major, *Au commencement. La vie la mort*, Paris, Galilée, 1999）；《拉康和德里达：退出的分析》（*Lacan avec Derrida. L'analyse désistentielle* [1991], Paris, Flammarion, coll. « Champs », 2001）。

[6] 来自三十三个国家的一千名与会者在巴黎索邦大学的大阶梯教室参加了精神分析大会。雅克·德里达和智利法学家阿曼多·乌里韦（Armando Uribe）分别发表了演讲。

[7] 雅克·德里达，《友爱的政治学》。在我们提到的这一章中（"人类历史上第一次"，摘自费伦齐写给弗洛伊德的一封信），有这样一段话：

"……我们会非常认真地对待这封给父亲的信，尽管它会发出无休止的笑声，让我们直至最后都震撼不已，但只要我们（比如）在读到这样一封信时告诉自己，如果直至今日精神分析真的没有发生过什么，精神分析就是这样的，也许永远不会发生，尤其是在其创始人的世代相传中，除非已经在这个非事件中发生了，而这个非事件的事件，或许才是我们需要努力思考、经历并最终承认的。"——德里达注

在 1912 年 12 月 26 日写给弗洛伊德的一封信中，费伦齐谴责了荣格的行为。他批判荣格无法容忍凌驾于他之上的"父"权，批判他忽视父亲，过度重视"基督教兄弟家庭"。他对弗洛伊德说："如果您有力量，无须指导，在人类历史上第一次克服全体人类对精神分析结果的抵制，我们就可以期待您也有足够的力量来克服您的那些最小的症状。"西格蒙德·弗洛伊德、桑多尔·费伦齐，《通信集：1908—1940》，第一卷（Sigmund Freud, Sandor Ferenczi, *Correspondance 1908-1940*, t. 1, Paris, Calmann-Lévy, 1992, p. 470-473）。

[8]　《知识之路》，与让·伯恩鲍姆的对谈（*Les chemins de la connaissance*, entretien avec Jean Birn-

baum, France Culture, 24 mars 2000）。雅克·德里达，《弗洛伊德与书写舞台》，《书写与差异》。德里达于 1966 年应安德烈·格林（André Green）之邀在巴黎精神分析学会做了该讲座。

［9］ 参见伊丽莎白·卢迪内斯库《拉康传》。

［10］ 参见《致拉康的爱》，《抵抗》（«Pour l'amour de Lacan », in *Résistances*）。关于"拉康与哲学家"研讨会，见接下来的对话。

［11］ 拉康的这两篇演讲稿收录在《文选》中。

［12］ 雅克·德里达，《弗洛伊德与书写舞台》。在这场讲座中，德里达评论了弗洛伊德 1925 年发表的文章《关于"魔法书写板"的说明》（*Wunderblock*）。在这篇文章中，弗洛伊德把刚刚被冠以"魔法书写板"之名上市的赛璐珞石板比作心理装置。在这种石板上，文字可以被擦除，但文字的痕迹将被印在上面（Sigmund Freud, *OC*, XVII, Paris, PUF, 1992, p. 137-143）。

［13］ 关于这段历史，可参见伊丽莎白·卢迪内斯库《法国精神分析史》第二卷。

［14］ 雅克·德里达，《明信片》（p. 441-524）。在这篇著名的文章中，德里达批评拉康的能指概念，即一封信总能到达目的地。拉康关于爱

伦·坡的小说《失窃的信》的研讨会列于《文选》开篇。参见伊丽莎白·卢迪内斯库《法国精神分析史》第二卷，以及《完全》，雅克·德里达和勒内·马约尔的对谈（« Du tout », entretien entre Jacques Derrida et René Major [1978]），《明信片》（p. 527-549）。法国和美国的许多出版物都讨论过失窃的信的问题。

[15] 雅克·德里达，《心灵感应》（« Télépathie » [1981]），《心灵》（p. 237-271）。

[16] 今天，我们所知的元心理学作品主要有《科学心理学概论》（L'esquisse d'une psychologie scientifique，1895）、《梦的解析》（1900）第七章、《引入自恋》（« Pour introduire le narcissisme »，1914）、《超越快乐原则》（1920）、《自我与本我》（Le moi et le ça，1923）、《精神分析概论》（Abrégé de psychanalyse，1940）。此外还有 1915 年至 1917 年间撰写的五篇元心理学报告：《冲动与冲动的命运》《压抑》《无意识》《梦的学说的元心理学补充》《哀悼与忧郁》（« Pulsions et destins des pulsions »，« Le refoulement »，« L'inconscient »，« Complément métapsychologique à la doctrine du rêve »，« Deuil

et mélancolie »）。关于这些作品和术语的分析，参见伊丽莎白·卢迪内斯库、米歇尔·普隆《精神分析词典》。

［17］ 关于理性和精神分析，关于精神分析的理性，参见雅克·德里达《让我们不要忘记精神分析》（Jacques Derrida « Let us not forget Psychoanalysis », The Oxford Literary Review, vol. 12, n° 1-2, 1990）。此文是勒内·马约尔在索邦大学的讲座《自无意识的理性》（1988 年 12 月 16 日）的介绍。参见勒内·马约尔《拉康和德里达》（p. II）。其目的是抗议那种将背叛启蒙运动的精神分析指责为非理性主义的行为："如果有人质疑理性的理性、质疑理性原则的历史或精神分析在理性与自身的关系中构成的（也许是创伤性的）事件，从而使事情复杂化了，人们就指责其为蒙昧主义或非理性主义，就好像这终于又变得正当了。"——德里达注

［18］ 参见雅克·德里达《精神分析的心理状态》（Jacques Derrida, États d'âme de la psychanalyse, op. cit.）。

［19］ 关于无处不在 —— 尤其是在精神分析中 —— 的"自我免疫功能"，参见《信仰和知识》和《精

神分析的心理状态》（p. 20）。这一页之前有几句审慎的话："从此，在这一点上，我并不确定我是否完全认同你们，虽然，在一方面，我很骄傲可以要求成为你们的一分子，与你们一样感到关切。"（p. 19）——德里达注

[20] "今天唯一能够将精神残酷的事物称作自己特有的事务的话语，就是近一个世纪以来被称为精神分析的东西……但'精神分析'指的是不诉诸神学或其他借口而转向精神残酷特有的一方面的东西。对我来说，如果你们允许我有这样的信心，精神分析就是'没有借口'的代名词。是'没有借口'的自白。如果可能的话。"（*ibid.* p. 12-13）。——德里达注

[21] 参见《精神分析的心理状态》中关于"无主权的无条件""超越可能的经济"的结论（« incondi-tionnel sans souveraineté », « au-delà de l'économie du possible », *op. cit.* p. 82 *sq.*）。另见《明信片》。

[22] 参见伊丽莎白·卢迪内斯库《为什么需要精神分析？》。

[23] 关于第二拓扑论中重要概念的定义，参见让·拉普朗什、让－贝特朗·蓬塔利斯《精神分析词汇》，以及伊丽莎白·卢迪内斯库、米歇尔·普隆《精

神分析词典》。

[24] 关于作者的责任问题，参见本书第七章《反犹主义及未来》。

[25] 参见《地缘精神分析》(« Géopsychanalyse » [1981])，《心灵》(p. 327-352)，以及勒内·马约尔《选择：弗洛伊德与美国、德国和苏联意识形态》(René Major, *De l'élection. Freud face aux idéologies américaine, allemande et soviétique*, Paris, Aubier, 1986)。

[26] 国际精神分析协会由四类集团组成：学习集团（study group）、临时协会、组成协会和地区协会。参见伊丽莎白·卢迪内斯库、米歇尔·普隆《精神分析词典》。

[27] 参见我在精神分析大会上发表的开幕演讲，该演讲稿尚未出版。

[28] 我用这个词描述 1910 年以后弗洛伊德在国际精神分析协会中的身份。参见《法国精神分析史》第一卷。

[29] "拉康与哲学家"研讨会由勒内·马约尔、帕特里克·居约马尔（Patrick Guyomard）和菲利普·拉库－拉巴特（Philippe Lacoue-Labarthe）组织。会议于 1990 年 5 月 24 日至 27 日在国际

哲学学院举行，聚集了许多研究拉康作品的法国和外国研究人员，包括阿兰·巴迪欧、克里斯蒂安·让贝（Christian Jambet）、艾蒂安·巴利巴尔（Étienne Balibar）、皮埃尔·马舍雷（Pierre Macherey）、尼科尔·洛罗（Nicole Loraux）等。参见《拉康与哲学家》（*Lacan avec les philosophes*, Paris, Albin Michel, 1991），以及德里达《致拉康的爱》(« Pour l'amour de Lacan »)，《抵抗》。

[30]　关于这次研讨会的历史，参见伊丽莎白·卢迪内斯库《拉康传》。

[31]　*Ibid.*

[32]　此次研讨会由国际精神病学和精神分析史学会（SIHPP）主办，与会者有帕特里克·马霍尼（Patrick Mahony）、伊尔丝·格鲁布里希-西米蒂斯（Ilse Grubrich-Simitis）、里卡多·斯坦纳（Riccardo Steiner）、马尔科姆·鲍伊（Malcolm Bowie）、佩尔·马格努斯·约翰松（Per Magnus Johansson）。

[33]　约瑟夫·哈伊姆·耶鲁沙利米，《Z 系列：档案幻想》（Yosef Hayim Yerushalmi, « Série Z. Une fantaisie archivistique », *Le Débat*, 92, novembre-décembre 1996, p. 141-152）。

[34]　约瑟夫·哈伊姆·耶鲁沙利米，《弗洛伊德的摩西：完结与未完结的犹太教》（Yosef Hayim Yerushalmi, *Le Moïse de Freud. Judaïsme terminable et interminable*, Paris, Gallimard, 1993）；雅克·德里达，《档案热》。

[35]　参见伊丽莎白·卢迪内斯库《分析，档案》（Élisabeth Roudinesco, *L'analyse, l'archive*, éditions de la BNF, Seuil diffusion, Paris, 2001）。

[36]　关于拉康的电影《电视》（*Télévision*）于 1974 年由伯努瓦·雅科（Benoît Jacquot）和雅克－阿兰·米勒（Jacques-Alain Miller）合作为国立视听研究院（INA）拍摄。采访文本于同年出版，并收录于《其他文选》（*Autres écrits*, Paris, Seuil, 2001）中。另一部关于拉康的电影《鲁汶会议》（*La conférence de Louvain*）由弗朗索瓦丝·沃尔夫于 1972 年为比利时法语区电视台（RTBF）拍摄。伊丽莎白·卡普尼斯特（Elisabeth Kapnist）在与我的合作下，利用这次会议的影像制作了纪录片《雅克·拉康：再造的精神分析》（*Jacques Lacan. La psychanalyse réinventée*），由国立视听研究院出品，在 Arte 电视台播出。玛丽亚·贝罗（Maria Belo）、雅克·德里达、

克里斯蒂安·让贝、朱丽叶·米歇尔（Juliet Mitchell）、让－贝特朗·蓬塔利斯参与了这部纪录片的制作。

[37] 执政官：雅典地方行政官，不仅在城邦中享有指挥权，而且有权解释法律文本和档案（arkheîon）。

[38] 大卫·巴克坎，《弗洛伊德与犹太神秘传统》（David Bakan, *Freud et la tradition mystique juive* [1958], Paris, 1977）；彼得·盖伊，《一个不信上帝的犹太人》（Peter Gay, *Un juif sans Dieu* [1987], Paris, PUF, 1989）。

[39] 《耶路撒冷希伯来大学西格蒙德·弗洛伊德教席就职演说》（« Inaugural Lecture for the Sigmund Freud Chair at the Hebrew University, Jérusalem », *International Journal of Psycho-Analysis*, 59, 1978, p. 145-148）。1977 年，在耶路撒冷希伯来大学西格蒙德·弗洛伊德教席就职演说中，安娜·弗洛伊德提到，精神分析的敌人将精神分析称为"犹太科学"，她还说："无论这些诋毁被赋予什么样的价值，我相信，在目前的情况下，这最后一种描述才可以成为光荣的称号。"

[40] "就好像耶鲁沙利米决定由他对弗洛伊德进行一次割礼，就好像他觉得有义务来给弗洛伊德重新

行割礼，以确认联盟关系，就好像他觉得有责任重复一次雅各布·弗洛伊德所做的事情……"《档案热》（p. 68）。

[41] 耶路撒利米写道："如果摩西真的是被他的祖先杀死的，那么他的死就不会被压抑；相反，会被永远铭刻在记忆中。"《弗洛伊德的摩西》（p. 161）德里达对此回应道："无论我们是否遵循他的论证，弗洛伊德都声称摩西被谋杀确实在犹太人的记忆中，甚至在人类的记忆中留下了档案、文献和症状。"《档案热》（p. 104）。

[42] 关于这些文本和相关讨论，请参阅《档案热》（p. 102-107）。其中也涉及了这次辩论之外的问题，即我所说的"虚拟档案的问题领域"（p. 107）。——德里达注

[43] 参见《档案热》（p. 95-96）。

[44] 犹太教（judaïsme）指的是犹太人的一神教以及犹太教义和制度。犹太性（judéité）是指作为独立于犹太教的犹太人的事实和方式，换句话说，是指在现代世界中作为一个无宗教信仰的不可知论者、世俗主义者或无神论者，但仍然觉得且认同自己是犹太人。

[45] 参见《档案热》（p. 109-128）。

[46]　参见伊丽莎白·卢迪内斯库《卡尔·荣格：从原型到纳粹，差异心理学的衍生》（《Carl Gustav Jung : de l'archétype au nazisme. Dérives d'une psychologie de la différence », *L'Infini*, 63, printemps 1998, p. 73-94）。

[47]　米歇尔·福柯，《认知的意志》（Michel Foucault, *La volonté de savoir*, Paris, Gallimard, 1976, p. 198）。

[48]　托马斯·曼，《日常的要求》（Thomas Mann, *Les exigences du jour*, Paris, Grasset, 1976, p. 284）。

[49]　参见德里达《档案热》（p. 81 et *passim*）。

[50]　让－保罗·萨特，《关于犹太问题的反思》（Jean-Paul Sartre, *Réflexions sur la question juive* [1946], Paris, Gallimard, 1954）。我在 2000 年 12 月于巴黎社区中心举行的一次研讨会上（《犹太性：雅克·德里达的问题》，将由伽利略出版社出版）发表了一篇演讲（《亚伯拉罕，他者》），解释了这本书以及我与这本书的决定性关系史。另见《承认不可能："回归"、忏悔与和解》，《如何共同生活？》，第三十八届法语犹太知识分子研讨会（« Avouer l'impossible : "Retours", Repen-

tir et réconciliation », in *Comment vivre ensemble ?*,
XXXVIIIe colloque des intellectuels juifs de langue
française, Paris, Albin Michel, [2001]）——德里
达注

[51] 《德里达，生活在别处》（*D'ailleurs Derrida*,
Arte-Gloria, 2000）。另见雅克·德里达、萨法·法
蒂《旋转词语》（Jacques Derrida et Safaa Fathy,
Tourner les mots, Paris, Arte-Galilée, 2000）。

[52] 德里达指出，阿尔及利亚犹太人几乎从不说"割
礼"而是说"洗礼"，不说"成人礼"而是说"领
圣体"。参见《割礼忏悔》（p. 72）。

[53] 在《割礼忏悔》一书中，德里达不断地将割礼的
记忆与死亡的记忆、临终的母亲（埃丝特·乔
吉特·萨法里·德里达）联系在一起（p. 192-
193）。

[54] 参见德里达《信仰和知识》。关于这个话题，还
可参见吉尔·阿尼德哈尔（Gil Anidjar）为德里
达的《宗教行为》（Jacques Derrida, *Acts of Reli-
gion*, Londres, Routledge, 2001）所作的序言《"再
一次，再一次"：德里达、阿拉伯人、犹太人》。
《信仰和知识：处于纯粹理性边缘的"宗教"的
两种根源》的第一章收录了德里达在卡普里的一

次演讲，他特别强调："我们代表并使用四种不同的语言（德语、法语、西班牙语、意大利语），但我们的共同'文化'更显然是基督教的，几乎很难说是犹太－基督教的。我们当中没有一个穆斯林，唉，至少在这次初步讨论中没有，而现在我们的目光首先应该投向伊斯兰教。也没有其他信仰的代表。也没有妇女！"（*ibid.*, p. 13）

[55]　"……伊斯兰教不是伊斯兰主义，永远不要忘记这一点，不过伊斯兰主义是以伊斯兰教的名义表现出来的，这是关于名义的重要问题"，雅克·德里达，《信仰和知识》（p. 14）。伊斯兰主义是伊斯兰教的政治化表现，因此，我们必须将精神伊斯兰（伊斯兰教）和政治伊斯兰区分开来。

[56]　在精神分析的"神话"史中，人们认为是安娜·欧（本名贝莎·帕彭海姆）发明了谈话疗法。参见约瑟夫·布洛伊尔、西格蒙德·弗洛伊德《癔病研究》（Josef Breuer et Sigmund Freud, *Études sur l'hystérie*[1895], Paris, PUF, 1956）。可以想象，如果精神分析能够在伊斯兰世界立足，那么它将有助于消除或解构这一体系，尤其是对女性的压抑。这是费蒂·邦斯拉玛（Fethi Benslama）在其关于"原始放弃"的演讲中提出的假设，收录

于《在拉巴特与雅克·德里达的会面：民族语、民族和解构》。

策　　划｜夏明浩
编　　辑｜苏　骏　任建辉

营销总监｜张　延
营销编辑｜狄洋意　许芸茹　韩彤彤

版权联络｜rights@chihpub.com.cn
品牌合作｜zy@chihpub.com.cn

野 SPRING
望 MOUNTAIN

出品方　春山望野（北京）
文化传媒有限公司

Room 216, 2nd Floor, Building 1, Yard 31,
Guangqu Road, Chaoyang, Beijing, China

脸庞，锋芒：与 25 位先锋女性对谈
Portrait of an Artist:
Conversations with Trailblazing
Creative Women
[墨西哥] 乌戈 · 韦尔塔 · 马林

苏珊 · 桑塔格访谈录
Susan Sontag: The Complete
Rolling Stone Interview
[美] 乔纳森 · 科特　苏珊 · 桑塔格

列侬与洋子的最后谈话
All We Are Saying: The Last
Major Interview with John Lennon
and Yoko Ono
[美] 大卫 · 谢夫

与瓦尔泽一起散步
Wanderungen mit Robert Walser
[瑞士] 卡尔 · 泽利希